그리스도로 보는 서신서와 요한계시록

내가 진실로 속히 오리라

하루에 1장씩 묵상하며 그리스도 알아가기

그리스도로 보는 **서신서**와 **요한계시록**

내가 진실로 속히 오리라

김평래 지음

The Gospel
of
Christ

예솔

머리말

최근 나는 '은혜'라는 CCM에 빠져 있었다.
'내가 누려왔던 모든 것들이 당연한 것 아니라 은혜였소 ~'

그러다 암 진단을 받았고, 지금은 암 치료를 받고 있다. 그러다 보니 정말 그동안 당연하게 여겨졌던 모든 것들이 은혜였다는 것을 뼈저리게 느낀다.

우선 어지럽다, 온몸에 힘이 하나도 없다. 심지어 음식을 먹고 물을 마시는 것조차 내 마음대로 되질 않는다. 당연한 것이 원래 당연한 것이 아니라 주님의 은혜였던 것이다. 그러기에 지금 나는 더욱더 주님을 찾는다. 티끌에 지나지 않는 제게 은혜를 부어달라고.

그리고 다시 한번 죽음에 대한 생각을 해본다.
'그래. 암이라는 질병을 주신 것은 이 세상에서의 삶을 정리하라고 주시는 하나님의 메시지구나' 생각하게 된다. 예상치 못한 사고로 아무 정리도 못하고 세상을 떠나는 것보다는, 좀 괴롭지만 암과 싸우며 마지막을 정리할 수 있다는 것이 얼마나 큰 은혜인가!

삶을 정리하려다 보니 가장 먼저 생각난 것이 우리 인생의 결론이요 역사의 결론인 요한계시록에 관한 책을 출판하는 것이었다. 그리고 하나밖에 없는 우리 며느리를 비롯하여 아직 예수님을 주님으로 모시지 못하고 있는 사람들에게 하나님의 대적자요 예수 믿는 사람들을 몹시도 핍박했던 내가 어떻게 예수님을 믿게 되고, 목사가 되었는지를 알려주는 전도용 자서전을 쓰는 일이었다. 주님이 또 어떤 일을 더 시키실지는 모르겠지만, 우선 이 일을 끝내면 그래도 편안히 눈을 감고 주님 품에 안길 수 있을 것 같다.

이제 그 첫 번째로『내가 진실로 속히 오리라 - 그리스도로 보는 서신서와 요한계시록』을 출간하게 되었다. 모든 것이 주님의 은혜다.

부족한 종을 통해 한 사람이라도 더 주님을 만날 수 있기를, 그래서 천국에서 반갑게 만날 수 있기를 간절히 기도한다.

암 투병 중인 지금도 정성을 다해 나를 섬겨주고 있는, 그래서 업어주고 싶은 아내와 책 출간을 잘 마무리해주신 출판사 모든 분들에게 감사의 말씀을 드린다.

'내가 하나님의 자녀로 살며 오늘 찬양하며 예배하는 삶
복음을 전할 수 있는 축복이 당연한 것 아니라 은혜였소'

저자 김 평 래

추천사

김평래 목사님은 좋은 교육을 받고 적지 않은 나이에 신학교에 입학한 분이시다. 대학에서 독문학을 전공했기에 문학에 대한 충분한 소양과 식견을 지니시고 신학이라는 더 깊은 학문에 들어오셨다. 목회자로 부름을 받아 소박한 목회를 이어 오시면서 하나님의 말씀에 대한 열정과 관심은 실로 지대하셔서 몇 권의 설교집을 이미 출판하셨다. 『그리스도로 보는 모세오경』, 『그리스도로 보는 복음서』가 출판되었고 그리고 세 번째로 『내가 진실로 속히 오리라 - 그리스도로 보는 서신서와 요한계시록』이 출판되게 되었다. 따라서 지금 이 글은 세 번째 책을 추천하는 글이다. 앞서 두 권의 책은 추천자가 읽어 보지는 못했지만, 아신대에서 진행하는 목회자를 위한 성경강해 프로그램에 쉬지 않고 열심히 참석하셔서 공부하고 연구해 온 김평래 목사님이셨던 것을 감안하면 충분히 좋은 내용을 담고 있는 책이라 확신한다.

이번에 세 번째로 출간할 서신서와 요한계시록의 원고를 보내주셔서 추천자가 먼저 읽어 보았다. 성경 중에서도 쉽지 않은 책, 그중에서도 많은 사람들이 너무나 주관적이고 왜곡된 신학과 해석으로 오염시키기 일쑤였던 요한계시록에 대한 김평래 목사님의 글을 읽은 느낌은 분명했다. 지나친 문자주의 해석에 얽매이지 않고 중심과 전체를 아우르면서 이해하기 쉽고 분명한 메시지를 전달해 준다는 사실이었다. 이는 전문 신약학자들도 쉽게 풀어내기 어려운 내용을, 오히려 말씀을 직접 선포하고 가르쳐야 하는 설교자와 목회자의 관점에서 설교를 듣게 되는 성도들의 수준과 입장을 충분히 고려하여 적절하게 풀어낸 결과라고 생각한다. 그런 점에서 추천자는 감히 이 책을 독자들에게 기쁜 마음으로 추천한다. 먼저 이 책을 읽으면서 말씀을 알기 쉽게 선포하는 김평래 목사님의 강단의 자리와 편한 마음으로 만날 것을 추천한다. 그리고 각 장을 통해 전달되는 요한계시록과 각 서신서들의 중심 메시지를 경험하길 바란다. 분명히 그 과정 중에 이 책을 읽는 그리고 그 말씀을 듣는 성도의 삶에 작은 변화들이 일어나게 될 줄 믿는다.

사도 요한이 요한계시록 1장 3절에서 기록한 말씀처럼 이 책을 읽는 자와 듣는 자 그리고 지키는 자에게 임할 복을 누리시기를 바란다.

정 홍 열

(아신대학교 총장)

추천사

김평래 목사님은 2002년에 신대원 동기로 만나 지금껏 영적 교제를 나누고 있는 귀한 동역자입니다.

어느 날 "김평래 목사님을 한마디로 표현한다면?" 이라는 질문을 받았고, 제가 망설임 없이 바로 했던 답변은 "강직"이었습니다. 20여 년 동안 정직하고 성실하게 맡은 일들을 감당하고 주위 사람들을 돌아보는 모습, 말씀을 맡은 자로서 말씀 해석에도 열심이신 모습으로 늘 저에게 그리고 주변 사람들에게 도전을 주는 분이십니다.

『그리스도로 보는 모세오경』과 『그리스도로 보는 복음서』에 이어 신약의 서신서와 요한계시록까지 그리스도 중심으로 해석하여 책으로 정리하신 것에 경의를 표하고, 출간을 진심으로 축하드립니다.

신약 성경의 각 장(chapter)마다 일정한 분량으로 이렇게 정리할 수 있다는 것이 이 책의 가장 큰 장점인 것 같습니다. 제한된 길이로 설명이 압축된 부분도 있지만, 독자들이 신약 성경을 전체적으로 이해하고 맥을 잡는 데에는 이 압축된 내용이 도움이 될 것입니다. 이 책이 독자들에게 신약 성경을 읽는 좋은 안내서와 디딤돌이 되어줄 것이라 기대합니다. 이 설명들을 디딤돌 삼아, 이 설명들 위에서 더욱 풍성한 진리와 은혜를 누리게 되시기 바랍니다.

손 하 영 박사
(아신대학교 신약학 교수)

차례

로마서

ROMANS

로마서
1장

오직 의인은 믿음으로 말미암아 살리라

복음에는 하나님의 의가 나타나서 믿음으로 믿음에 이르게 하나니 기록된 바 오직 의인은 믿음으로 말미암아 살리라 함과 같으니라(1:17)

사도 바울은 유대인으로 태어났지만, 신분적으로는 로마 시민이며 자유인이었다. 그러나 그는 자신을 '예수 그리스도의 종'이라 소개한다. 당시 종(doulos)은 주인의 소유물로서, 주인이 생사여탈권을 가지고 있었다.

그렇다면 왜 그는 자신을 그리스도의 '종'이라 소개하고 있을까? 사람들은 자신이 자기 인생의 주인이며, 모든 것을 자기 마음대로 결정할 수 있는 자유를 가졌다고 생각한다. 그러나 이는 큰 착각인데, 모든 인간은 죄의 종으로 태어나기 때문이다.

> "너희가 본래 죄의 종이더니 너희에게 전하여 준바 교훈의 본을 마음으로 순종하여" (롬 6:17)

아담의 범죄로 말미암아 모든 인간은 죄의 종으로 태어나게 되어 있다. 그러기에 평생 죄의 종노릇을 하다가 결국 사망(멸망)으로 끝나고 마는데, 죄의 삯은 사망이기 때문이다(6:23). 한편 죄의 종으로 사는 동안 죄인인 인간이 내어놓을 수 있는 것은 모든 불의, 추악, 살인, 분쟁 등 나쁜 것밖에는 없다(29, 30절). 못된 나무에서는 나쁜 열매밖에는 열릴 것이 없기 때문이다.

그런데 예수께서 이 땅에 오셔서 모든 죗값을 치르시고 그를 믿는 자들에게 자유를 주셨다(요 8:32, 진리(예수)를 알지니 진리가 너희를 자유롭게 하리라). 한마디로 죄의 종노릇에서 해방시켜 주신 것이다. 그러기에 바울은 자랑스럽게 자신을 그리스도의 '종'이라 소개하고 있는 것이다. 그리스도께서 그를 믿는 자들에게 거저 영생(구원)을 선물로 주신다는 진리를 깨달았기 때문이다(엡 2:8).

그리고 이 기쁜 소식(=복음)을 알게 된 그는, 너무 감사한 나머지 이 복음을 모든 사람에게 전하고 싶었다. 그러기에 마치 빚진 자처럼(14절), 일평생 복음 전파에 목숨을 걸었던 것이다. 누구든지 이 복음을 '듣고 믿기만 하면' 구원을 받을 수 있는데(16절), 어떻게 전하지 않고 가만히 앉아있을 수 있겠는가?

그러기에 그는 당시 세계의 중심지였던 로마에 세워진 교회에 '올바른 복음'을 전하길 원했고, 로마 성도들을 만나 서로 위로를 나누고 싶었던 것이다. 왜냐하면 이 세상은 아직 공중 권세 잡은 자(사탄)의 통치하에 있어, 예나 지금이나 많은 사람들이 복음을 부끄러워하기 때문이다.

그렇다. 구원은 창세전에 택함 받은 자들에게 거저 주어지는 것이다. 물론 '믿음으로' 주어지는 것이기는 하다. 그러나 그 믿음의 주인도 하나님이시며, 택하신 자들에게 일방적인 은혜로 주시는 것이다.

그러니 어찌 그 구원의 하나님을 찬양하지 않을 수 있으며, 바울처럼 입을 열어 그 좋으신 하나님을 전하지 않을 수 있겠는가?

> "내가 복음을 부끄러워하지 아니하노니 이 복음은 모든 믿는 자에게 구원을 주시는 하나님의 능력이 됨이라 먼저는 유대인에게요 그리고 헬라인에게로다" (16절)

로마서
2장

할례는 마음에 할지니

오직 이면적(裏面的) 유대인이 유대인이며 할례는 마음에 할지니 영에 있고 율법 조문에 있지 아니한 것이라(2:29)

사도 바울이 활동할 당시 대부분의 교회들은 유대인들과 이방인들로 구성되어 있었다. 그리고 바울이 주로 회당에서 말씀을 전했던 것에서 알 수 있듯이, 성도의 주류는 유대인들이었다.

그런데 유대인들은 하나님의 선민이라는 민족적 자존심이 높았으며, 모든 면에서 우월적인 위치를 점하려 했기 때문에 많은 문제가 발생했다.

물론 유대인들에게는 가장 먼저 하나님의 말씀이 주어지는 등 유리한 점이 많았다(3:2). 그러나 그것이 하나님 앞에서 특권이 될 수는 없다. 왜냐하면 하나님께서는 사람을 '외모로' 판단하시는 분이 아니기 때문이다(11절). 즉 하나님은 모든 사람을 차별하지 않고 똑같이 대하시며, 각 사람에게 '그 행한 대로' 갚아주시는 분이신 것이다(6절).

그렇지만 여기서 '행함'이란 행위 그 자체가 아니라, 그 행함이 '믿음에서 나왔느냐'의 여부를 말한다. 아무리 선해 보이는 행위라 하더라도, 그 목적이 자기 자랑에서 나온 것이라면, 그것은 올바른 행함으로 인정받지 못한다는 뜻이다. 이는 마치 사과 열매는 사과나무가 살아있다는 증거일 뿐이지, 나무에 생명을 주는 것은 뿌리인 것과 마찬가지인 것이다.

또 유대인들은 할례를 자랑했는데, 바울은 '율법을 행하지 않으면 그 할례가 아무 유익이 없다' 말한다(25절). 할례는 언약을 지키지 않으면 하나님으로부터 단절된다는 것을 상기시키는 표식이지, 그 자체가 어떤 특권은 아니라는 뜻이다. 그러기에 선지자들은 끊임없이 '마음의 할례'를 강조했던 것이다(렘 4:4, 겔 36:26).

"그러므로 너희는 마음에 할례를 행하고 다시는 목을 곧게 하지 말라" (신 10:16)

한편 신약 시대를 사는 우리는 할례 대신 세례를 받는다. 세례는 예수 그리스도 안에서 우리 옛 사람은 죽고, 새 사람으로 태어났음을 증거하는 것이다. 나아가 참된 세례는 성령 세례를 의미하는 것으로, 단순히 교회에 출석하는 것을 넘어서, 성령의 이끄심대로 살아가는 것을 말한다.

우리는 과연 마음에 할례를 받은 이면적 그리스도인이 맞는가? 그 사실 여부는 사람은 알 수 없지만, 하나님은 아신다. 그러기에 우리는 오늘도 두렵고 떨림으로 구원을 이루어나가야 한다.

"또 새 영을 너희 속에 두고 새 마음을 너희에게 주되 너희 육신에서 굳은 마음을 제거하고 부드러운 마음을 줄 것이며 또 내 영을 너희 속에 두어 너희로 내 율례를 행하게 하리니 너희가 내 규례를 지켜 행할지라" (겔 36:26, 27)

로마서 3장

오직 믿음으로

그러므로 사람이 의롭다 하심을 얻는 것은 율법의 행위에 있지 않고 믿음으로 되는 줄 우리가 인정하노라(3:28)

유대인들은 하나님의 말씀(율법)을 맡았다(2절). 그 의미는 말씀이 그들에게만 주어졌다는 뜻이 아니라, 그들에게 '말씀대로 살아낼 의무가 주어졌음'을 의미했다.

물론 이들도 말씀대로 살기 위해 나름대로 노력을 하기는 했다. 그러나 아담의 후손으로 태어나는 인간 중에 모든 율법을 완전히 지킬 수 있는 자들은 없다(10절, 의인은 없나니 하나도 없으며). 더 나아가 율법이 주어진 진짜 이유는 스스로의 힘으로는 지킬 수 없음을 인정하고 구세주를 찾으라는 의미였다.

> "이같이 율법이 우리를 그리스도께로 인도하는 초등교사가 되어 우리로 하여금 믿음으로 말미암아 의롭다 함을 얻게 하려 함이라" (갈 3:24)

그런데 유대인들은 율법(말씀)을 다 지키지도 못하면서도 일부 지킨 것을 가지고 자랑했으며, 이런 자신들을 꾸짖으시는 예수를 십자가에 못 박았다. 그들의 잘못된 열심(회심하기 전 바울의 열심)이 오히려 구세주를 죽인 것이다.

그렇다. 율법의 행위로 하나님께 의롭다 칭함을 받을 자가 없다. 왜냐하면 율법의 세목을 완벽하게 지켜낼 인간은 없으며, 율법을 주신 진짜 목적은 지키라는 것이 아니라 죄를 깨닫게 하기 위한 것이기 때문이다(20절).

그러나 이런 절망적인 현실 가운데서도 하나님은 죄인을 사랑하시기에 율법 외에 '한 의(義)'를 마련하셨다. 그 의는 바로 '예수 그리스도를 믿음으로 말미암아' 모든 믿는 자에게 미치는 하나님의 의인데, 차별이 없다(21절). 이 의는 유대인이냐 이방인이냐의 여부에 관계없이 모든 믿는 자에게 똑같이 주어지는 의로서, 예수께서 모든 믿는 자들의 죄의 값을 대신 치러주셨기 때문이다.

출애굽기에 보면 애굽 사람들(세상 사람들)이 모두 죽임을 당할 때, 어린양의 피를 문설주에 바른 집 사람들은 살아남았다. 이와 마찬가지로 십자가에서 피 흘리신 예수 그리스도(어린양)를 믿는 사람들도 마지막 날에 있을 최후의 심판을 면하게 된다. 모든 인간은 죄인이기에 모두 영원한 죽음에 처해져야 하지만, 하나님께서는 예수의 피를 바른 자 곧 그리스도 예수를 믿는 자들의 죄를 간과하시고(pass over=유월절), 그들을 의롭다 여겨주시는 것이다.

물론 하나님은 공의로우시기에 죄의 값을 치루지 않고는 누구도 용서하실 수 없다. 그렇지만 예수께서 죄의 값으로 피를 흘려주셨기에, 이제는 예수를 믿는 자들의 죄를 간과하시고 그들을 '의롭다' 여기실 수 있게 된 것이다(25절). 할렐루야!

그렇다. 믿음은 내 행위를 의지하는 것이 아니라, 그리스도 예수와 및 그가 십자가에 못 박히신 것을 믿는 것이다. 또 '빈손으로' 하나님께 나오는 태도를 말하는데, 자칫 잘못하면 구원받은 이유가 '내가 예수를 믿었기 때문'이라고 착각할 수 있기 때문이다. 이렇게 구원은 예수의 십자가로 말미암아 '거저' 주어진 것이다. 그러기에 우리는 예수 그리스도 외에는 그 무엇도 자랑할 수가 없는 것이다.

> "그러나 내게는 우리 주 예수 그리스도의 십자가 외에 결코 자랑할 것이 없으니 그리스도로 말미암아 세상이 나를 대하여 십자가에 못 박히고 내가 또한 세상을 대하여 그러하니라" (갈 6:14)

로마서 4장

믿음을 의로 여기시나니

일을 아니할지라도 경건하지 아니한 자를 의롭다 하시는 이를 믿는 자에게는 그의 믿음을 의로 여기시나니(4:5)

'율법을 지키는 행위'로 하나님 앞에 의롭다 함을 받을 수 있는 사람은 하나도 없다. 그러기에 성경은 '의인은 없나니 하나도 없다' 선언하고 있는 것이다(3:10). 그리고 만약 인간이 스스로의 행위로 의로워질 수 있었다면, 예수께서 굳이 이 땅에 오셔서 십자가를 지실 필요가 없었을 것이다.

그렇다면 인간은 어떻게 죄와 사망으로부터 구원받을 수 있는가? 그 방법은 오직 하나, '예수 그리스도를 믿음으로 말미암아 모든 믿는 자에게 미치는 하나님의 의'밖에는 없다(3:21).

그렇다면 예수님이 이 땅에 오시기 전의 성도들은 어떻게 구원을 받았는가? 하나님은 한 분이시기에, 그들 역시 '믿음으로' 구원을 받았다. 물론 그들은 하나님께서 약속하신 것들(예수 그리스도 포함)을 직접 보지는 못했다. 그러나 그들은 '믿음으로' 그것들을 멀리서 보고 환영했던 것이다(히 11:13).

먼저 유대인의 조상인 아브라함은 할례받기 전에 여호와 하나님을 믿었는데, 하나님께서 그 '믿음'을 그의 의로 여겨주셨다(3절, 창 15:6). 그리고 이때는 아직 율법이 주어지지 않았었다. 그러기에 하나님은 아브라함의 의로운 행위 때문이 아니라, '그의 믿음을 의로 여겨주신(logizomai)' 것이다(5절). 그는 바랄 수 없는 중에 바라고 믿고 하나님이 약속하신 것을 능히 이루실 줄을 확신했는데, 하나님께서 그것을 의로 여겨주신 것이다(18절 이하).

다윗 또한 아브라함과 다르지 않았다. 비록 율법이 주어지기는 했지만, 그 역시 율법을 완전히 지키지 못하고 많은 죄(밧세바와의 간음, 우리아 살해 등)를 범했다. 그럼에도 불구하고 하나님께서 일방적인 '은혜로' 그의 모든 죄를 덮어주셨다. 한마디로 그는 일한 것이 없이 하나님께 의로 여기심을 받는 복을 받았던 것인데(6절), 이때의 심정을 이렇게 표현했다.

> "불법이 사함을 받고 죄가 가리어짐을 받는 사람들은 복이 있고 주께서 그 죄를 인정하지 아니하실 사람은 복이 있도다" (7, 8절)

아브라함이나 다윗처럼 오늘날의 성도들 역시 의로운 행위가 아니라 '믿음으로' 구원을 받는다. 그러나 그 믿음조차 '은혜로' 우리에게 주어진 것이다(1:17, 하나님의 의가 나타나서 믿음으로 믿음에 이르게 하나니). 우리 힘이나 결정으로 예수 그리스도를 믿게 된 것이 아니라, 하나님께서 먼저 우리에게 은혜를 주심으로 우리가 비로소 믿게 된 것이다. 그러므로 우리는 자나 깨나 그 은혜의 하나님을 찬양할 수밖에 없는 것이다. 할렐루야!

> "너희는 '그 은혜에 의하여' 믿음으로 말미암아 구원을 받았으니 이것은 너희에게서 난 것이 아니요 하나님의 선물이라" (엡 2:8)

로마서
5장

환난(인생) 속에서의 화평

그러므로 우리가 믿음으로 의롭다 하심을 받았으니 우리 주 예수 그리스도로 말미암아 하나님과 화평을 누리자(5:1)

화평(eirene, 和平)이란 관계를 의미하는 단어로서, '둘이 완전히 하나가 된다'는 뜻이다. 즉 하나님과 하나가 되는 것이 진정한 화평이며, 그때 인간은 참 안식(安息=幸福)을 누릴 수 있다. 그러나 첫 사람 아담이 죄를 범함으로 인해 하나님과 사람 간의 화평이 깨졌으며, 온 인류는 하나님의 진노 아래 놓이게 되었다(1:18, 2:5).

그런데 예수께서 화목 제물(peace offering)이 되어 피 흘려주심으로 죗값을 치러주셨으며, 그 결과 하나님께서는 그 예수를 믿는 자들을 '의롭다' 여겨주신다. 그렇게 우리는 예수를 믿음으로 하나님의 진노하심에서 구원을 받고(9절), 하나님과 화평케 되는 것이다.

사람들은 세상적인 것(돈, 권세, 건강 등)을 소유했을 때 평안(만족)을 느끼며, 그래서 그것들을 많이 모으려 한다. 그러나 돈은 돌고 도는 것이며 건강 또한 잃을 때가 있기에, 세상에 있는 것들로는 참된 평안을 누릴 수 없다.

그리고 참된 평안은 예수님 자신이시며 오직 예수에게서만 올 수 있는데, 성경은 '예수는 우리의 평안(화평)'이라 선언하고 있기 때문이다.

> "그는 우리의 화평이신지라 둘로 하나를 만드사 원수 된 것 곧 중간에 막힌 담을 자기 육체로 허시고" (엡 2:14)

인생이란 '참된 평안은 세상 것들로는 얻을 수 없고, 오직 죄와 사망을 이기신 예수를 통해서만 얻을 수 있음'을 경험하는 과정이다. 이 목적을 위해 하나님은 우리에게서 세상적인 것들을 제거해 나가시는데, 우리는 그것을 환난이라 부른다. 그 과정이 너무나 아프게 느껴지기 때문이다.

한편 환난이 닥칠 때 믿음이 없는 사람들은 낙심하고 좌절한다. 생명처럼 여기던 것들(돈, 자식, 명성 등)을 잃어버리기 때문이다. 그러나 성도들은 '믿음'으로 그 환난을 인내하게 되고, 그 인내는 그 사람의 성품(연단)이 된다. 그리고 마침내 이 세상은 영원한 나라를 설명하기 위한 모형이며 잠시 지나가는 광야와 같은 곳임을 깨닫게 되고, 그 결과 하나님 나라를 소망하게 되는 것이다.

> "다만 이뿐 아니라 우리가 환난 중에도 즐거워하나니 이는 환난은 인내를, 인내는 연단을, 연단은 소망을 이루는 줄 앎이로다" (3, 4절)

여기서 소망은 단순히 희망이 포함된 바람이나 기원이 아니라 '희망으로 채워진 확신'이다. 왜냐하면 하나님의 언약(약속)은 반드시 이루어지기 때문이다. 또한 '우리가 아직 연약할 때에(=아직 죄인 되었을 때에)' 그리스도께서 우리를 위해 죽으심으로 하나님은 우리에 대한 자기의 사랑을 확증해 주셨다(8절). 그러기에 혹시 실족했다 하더라도 우리는 다시 그리스도께 돌아가 평안을 회복할 수 있는 것이다.

그렇다. 예수 그리스도께서 우리에게 주시는 평안은 세상이 줄 수 있는 평안과는 다르며(요 14:27), 그 누구도 그 평안을 빼앗아 갈 수 없다. 그러기에 우리는 예수의 십자가로 말미암아 이미 하나님과 화평케 되었음을 믿고, 그리스도 예수 안에서 하나님 및 이웃들과 화평을 누려야 한다. 할렐루야!

> "이것을 너희에게 이르는 것은 너희로 내 안에서 평안을 누리게 하려 함이라 세상에서는 너희가 환난을 당하나 담대하라 내가 세상을 이기었노라" (요 16:33)

로마서
6장

누구의 종으로 살 것인가

그러나 이제는 너희가 죄로부터 해방되고 하나님께 종이 되어 거룩함에 이르는 열매를 맺었으니 그 마지막은 영생이라(6:22)

사람은 누구나 자신이 자유를 누리며 사는 자유인(自由人)이라고 생각한다. 그러나 모든 피조물은 무엇인가에 의존하여 살 수밖에 없다. 예를 들어 물고기는 물을 떠나서는 살 수 없으며, 인간은 물과 공기가 끊어지면 죽게 되는 것이다.

영적으로도 마찬가지다. 모든 인간은 창조주이신 하나님의 종으로 살든지, 아니면 사탄의 종으로 살든지 둘 중의 하나다. 그러나 인간은 이 사실을 인정하지 못한다. 스스로 주인이라고 생각하기에, 누군가의 종이라는 사실을 인정할 수 없는 것이다.

> "그들이 대답하되 우리가 아브라함의 자손이라 남의 종이 된 적이 없거늘 어찌하여 우리가 자유롭게 되리라 하느냐" (요 8:33)

이런 우리의 감정과 관계없이 모든 사람은 처음부터 죄의 종, 사탄의 종으로 태어난다. 무엇을 추구하든 우리가 추구하고 있는 것이 우리를 통제하는 것이며, 그것이 우리의 주인인 것이다. 돈을 추구하는 사람은 사실은 돈의 지배를 받고 있는 것이다. 다만 모든 사람이 똑같은 모습으로 살아가기에 그것이 자유인 줄로 착각하며 살아갈 뿐이다. 이는 마치 애굽에서 바로(Pharaoh)의 종으로 살던 야곱의 후손들이 바로가 고통을 주기 전에는 아무 생각 없이 편히 살았던 것과 마찬가지다.

그러나 죄(사탄)의 종으로 산 결과는 사망이다. 인간은 죄가 왕 노릇 하는 세상에 태어나기에 스스로 주인이 되어 사는 인생이 곧 죄의 종으로 사는 것이며, 죄가 일생 동안 종으로 산 삯으로 인간에게 마지막으로 주는 것은 곧 사망인 것이다(23절, 죄의 삯은 사망이요).

이렇게 아무것도 모른 채 죄의 종으로 살고 있는 성도들을 살리기 위해, 하나님이신 예수께서 종의 모습으로 오셨다(빌 2:7, 자기를 비워 종의 형체를 가지사 사람들과 같이 되셨고). 그리고는 은 삼십이라는 값을 지불하시고(마 26:15), 우리를 사서 하나님께 드렸다. 그 결과 우리는 이제 죄의 종이 아니라 하나님의 종이 된 것이다(22절).

물론 너무 오랫동안 죄의 종으로 살아왔기에 하나님의 종이 되었다는 사실이 실감 나지 않을 수 있고, 실제로 삶 속에서 죄의 종의 행위가 나올 수도 있다. 그러나 이제 우리의 신분은 엄연히 하나님의 종이며, 예수 그리스도의 형제이다. 그러기에 우리에게서는 그 신분에 맞는 삶이 나와야 하는 것이다.

그렇다. 예수께서 십자가에 달려 돌아가실 때 성도들도 그분과 함께 죽었으며(갈 2:20), 그분이 부활하실 때 그분과 함께 부활해 하나님의 자녀가 되었다. 우리는 말씀과 기도를 통해 이 사실을 끊임없이 확인해야 한다. 그리고 죄가 더 이상 우리를 지배하지 못하도록 우리 자신을 하나님께 드리며, 우리 지체를 의의 도구로 하나님께 드려야 한다. 예수님이 우리를 위해 죽으셨다는 것을 알기에 감사와 사랑에서 '자발적인 순종'이 나올 때, 우리에게 영생이 선물로 주어질 것이다.

> "죄의 삯은 사망이요 하나님의 은사는 그리스도 예수 우리 주 안에 있는 영생이니라" (23절)

로마서
7장

누가 이 사망의 몸에서 건져내랴

오호라 나는 곤고한 사람이로다 이 사망의 몸에서 누가 나를 건져내랴 우리 주 예수 그리스도로 말미암아 하나님께 감사하리로다(7:24, 25)

사도 바울은 랍비 가말리엘 문하생인 바리새인으로서 자신은 율법을 잘 지키는 자라고 생각했다(빌 3:6, 나는 ~ 율법의 의로는 흠이 없는 자라). 그러기에 그는 율법을 지키는 행위가 아니라 오직 은혜만을 주장하는 그리스도인들(교회)을 핍박하는 일에 열심을 냈으며, 스데반을 죽이는 데도 앞장을 섰다.

그러나 그는 율법의 목적이 세목(細目)을 지키는 것이 아니라 죄를 깨닫게 하는 것임을 알지 못했다(7절). 그러기에 그 참된 목적을 알게 되자, 죄가 무엇인지와 자신이 지금 죽을 자리에 있다는 것을 알게 되었던 것이다(9절). 그러나 그런 진리도 스스로 깨달은 것이 아니라 부활하신 예수께서 다메섹 도상에서 알려주신 것이다.

그렇다. 죄란 율법의 각 조항을 어겼느냐의 문제이기보다는 관계의 문제이다. 하나님을 떠나 '스스로 하나님과 같이 되려는'(창 3:5) 것이 죄의 근본인 것이다. 그러기에 선악과를 따먹고 하나님처럼 된 죄인인 인간은 율법이 주어지면, 오히려 그 율법을 어기게 되어 있다(8절). 왜냐하면 율법(하나님의 법)을 따르는 것은 자기가 왕(하나님)임을 포기하는 것이기 때문이다.

이렇게 율법의 올바른 목적을 깨닫게 되자 바울은 그동안 의롭다고 생각했던 자신의 죄가 밝히 드러나고 자신이 죽을 짓을 하고 있었다는 것을 알게 되었다(9, 10절). 즉 율법은 우리로 하여금 죄가 무엇인지와 지금 죽을 자리에 있음을 깨닫게 함으로써, 구세주를 찾게 만드는 초등교사의 역할을 하는 것이기 때문이다.

"이같이 율법이 우리를 그리스도께로 인도하는 초등교사가 되어 우리로 하

여금 믿음으로 말미암아 의롭다 함을 얻게 하려 함이라" (갈 3:24)

그러나 이런 사실을 깨달았다 할지라도 우리 속에는 여전히 죄의 잔재들이 남아있다. 그리고 그 결과 하나님의 법을 즐거워하되 오히려 죄의 법을 따르는 경우가 생기게 됨을 알게 되며(23, 25절), 이럴 때 성도들은 '나를 누가 이 사망의 몸에서 건져내랴' 부르짖게 된다.

그런데 하나님께서 이런 성도들의 외침에 미리 답변을 준비하셨으니, 그분은 바로 죄와 사망을 이기고 부활 승천하신 그리스도 예수이시다. 예수님이야말로 우리를 죄와 사망에서 건지시는 분이신 것이다. 그러기에 바울은 지금 예수 그리스도로 말미암아 하나님께 감사하고 있는 것이다.

이렇게 우리 성도들은 이미 '은혜로 인하여 믿음으로' 하나님의 자녀라는 신분을 갖게 되었다. 그러기에 그 신분에 맞는 의로운 행동이 나오도록 피 흘리기까지 죄와 싸워야 한다(히 12:4). 그러나 혹시 실패할지라도 좌절하거나 낙심할 필요가 없다. 예수님의 십자가 은혜로 우리의 과거, 현재 그리고 미래의 모든 죄가 깨끗이 씻어졌기 때문이다. 그러기에 우리는 그저 그 은혜에 감사하며, 그분만을 사랑하며 일상을 살아내면 된다. 할렐루야!

"너희는 그 은혜에 의하여 믿음으로 말미암아 구원을 받았으니 이것은 너희에게서 난 것이 아니요 하나님의 선물이라" (엡 2:8)

로마서
8장

장차 나타날 영광을 위한 현재의 고난

우리가 그와 함께 영광을 받기 위하여 고난도 함께 받아야 할 것이니라 생각하건대 현재의 고난은 장차 우리에게 나타날 영광과 비교할 수 없도다(8:17, 18)

예수님은 '나는 길이요 진리요 생명'이라 말씀하셨다. 예수님이 생명이시기에 예수가 없는 자들은 이미 생명이 없는 죽은 자들이다.

한편 피조물인 인간은 스스로 하나님같이 되고자 했기에 생명이신 예수로부터 분리되었으며, 사탄과 하나가 되었다. 즉 사탄(죄)의 지배를 받게 되었는데(=죄의 종), 그 마지막은 사망이다(21절). 죄의 삯은 사망이기 때문이다.

그런데 하나님께서는 이들 중에 어떤 자들을 택하셔서 이들을 의롭다 하시고, 영화롭게 하셨다.

> "또 미리 정하신 그들을 또한 부르시고 부르신 그들을 또한 의롭다 하시고 의롭다 하신 그들을 또한 영화롭게 하셨느니라" (30절)

이렇게 된 자들을 성도(聖徒)라 부르는데, 이들은 영적, 신분적으로는 이미 영화롭게 되어 있다(과거완료). 다시 말해서 이들에게 있어 인생이란 자신들이 어떤 죽을 자리에서 영화롭게 되었는지(구원받았는지)를 경험하는 과정인 것이다.

그런데 성도들 또한 죄인들로서, 죄 가운데 태어나 죄만 생산하는 존재들이다. 그러기에 이들을 거룩한 하나님의 백성으로 만들기 위해서는 죄를 제거해야 한다. 한편 죄는 타락한 우리 인간에게 너무나 익숙하고 이미 신체의 일부분처럼 되어있기에, 그것을 끊어내는 과정이 너무나 아프고 힘들게 느껴질 수밖에 없다(고난). 그러므로 성도들은 영광을 받기 위하여 고난도 함께 받을 수밖에 없는 것이다(17절). 이런 면에서 성도들이 받는 고난은 하나님의 저주가 아니라 사랑이다.

한편 이런 죽음과 같은 고난은 육신을 입은 성도들 혼자서는 감당해낼 수가 없다. 그러기에 하나님은 성령(=하나님의 영, 그리스도의 영)을 보내사 성도들 안에 내주(內住, indwelling)하게 하신다. 그리고 이 성령은 성도들 안에 거하시며 성도를 인도하시고, 그들을 위해 친히 간구하신다(26절). 그러므로 우리는 죄의 지배를 받는 육신(the flesh)이 아니라 성령을 따라 행해야 한다. 육신의 생각은 하나님의 원수가 되어 하나님을 기쁘시게 할 수 없으며 그 끝은 사망인 반면, 영의 생각은 생명이요 평안이기 때문이다(6절).

더 나아가 성령뿐 아니라 부활 승천하셔서 하나님 우편에 계신 그리스도 예수께서도 우리를 위해 간구하신다(34절). 그러기에 환난이나 곤고나 그 어떤 박해도 우리를 그리스도의 사랑에서 끊을 수 없다(39절).

이렇게 성도들은 살아가는 동안 많은 고난을 겪게 된다. 그러나 이런 고난들은 삼위일체 하나님이 모르시거나 힘이 없어서 도와주지 못하시는 것이 아니라, 성도들을 하나님의 자녀로 성숙시켜 가는 데 필요하기에 주어지는 것들이다. 즉 하나님을 사랑하는 자들(성도들)에게는 고난을 포함한 모든 것이 합력하여 善(구원)을 이루게 되는 것이다. 그러기에 이 사실을 아는 성도들에게서는 하나님께 대한 감사와 찬송이 나올 수밖에 없다.

> "그 기쁘신 뜻대로 우리를 예정하사 예수 그리스도로 말미암아 자기의 아들들이 되게 하셨으니 이는 그가 사랑하시는 자 안에서 우리에게 거저 주시는 바 그의 은혜의 영광을 찬송하게 하려는 것이라" (엡 1:5, 6)

로마서
9장

육신의 자녀와 약속의 자녀

곧 육신의 자녀가 하나님의 자녀가 아니요 오직 약속의 자녀가 씨로 여기심을 받느니라(9:8)

이스라엘 백성들은 하나님으로부터 큰 은혜를 받았다. 그들에게는 양자 됨과 영광과 언약들과 율법을 세우신 것이 있었고, 그리스도께서도 육신으로는 그들에게서 나셨던 것이다(4, 5절).

그러나 이 모든 것들은 복음을 설명하기 위한 표적들(signs)이었다. 그런데 이들은 자신의 행함을 자랑하기 위해 그런 표적 안에 들어있는 진리(복음)를 알려고 하지도 않았고 또 몰랐기에, 결국 버림을 받고 말았다. 구원의 반석이신 예수님이 이들에게 걸림돌과 거치는 반석이 되고 만 것이다(33절, 사 8:14).

이삭의 쌍둥이 아들 에서와 야곱은 아직 태어나기도 전에 각각 버려짐과 택하심을 받았다(11절). 이처럼 이방인인 우리 역시 우리의 옳은 행위가 아니라 하나님의 택하심 곧 은혜로 하나님의 자녀가 되었다(16절). 이런 면에서 볼 때 인생이란, 구원은 자기 노력이 아니라 은혜로 되는 것임을 실제 삶으로 경험하는 과정이다.

그리고 환도뼈가 부러진 후에야 야곱(=속이는 자)에게 이스라엘이라는 영광스런 이름이 주어진 것처럼, 이 과정은 스스로 높아지려는 자아가 깨어지는 과정(=옛사람의 죽음)이기에, 필연적으로 고난으로 느껴질 수밖에 없다.

만약 구원이 이렇게 하나님의 일방적인 택함과 은혜로 되는 것이라면, 하나님께서 택함 받지 못한 자들을 심판하시는 것은 불공평하지 않는가? 이에 대한 바울의 대답은 '하나님은 토기장이이시며, 인간은 흙에 지나지 않는다'는 것이었다(21절). 실생활에서 토기장이가 같은 흙을 가지고 귀히 쓸 그릇과

천히 쓸 그릇을 만들며 때로 마음에 들지 않으면 부수고 다시 만드는 것처럼, 창조주이신 하나님께도 당연히 그런 권한이 있다는 것이다(욥 38~41장).

그렇다. 우리가 하나님의 자녀로 택함 받은 것은 우리의 바람이나 노력이 아니라 오직 하나님의 긍휼하심(mercy)으로 인한 것이다. 원래 우리는 죄로 인해 진노를 받아 산산이 깨어져야 마땅한 그릇이었는데, 그분의 영광의 부요함을 세상에 알리기 위해 우리를 부르신 것이다(24절).

> "내가 내 백성 아닌 자를 내 백성이라, 사랑하지 아니한 자를 사랑한 자라 부르리라" (25절, 호 1:10)

그러므로 성도들은 '오직 은혜로' 하나님의 자녀라 부름받았다는 사실을 기억하고, 주님이 두신 자리에서 스스로 낮아지고 깨어짐으로써 내 안에 계신 보배이신 그리스도 예수를 드러내는 그릇으로서의 삶을 살아내야 한다.

> "의의 법을 따라간 이스라엘은 율법에 이르지 못하였으니 어찌 그러하냐 이는 그들이 믿음을 의지하지 않고 행위를 의지함이라 부딪칠 돌에 부딪쳤느니라" (31, 32절)

로마서
10장

전파하는 자가 없이 어찌 들으리요

네가 만일 네 입으로 예수를 주로 시인하며 또 하나님께서 그를 죽은 자 가운데서 살리신 것을 네 마음에 믿으면 구원을 받으리라(10:9)

구원은 은혜로 우리에게 거저 주어지는 하나님의 선물이다(엡 2:8). 그런데 사도 바울은 마치 구원이 우리의 결정에 달려있는 것처럼 말하고 있다.

왜 그럴까? 모든 역사에 대한 하나님의 완전하고 절대적인 주권을 인정해야 하지만, 동시에 자신의 행위에 대한 인간의 완전한 책임도 있기 때문이다. 구원은 전적인 하나님의 은혜지만, 구원 받지 못하는 것은 전적으로 인간에게 책임이 있다는 것이다. 왜냐하면 그들은 고의적으로 하나님을 거부하기 때문이다.

유대인들이 그랬다. 하나님께서 율법을 주셨지만 그들은 율법의 진의를 알지 못한 채, 자신의 의를 세우려고 하나님의 의에 복종하지 않았다(3절). 즉 예수께서 율법의 요구를 다 만족시키셨음에도 불구하고(4절, 그리스도는 율법의 마침이 되시니라), 그들은 예수를 거부했으며, 지금도 거부하는 자들이 많다. 한마디로 그들에게는 열심은 있지만 올바른 지식이 없었던 것이다(2절). 그러기에 호세아를 비롯한 많은 선지자들이 '하나님을 바로 알자' 고 소리쳤던 것이다.

이처럼 무조건적인 믿음으로는 구원에 이를 수 없다. 그러기에 우리는 '믿음의 말씀' 을 듣고 또 전해야 하는데, 다행히 그 말씀은 우리 가까이 즉 '우리 입과 마음에 있다' 말씀하신다(8절, 신 30:14). 그 믿음의 말씀은 '입으로 예수를 주(主=kurios)로 시인하며 하나님께서 예수를 죽은 자 가운데서 살리신 것을 마음으로 믿으면 구원을 받으리라' 는 것이다(9절). 이는 '예수가 하나님이시며 세상의 최고 통치자이심' 을 고백하고 또 '우리 죄를 없애기 위해 이 땅에서 사셨고, 죽으셨으며, 부활하셨음' 을 마음으로 믿는 것을 말하는데,

여기서 입으로 시인하는 것과 마음으로 믿는 것은 마치 동전의 양면과 같아서 떼려야 뗄 수 없다.

이처럼 누구든지 주의 이름을 부르는 자는 구원을 얻게 되기에(13절), 우리는 이웃들이 주의 이름을 부를 수 있도록 말씀(복음)을 전해야 한다. 왜냐하면 믿음은 들음에서 생기는 것으로(17절), 전하는 자가 없으면 들을 수가 없고, 듣지 못하면 듣고 올바로 이해할 수 없으며, 올바로 이해하지 못하면 믿을 수가 없고, 믿지 못하면 주님의 이름을 부를 수가 없기 때문이다(14, 15절).

구원은 전적인 주님의 주권이며 은혜로 거저 주어지는 것이다. 그러나 동시에 인간에게도 책임이 있다. 스스로 구원할 수 있다거나 구원에 도움이 되어야 한다는 뜻이 아니라, 유대인들처럼 불순종할 때에는(16절) 그에 따른 모든 책임을 져야 한다는 뜻이다.

그렇다. 주님의 전적인 은혜로 먼저 구원받은 우리에게는 복음을 전파해야 할 책임이 있다. 구원받을 만한 참다운 믿음은 그리스도의 말씀인 복음을 들을 때 생겨나는 것이기 때문이다.

> "그런즉 그들이 믿지 아니하는 이를 어찌 부르리요 듣지도 못한 이를 어찌 믿으리요 전파하는 자가 없이 어찌 들으리요" (14절)

로마서 11장

깊도다 하나님의 지혜와 지식의 풍성함이여

깊도다 하나님의 지혜와 지식의 풍성함이여, 그의 판단은 헤아리지 못할 것이며 그의 길은 찾지 못할 것이로다(11:33)

비록 하나님 형상으로 지음을 받았지만 피조물인 인간이 창조주 하나님을 전부 안다거나, 하시는 모든 일을 다 이해한다고 할 수는 없다. 그러기에 장차 그리스도 예수를 직접 뵙게 될 날이 오겠지만(고전 13:12), 그때까지는 구원을 위해 하나님이 계시해 주시는 만큼만 알 수 있을 뿐인 것이다. 이런 면에서 베드로도 '성경의 모든 예언은 사사로이 풀 것이 아니라' 말했던 것이다(벧후 1:20).

하나님의 부르심을 받았던 이스라엘 백성들은 그들의 불순종으로 인해 끝내 멸망당하고 말았다. 그렇다면 하나님의 계획은 실패했으며, 이스라엘 백성들(유대인)은 모두 버림받았다는 말인가?

바울은 '그렇지 않다'고 강력히 부인한다. 하나님의 계획은 결코 실패할 수 없으며, 그분의 부르심에는 후회가 없기 때문이다(29절). 실제로 하나님은 온 이스라엘이 타락한 것 같았던 엘리야 때에도 바알에게 무릎을 꿇지 않은 칠천(7×1000)을 남겨두셨다(4절). 그리고 비록 예수를 십자가에 못 박기는 했지만 초대 교회 때에도 사도 바울을 비롯한 많은 유대인들이 주님께 돌아왔던 것이다.

> "그런즉 이와 같이 지금도 은혜로 택하심을 따라 남은 자가 있느니라" (5절)

그러기에 바울은 당시 로마 교회의 주류였던 이방인 성도들에게 '높은 마음을 품지 말고 도리어 두려워하라' 교훈한다(20절). 복음이 돌 감람나무 가지 같은 이방인들에게 먼저 전해진 이유는, 좋은 감람나무인 유대인들로 하여금 시기 나게 하여 주님께 돌아오도록 하기 위함이며(14절), 정하신 때가 되면 하나님께서 택하신 유대인들 모두가 주님께 돌아오게 될 것이기 때문이다(26절).

우리 성도들(=유대인+이방인)이 구원을 받은 것은 우리의 의로움이나 공로가 아니라 오직 하나님의 긍휼하심(mercy) 때문이다(30, 31절). 또 하나님이 모든 사람을 순종하지 아니하는 가운데 가두어 두심은 모든 사람에게 긍휼을 베풀려 하심인 것이다. 이 세상에는 스스로 구원받을 만한 자격이 있는 사람도 없고, 주님의 긍휼과 은혜 앞에서 구원받지 못할 죄인도 없는데, 이것이 곧 하나님의 지혜와 지식의 풍성함인 것이다.

그렇다. 그리스도야말로 하나님의 비밀이다. 예수님께서 세상에서는 패배요 부끄러움인 십자가에 달리심으로써 하나님의 공의가 만족되고, 죄인을 구원하시는 하나님의 크신 사랑이 그곳에 나타났기 때문이다.

그러므로 이 비밀을 알고 이 크신 사랑을 경험한 우리들은 사도 바울처럼 구원의 하나님을 찬양하고, 그분께 모든 영광을 돌려야 하는 것이다.

> "이는 만물이 주에게서 나오고 주로 말미암고 주에게로 돌아감이라 그에게 영광이 세세에 있을지어다 아멘" (36절)

로마서
12장

너희 몸을 산 제물로 드리라

형제들아 내가 하나님의 모든 자비하심으로 너희를 권하노니 너희 몸을 하나님이 기뻐하시는 거룩한 산 제물로 드리라 이는 너희가 드릴 '합당한' 예배니라(12:1)

모든 인간은 죄인이며(3:10), 그러기에 모두 영원한 죽음에 처해져야 마땅하다. 죄의 값은 사망이기 때문이다. 그런데 그런 자들 중의 일부(성도들)가 주님의 자비하심으로 구원(영생)을 받았다. 할렐루야!

그러나 그 구원은 그냥 이루어진 것이 아니며, 예수께서 자신의 전부를 주심으로 이루어진 것이다(십자가 사랑). 그러므로 그런 사랑을 받아 구원을 얻은 우리 또한 '우리 몸(=우리의 전부, 全人)을 하나님께 드리는 것'이 너무나 당연하다.

한편 사도 바울은 그런 삶을 '우리 몸을 산 제물로 드리는 것'으로 표현한다(1절). 제물이란 죽임을 당한 후 드려지는 것인데, 살아서 제물로서의 삶을 살라는 뜻이다. 나는 이미 죽었고 그리스도로 인해 살아났기에, 이후로는 내 옛사람(my old self)이 아니라 내 안에 계신 예수님께서 사시는 삶이 나와야 한다는 뜻이다(갈 2:20). 그런 삶이 곧 자기 부인(否認)의 삶이다.

> "~ 아무든지 나를 따라오려거든 자기를 부인하고 날마다 제 십자가를 지고 나를 따를 것이니라" (눅 9:23)

그러려면 먼저 이 세대를 본받지 말아야 한다(2절). 성도들은 공중의 권세 잡은 자(사탄)가 다스리고 있는 이 세상에서, 그 세상을 특징짓는 사고와 감정, 행위 방식들을 거부하는 삶을 살아야 한다는 뜻이다.

이러한 삶은 우선 교회 내에서 이루어져야 하는데, 먼저 교회는 그리스도를 머리로 한 '한 몸'임을 기억해야 한다. 우리 몸에는 많은 지체(심장, 손, 발 등)가 있는데, 그 모든 지체는 각각 자기에게 맡겨진 일을 조화롭게 수행함으로써 전체로서의 몸이 유지된다.

그리스도의 몸인 교회도 마찬가지다. 하나님께서는 몸 된 교회를 세우기 위해서 여러 가지 은사(恩賜, 은혜로 주신 선물=예언, 섬기는 일, 가르치는 일, 구제, 위로 등)를 주셨다. 그러므로 모든 성도들은 은사에는 차등이 없음을 인식하고, 남들과 비교하지 말고, 자기에게 주어진 역할을 잘 감당해 나가야 한다(4, 5절). 또한 서로 사랑하며, 우애하고 존경하기를 먼저 해야 한다.

더 나아가 박해하는 자를 축복하고 저주하지 말아야 하며, 아무에게도 악을 악으로 갚지 말고 선한 일을 도모해야 한다(14~17절). 우리 역시 똑같은 죄인임에도 주님의 은혜로 하나님의 진노를 면한 자들이며, 하나님께서 정하신 때에 원수를 갚아주실 것이기 때문이다.

한편 죄가 만연한 세상에서 자기를 부인하며 원수를 사랑하는 삶을 산다는 것은 결코 쉬운 일이 아니다. 그러기에 우리는 환난 중에 참으며, 서로를 위해 항상 기도에 힘써야 한다. 또한 주님께 받은 은혜와 사랑을 기억하고, 우리가 어떻게 구원받았는지를 잊지 않기 위해 항상 말씀을 묵상하고, 성령의 인도하심을 받아야 한다.

> "너희는 이 세대를 본받지 말고 오직 마음을 새롭게 함으로 변화를 받아 하나님의 선하시고 기뻐하시고 온전하신 뜻이 무엇인지 분별하도록 하라" (2절)

로마서 13장

오직 그리스도로 옷 입고

오직 주 예수 그리스도로 옷 입고 정욕을 위하여 육신의 일을 도모하지 말라 (13:14)

예로부터 옷은 그 사람의 지위나 신분을 나타냈다. 그러기에 왕이나 제사장들은 화려하고 장중한 옷을 입었으며, 그들은 그에 합당한 처신을 했다. 이처럼 사람의 행동은 그 입은 옷에 따라 달라져야 하며, 또 달라질 수밖에 없다. 양복을 입고 운동을 할 수 없고, 운동복을 입고 공식적인 모임에 참석할 수는 없는 것이다. 성도들도 마찬가지다. 성도들에게는 하나님의 은혜로 이미 '예수 그리스도라는 옷'이 입혀져 있다. 비록 아직도 죄악된 세상에 살며 수시로 죄를 범하고 있지만, 주님이 지신 십자가에서 성도들의 모든 죄가 사해지고, 은혜로 하나님의 자녀라는 신분이 주어진 것이다. 그러므로 성도들에게는 입혀진 옷에 합당한 삶을 살아내야 하는 의무와 책임이 있는 것이다.

> "밤이 깊고 낮이 가까웠으니 그러므로 우리가 어둠의 일을 벗고 빛의 갑옷을 입자" (12절)

물론 그렇게 사는 일은 결코 쉽지 않으며, 또 오랜 시간이 걸린다. 야곱(=속이는 자)이 '이스라엘'이 되는 데 많은 시간이 걸렸으며, 이스라엘이 된 후에도 그 이름에 합당치 못한 일들을 많이 저질렀던 것처럼 말이다.
그러나 하나님의 부르심에는 후회가 없으며, 하나님의 뜻은 결코 실패할 수가 없다. 그러기에 성도들은 반드시 그리스도라는 옷을 입은 자에 합당한 자들이 될 수밖에 없는데, 하나님께서는 그 일을 위해 우리에게 성령을 보내주셨다(계 19:8).

이렇게 그리스도로 옷 입은 자들의 삶에서는 먼저 사랑(Agape)이 나와야 한다. 왜냐하면 사랑은 율법의 완성이며(10절), 성도들은 이미 주님의 십자가 사랑과 주님이 보내주신 성령을 받은 자들이기 때문이다. 그러기에 그들에게서는 이웃을 자기 자신과 같이 사랑하는 사랑이 나올 수밖에 없는 것이다(9절, 레 19:18).

성도들은 또한 사회의 한 구성원으로서 위에 있는 권세에 복종해야 한다. 왜냐하면 모든 권세는 하나님께서 정하신 것이기 때문이다(1절, 단 4:17). 애굽의 바로도 남 유다를 멸망시킨 바벨론의 느부갓네살 왕도 스스로 된 것이 아니라 하나님 뜻에 따라 세워진 자들인 것이다. 그러기에 우리는 그들의 권세에 복종해야 하는 것이다.

한편 인간이 겪고 있는 모든 문제의 근원은 이런 질서가 무너진 것에 있다. 하나님은 질서의 하나님이시며, 모든 만물이 하나님이 정하신 질서대로 움직여지기를 원하신다. 그러나 선악과 사건으로 질서가 무너지기 시작했으며, 시간이 지날수록 더욱 심해져 급기야 최고 권위인 하나님마저 부정하는 지경에 이르게 되었다. 그리고 그 결과 인간은 온갖 고통에 시달리게 된 것이다. 그러므로 우리는 하나님이 정하신 질서를 지키며, 위에 있는 권세에 복종해야 한다.

그러나 무조건적인 복종이 아니라 1)하나님이 금하신 것을 명하거나 2)하나님이 명하신 것을 금할 때는 복종하지 말아야 한다. 세상의 권세들 역시 하나님의 통제를 받는 하나님의 사역자들에 지나지 않기 때문이다(4절, 행 5:29, 사람보다 하나님께 순종하는 것이 마땅하니라).

지금 우리는 말세(예수님의 초림과 재림 사이)를 살고 있으며, 주님이 다시 오실 그날이 점점 더 가까워지고 있다. 그러므로 그리스도인에 합당한 삶을 살며, 현명한 처녀처럼 깨어 다시 오실 주님을 맞을 준비를 항상 하고 있어야 한다.

> "낮에와 같이 단정히 행하고 방탕하거나 술 취하지 말며 음란하거나 호색하지 말며 다투거나 시기하지 말고 오직 주 예수 그리스도로 옷 입고 정욕을 위하여 육신의 일을 도모하지 말라" (13, 14절)

로마서
14장

믿음을 따라 행하라

의심하고 먹는 자는 정죄되었나니 이는 믿음을 따라 하지 아니하였기 때문이라 믿음을 따라 하지 아니하는 것은 다 죄니라(14:23)

바울 당시 로마 교회의 문제는 자신과 의견이 다른 성도들을 계속 비판하는 것이었다(1절). 서로 이해하고 받아주기보다는 거부하는 분위기가 가득했는데, 이는 여러 가지 이슈(채식, 우상에게 드려진 고기를 먹는 문제, 이방인들의 절기 준수 여부 등)에 대해 기본 원칙과 개인의 선호를 구별하지 못했기 때문이다.

이에 대한 바울의 가르침은 '서로 비판하거나 판단하지 말고 하나님 앞에서 믿음과 사랑으로 받으라'는 것이다. 왜냐하면 모든 사람의 주인은 하나님이시며, 마지막 날 그분께서 각 사람을 심판하실 것이기 때문이다.

> "네가 어찌하여 네 형제를 비판하느냐 어찌하여 네 형제를 업신여기느냐 우리가 다 하나님의 심판대 앞에 서리라" (10절)

한편 바울은 '믿음을 따라 하지 아니하는 것은 다 죄(罪)'라고 선언한다. 흔히들 죄라고 하면 도덕이나 윤리를 거스르거나 어기는 것으로 생각한다. 그러나 성경에서의 죄는 하나님이 정하신 목표에서 벗어난 것을 말한다(hamartia).

이런 측면에서 보면 믿음으로 행한 모든 것은 죄가 아니라는 뜻이 된다. 예를 들어 다말이 시아버지 유다와 동침해 자녀를 낳은 것도, 이스라엘 백성이 모든 가나안 백성을 진멸한 것도 죄가 아니라는 뜻이다. 그렇다고 해서 그리스도인들이 이 세상에서 윤리도덕을 지키지 않아도 된다는 의미는 아니며, 온 세상의 주인은 하나님이시기에 모든 것은 그분의 판단에 맡겨야 한다는 뜻이다.

아담이 선악과를 먹은 후 인간은 스스로 주인이 되어 스스로 선악을 판단한다. 그러나 인간은 여전히 외부 환경의 지배를 받는 피조물에 지나지 않으며, 하나님이 부어주시는 생명력(=福) 없이는 한 시도 살 수 없는 연약한 존재이다. 인간은 하나님의 소유이며, 그분의 영광을 위해 지어진 피조물에 지나지 않는 것이다.

> "우리가 살아도 주를 위하여 살고 죽어도 주를 위하여 죽나니 그러므로 사나 죽으나 우리가 주의 것이로다" (8절)

그러므로 주님 안에서 한 형제가 된 성도들은 서로 비판하거나 판단하지 말고 받아주며, 화평케 하고 덕을 세우는 일에 힘써야 한다(19절). 여러 가지 외적인 차이에도 불구하고 모든 성도들은 오직 예수님의 보혈로 구원받았다는 면에서 평등하며, '그리스도를 머리로 한' 한 몸의 지체들이기 때문이다.

그렇다. 그리스도께서는 죽었다가 다시 살아나심으로 죽은 자와 산 자의 주(主, the Lord)가 되셨다. 이는 곧 그분께서 우리의 주인으로서 우리의 생사화복을 주관하신다는 뜻이다. 그러므로 모든 성도들은 믿음에 따라 사나 죽으나 사망권세를 이기고 우리의 주(主)가 되신 그리스도를 위해 살아야 한다.

> "그런즉 너희가 먹든지 마시든지 무엇을 하든지 다 하나님의 영광을 위하여 하라" (고전 10:31)

로마서 15장

이웃을 기쁘게 하라

우리 각 사람이 이웃을 기쁘게 하되 선을 이루고 덕을 세우도록 할지니라(15:2)

하나님 나라의 삶의 방식은 세상의 방식과 다르다. 세상에서 사람들은 자기 자신을 위해, 즉 자신을 기쁘게 하기 위해서 살아간다. 그러나 하나님의 나라는 자신이 아닌 이웃을 기쁘게 하기 위해 사는 곳이다.

그리고 실제로 만물의 주인이신 예수 그리스도께서 이 세상에 오셔서 그런 삶의 본을 보이셨다. 그분은 자신이 아니라 하나님을 기쁘게 하시기 위해서, 그리고 하나님의 원수이며 자신을 비방하는 죄인들을 살리기 위해 십자가를 지셨던 것이다.

> "그리스도께서도 자기를 기쁘게 하지 아니하셨나니 기록된 바 주를 비방하는 자들의 비방이 내게 미쳤나이다 함과 같으니라" (3절)

성도들은 이미 그런 그리스도의 사랑과 섬김을 받은 자들이다. 그러기에 남을 비판하지 말고, 그들의 연약함을 받아주며, 이웃들이 예수 그리스도를 알도록 하는 데 힘써야 한다. 그리스도를 알아갈수록 이웃들이 그분을 믿고, 그분을 닮아갈 것이기 때문이다.

물론 그 일은 결코 쉬운 일이 아니다. 자기 자신을 부인하고 희생해야 하며, 그런 과정 속에서 이유 없는 비방과 핍박을 받게 될 것이기 때문이다. 그러나 성도들은 그런 삶을 넉넉히 감당할 수 있는데, 인내와 위로의 하나님께서 함께하시며 위로하고 격려해 주시기 때문이다. 더 나아가 그런 핍박이 심해지면 질수록 하나님 나라를 더 소망하게 되고, 소망의 하나님께서 믿음 안에서 기쁨과 평강을 충만하게 해주실 것이다(13절).

한편 사도 바울은 자신이 이방인을 위한 예수 그리스도의 일꾼이 된 것을 자랑한다. 사도가 된 후 받은 것은 어떤 보상이 아니라 온갖 환란과 핍박밖에 없었지만, 자기가 받은 십자가 사랑을 생각할 때 그리스도를 전하지 않고는 배길 수 없었던 것이다.

동시에 그는 유대인 그리스도인들 역시 사랑했다. 예수님의 사역으로 말미암아 유대인과 이방인들 사이의 막힌 담이 이미 무너졌으며(엡 2:14), 그리스도 안에서 그들은 이제 한 몸이 되었기 때문이다. 그러기에 체포될 것을 알면서도 그는 이방인 성도들이 예루살렘 성도들에게 보내는 연보(구제 헌금)를 가지고 예루살렘에 기꺼이 올라갔던 것이다(25, 26절).

성도들은 이 세상에서 각자 다른 모양과 성품을 가지고 살아간다. 그러나 성도들은 남녀노소, 빈부귀천에 관계없이 모두 하나님께 영광을 돌리도록 교회로 부름받았다. 그리고 장차 새 하늘과 새 땅에서도 각기 다른 개성을 가지고 살아갈 것이지만, 그리스도의 몸으로서 오직 그리스도 예수의 뜻에 따라 살아가게 될 것이다(고전 12:27).

그러므로 모든 성도들은 서로를 받아주며, 그리스도의 복음을 땅끝까지 전해야 한다. 그것이 주님을 사랑하는 길이며, 하나님께 영광을 돌리는 길이기 때문이다.

> "이제 인내와 위로의 하나님이 너희로 그리스도 예수를 본받아 서로 뜻이 같게 하여 주사 한마음과 한 입으로 하나님 곧 우리 주 예수 그리스도의 아버지께 영광을 돌리게 하려 하노라" (5, 6절)

로마서 16장

여자 = 성도의 모형

너희는 그리스도 예수 안에서 나의 동역자들인 브리스가와 아굴라에게 문안하라 (16:3)

사도 바울은 로마서 마지막에서 동역자들의 이름을 쭉 나열하고 있는데, 그 첫 번째로 뵈뵈라는 자매를 천거하고 있으며, 남자 아굴라보다 그의 부인인 브리스가를 먼저 언급하고 있음을 볼 수 있다. 이는 바울의 사역에 있어서 여자들의 도움이 그만큼 크고 중요했음을 보여주는 것이다.

사실 이전에 여성은 인구조사에도 끼지 못하는 미천한 신분이었다. 그런데 요즘은 여성의 사회적 지위가 높아지고 활동이 많아져, 남녀평등을 지나 '여성 상위 시대'라고까지 불리기도 한다.

그렇다면 여성(여자)을 어떻게 볼 것인가? 과연 그들은 남성보다 열등한 존재일까?

성경에서 남자는 씨(말씀, 진리)를 가진 예수 그리스도를 말하며, 여자는 그 씨를 받아야 하는 교회(믿는 자들의 모임)를 의미한다.

먼저 여자(교회)는 남자(예수님)의 갈빗대로 만들어졌는데(창 2:22), 이는 곧 예수께서 십자가에 달려 흘리신 물과 피로 만들어졌음을 뜻하는 것으로, 그만큼 귀한 존재임을 나타내는 것이다.

둘째로 여자는 남자의 '돕는 배필'이라 말한다(창 2:20). 그러기에 마치 남자는 우월한 존재이며, 여자는 단순히 그 남자를 돕는 역할을 하는 존재로 생각할 수 있다. 그러나 '돕다'라는 단어는 '동등하다'는 뜻을 가지고 있으며, 남자와 여자가 합해지지 않으면 사람이 될 수가 없다. 그만큼 여자는 귀한 존재인 것이다. 원래 하나님은 완전하신 분인데, 감사하게도 사람이 없이는 완전하지 않기로 결정하시고, 사람(여자)을 창조하시고, 교회(여자=성도)를 그의 몸으로 삼으신 것이다(엡 1:23, 교회는 그의 몸이니).

이런 면에서 하나님 나라에서는 남자와 여자가 동등하다. 그곳에서는 예수 그리스도께서 남녀 모두의 영원한 신랑(남자)이시고, 우리(교회=성도들)는 모두 그분의 신부(여자)이기 때문이다.

결론적으로 이 세상에서 남자와 여자는 모두, 예수님의 신부로 지어져가고 있는 대등한 존재이다. 그러므로 남자는 여자를 볼 때 이들이 나를 하나님의 자녀로 성숙시키기 위해 고생을 하고 있음을 인정하고, 아끼고 존경해야 한다. 여자들도 마찬가지인데, 남자들 없이는 천국 백성으로 훈련받을 수 없음을 인식하고, 남자들에게 감사해야 하는 것이다.

> "아내들이여 자기 남편에게 복종하기를 주께 하듯 하라 남편들아 아내 사랑하기를 그리스도께서 교회를 사랑하시고 그 교회를 위하여 자신을 주심같이 하라 ~ 그러므로 사람이 부모를 떠나 그의 아내와 합하여 그 둘이 한 육체가 될지니 이 비밀이 크도다 나는 그리스도와 교회에 대하여 말하노라" (엡 5:22, 25, 31, 32)

> "~ 이 복음으로 너희를 능히 견고하게 하실 지혜로우신 하나님께 예수 그리스도로 말미암아 영광이 세세무궁하도록 있을지어다 아멘" (26, 27절)

고린도전서

1 CORINTHIANS

고린도전서
1장

어리석게 보이는 십자가

우리는 십자가에 못 박힌 그리스도를 전하니 유대인에게는 거리끼는 것이요 이방인에게는 미련한 것이로되(1:23)

고린도(Corinth)는 전 로마 제국에서 두 번째로 큰 도시로서, 온갖 부(富)와 새로운 지식들이 넘치는 곳이었다. 그러기에 세상적으로 볼 때 전혀 부러울 것이 없었으며, 자랑할 것이 너무도 많았다.

그런데 그런 가장 세상적인 곳에 바울은 18개월을 머물며 십자가 복음을 전했다. 그런데도 그런 곳에 교회가 세워진 것은 오직 하나님의 능력이요 은혜였던 것이다. 그렇지만 사람이 사는 곳, 특히 부와 사치가 넘치는 곳에 어찌 문제가 없을 수 있겠는가? 오늘날 우리가 상상할 수 있는 모든 문제가 발생했는데, 바울은 그들을 바로잡기 위해 편지를 써 보냈다.

먼저 그곳에 바울파, 아볼로파, 그리스도파라는 파벌이 있었다. 그리스도 안에서 한 몸이 된 교회가 나뉘었으니, 어찌 아프지 않겠는가? 그러기에 교회에서는 복음의 문제를 빼고는, 옳고 그름보다는 하나가 되는 것이 제일 중요함을 알아야 한다.

> "평안의 매는 줄로 성령이 하나 되게 하신 것을 힘써 지키라 몸이 하나요 성령도 한 분이시니 이와 같이 너희가 부르심의 한 소망 안에서 부르심을 받았느니라" (엡 4:3, 4)

한편 바울이 전한 복음은 그리스도의 십자가였다(23절). 그런데 세상적인 관점에서 볼 때 십자가는 낮아짐이요 패배요 죽음을 의미할 뿐이다. 그러기에 세상의 원리(=힘의 원리)로 사는 자들(불신자들)에게는 도저히 이해하거나 받아들일 수 없는 주장이었다. 그래서 소위 하나님을 믿는다는 유대인들에게는 거리끼는 것으로, 그리고 이방인들에게는 미련한 것으로 보였다.

그런데 이방인이었던 우리는 어떻게 십자가에 달리신 그리스도 예수를 믿게 되었는가? 그리스도는 하나님의 능력이요 하나님의 지혜이기 때문이다. 하나님께서 세상에서 지혜 있고 강하며 가진 것이 많다고 우쭐거리는 자들 즉 하나님이 아니라 자신의 능력을 자랑하는 자들을 부끄럽게 하시려고, 미련하고 천하고 보잘것없는 우리를 택하신 것이다. 할렐루야!

그렇다. 우리는 우리의 지혜나 능력이 아니라 오직 하나님의 은혜로 말미암아 미련한 전도의 말씀을 듣고 구원받았다. 그러기에 우리 또한 우리 자신의 무능이나 연약함을 핑계 대지 말고, 그리스도의 십자가를 전해야 한다. 그럴 때 주님께서 친히 일하실 것이다.

또한 하나님으로부터 온 지혜가 되신 예수님은 우리의 의로움과 거룩함과 구속함이 되셨다(30절). 우리가 의롭다 칭함을 받은 것, 거룩하게 된 것과 구원을 받게 된 모든 것이 모두 예수 그리스도 때문이라는 것이다. 그러므로 우리는 어떤 경우에도 자신을 자랑하지 말고, 오직 구세주 예수 그리스도만을 자랑해야 한다.

> "~ 자랑하는 자는 주 안에서 자랑하라" (31절)

고린도전서 2장

전도, 성령께서 친히 하시는 것

내 말과 내 전도함이 설득력 있는 지혜의 말로 하지 아니하고 다만 성령의 나타나심과 능력으로 하여(2:4)

다메섹 도상에서 부활하신 예수님을 만난 후 바울은 180도 바뀌었다. 지금까지 예수 믿는 자들을 잡아 죽이던 핍박자에서 오직 그분만을 전하는 전도자가 된 것이다.

그렇게 전도하는 가운데 그는 데살로니가에서 큰 핍박을 받았으며, 아테네에서는 철학적으로 예수를 전했는데 겨우 몇 사람이 믿게 되었을 뿐이었다(행 17:34). 이렇게 자신의 힘으로는 할 수 없음을 경험한 바울은 고린도에 도착한 후 매우 두렵고 심히 떨리는 상태였다(3절). 이는 그 자신의 연약함도 있었겠지만 특별히 그리스도를 제대로 전하지 못하면 어떻게 하나 하는 염려 때문이었다.

그러자 주님께서 환상 가운데 나타나 '내가 너와 함께 있으매 두려워하지 말며 침묵하지 말고 말하라' 격려해주신다. 그 결과 바울은 고린도에서 18개월간 힘차게 복음을 전한다.

전도란 이렇게 우리의 뛰어난 언변이나 기술로 하는 것이 아니라 하나님께서 성령을 통해 직접 하시는 것이다. 다만 전도의 대상이 인간이기에 연약한 우리를 통로로 사용하실 뿐인 것이다. 마른 뼈와 같이 죽어있던 우리를 살려주시고 또 영적인 소경이었던 우리 눈을 뜨게 하사 예수를 믿게 하신 분은 성령이신 것이다.

> "오직 하나님이 성령으로 이것을 우리에게 보이셨으니 성령은 모든 것 곧 하나님의 깊은 것까지도 통달하시느니라" (10절)

성령이 아니면 아무리 배운 것이 많거나 높은 자리에 있는 사람이라도 예수를 믿을 수 없다. 복음은 이 세상이나 통치자들의 지혜가 아니라 비밀스러운 하나님의 지혜이기에, 성령이 아니고는 알 수가 없기 때문이다.

그러기에 지금도 세상의 원리로 살아가는 사람들은 십자가의 복음을 도저히 이해하거나 받아들일 수 없다. 돈이나 권력 등 세상을 살아가는 데 내 힘이 될 수 있는 것과 내 욕망 성취를 도울 수 있다는 우상들이 많은데, 왜 하필이면 힘없이 십자가에 달려 죽은 예수를 믿겠는가?

그렇다. 전도는 십자가에 못 박히신 예수 그리스도를 선포하는 것이며, 하나님께서 성령을 통해 친히 하시는 것이다. 그러기에 우리는 많은 사람을 전도했다고 자랑해서도 안 되며 또 전도의 열매가 없다고 실망할 필요도 없다. 다만 죄와 사망에서 건져주신 은혜가 너무 고마워서, 오늘도 우리는 모든 것을 주님께 맡기고 예수의 십자가를 선포할 뿐이다.

> "내가 너희 중에서 예수 그리스도와 그가 십자가에 못 박히신 것 외에는 아무것도 알지 아니하기로 작정하였음이라" (2절)

고린도전서 3장

믿음의 터는 오직 예수 그리스도

이 닦아 둔 것 외에 능히 다른 터를 닦아 둘 자가 없으니 이 터는 곧 예수 그리스도라(3:11)

이 세상에 태어난 사람은 누구나 인생이라는 집을 지으며 살게 된다. 그런데 그 집터가 매우 중요하다. 아무리 멋있는 집을 지어도 만약 그 집터가 반석이 아니라 모래라면, 그 집은 쉽게 무너져 버릴 것이기 때문이다(마 7:24~27).

성경은 믿음의 사람들이 집을 지어야 하는 그 터가 바로 예수 그리스도라 말씀하고 있다. 예수님이야말로 믿음의 반석, 구원의 반석이신 것이다.

한편 성도들은 금 은 보석이나 나무나 풀같이 각기 다른 재료로 인생이라는 집을 짓게 된다. 그러나 이 모든 것들은 마지막 때에 시험(test)을 받게 되는데, 그때 타지 않고 남아있을 수 있는 것은 아무것도 없다. 우리 모두는 '오직 은혜로' 구원을 받는다. 그런데 어떤 재료로 집을 지었느냐에 따라 상(賞)을 준다면, 어찌 그것을 은혜라 할 수 있겠는가?

> "누구든지 그 공적이 불타면 해를 받으리니 그러나 자신은 구원을 받되 불 가운데서 받은 것 같으리라" (15절)

그렇다. 하나님께서 그분의 성령으로 행하신 일은 남을 것이며, 우리가 내 유익과 영광을 위해 내 자원으로 세운 모든 것들은 다 불에 타 없어질 것이다. 전도와 봉사, 심지어 헌금까지도 내 영광을 위한 종교 생활로 한다면, 결국 행한 만큼 손해가 되는 것이다(15절). 그러므로 우리는 사람, 즉 이 세상에 있는 것들이나 내가 이룬 것들을 자랑해서는 안 된다(21절). 사람을 포함한 모든 것들은 하나님이 아무 가치 없는 죄인들인 우리에게 거저 주신 것들이기 때문이다.

한편 고린도 교회에는 방언이나 예언 등 영적 은사가 넘쳤다. 그런데, 그들은 이것들을 교회의 덕(德)을 세우는 데 쓰지 않고, 오히려 서로 누구 것이 크냐를 비교하며 시기하고 분쟁했다(3절). 그러기에 바울은 이들을 젖만 먹는 어린아이들이라 불렀던 것이다.

교회의 주인은 하나님이시며, 자라게 하시는 분도 하나님이시다. 물론 씨를 뿌리고 물을 주는 것처럼 각 사람이 하나님의 일에 참여하는 것은 매우 중요하다. 그러나 교회 안에서 목회자를 포함해 어떤 특정한 사람들을 높이는 일은 반드시 삼가야 한다. 그들 역시 하나님이 주신 은사를 가지고 하나님 나라를 세우는 데 그저 쓰임 받고 있을 뿐이기 때문이다.

그러므로 무릇 올바른 성도들은 모든 것이 하나님의 것임과 하나님의 은혜임을 인정하고, 오직 하나님만을 자랑하며, 내 영광이 아닌 그분의 영광만을 위해 살아야 한다.

> "그런즉 너희가 먹든지 마시든지 무엇을 하든지 다 하나님의 영광을 위하여 하라" (고전 10:31)

고린도전서
4장

성도, 그리스도의 일꾼

사람이 마땅히 우리를 그리스도의 일꾼이요 하나님의 비밀을 맡은 자로 여길지어다 그리고 맡은 자들에게 구할 것은 충성이니라(4:1, 2)

바울은 자신과 아볼로를 그리스도의 일꾼이요 하나님의 비밀을 맡은 자라 부른다. 일꾼은 더 높은 권위를 따르며 일하는 사람을, 그리고 맡은 자는 청지기를 의미한다. 그들은 자신의 일을 하는 사람이 아니라 주인이신 하나님의 뜻을 행하는 사람들인 것이다.

그러므로 그들은 다른 사람이 아닌 주인에게만 책임을 지는 자들이다. 그러기에 이들은 주인이 맡긴 일에 충성해야 하며(faithful), 오직 주인에게만 판단과 평가를 받는 사람들인 것이다(4절, 다만 나를 심판하실 이는 주시니라).

더 나아가 사람에게 있는 모든 것들(생명, 은사 등)은 하나님께로부터 공급받은 것들이다(7절). 그러므로 고린도 성도들 역시 자신이 아니라 하나님을 자랑하고 그분께만 영광을 돌려야 했다.

그러나 고린도 성도들은 마치 모든 것을 다 가진 듯이, 스스로 완전한 체하며 교만하게 자신을 높이고 자랑하기에 바빴다. 그러기에 바울은 지금 고린도 성도들의 교만과 이로 인한 교회의 분열을 꾸짖고 있는 것이다.

이런 고린도 교회 성도들과는 달리 바울과 사도들은 주리고 목마르며 헐벗고 매를 맞았기에, 마치 하나님께서 죽이기로 작정한 자들 같고 세상의 더러운 것과 찌꺼기 같은 취급을 받고 있었다. 왜냐하면 우리의 연약함 가운데 주님의 강하심과 일하심이 더 드러나기 때문이다.

물론 하나님의 강함이 우리의 연약함 속에서 완전해진다는 진리는 좀처럼 이해하기 어렵다. 그리스도의 십자가 안에 있는 하나님의 지혜를 아는 것은 결코 쉬운 일이 아니며, 오직 은혜받은 자들만 알 수 있는 비밀이기 때문이다.

그렇다. 모든 그리스도인들은 왕인 동시에 거지들이다. 그리스도 안에서 이미 하늘의 부요를 맛보고 있지만, 이 세상에서는 그리스도처럼 멸시를 받는 것이 진정한 그리스도인의 인생인 것이다. 성도들은 영적으로는 이미 천국을 살고 있지만 몸은 아직도 타락한 세상에 살고 있으며, 마귀에게 노출되어 있기 때문이다(already not yet).

> "그리스도를 위하여 너희에게 은혜를 주신 것은 다만 그를 믿을 뿐 아니라 또한 그를 위하여 고난도 받게 하려 하심이라" (빌 1:29)

한편 바울이 이렇게 고린도 성도들을 무섭게 꾸짖을 수 있는 것은 그들을 이익을 위한 수단이 아니라 자기 자녀로 생각했기 때문이다. 여인이 해산의 고통을 통해 자녀를 낳듯이 실제로 바울은 십자가 복음을 통해 이들을 낳았는데, 복음은 사람을 구원하는 하나님의 능력이기 때문이다(롬 1:16).

우리 역시 예수 그리스도와 전도자들의 해산의 고통을 통해 구원을 받았기에, 우리 또한 복음에 빚진 자들이다. 그러므로 우리 역시 그리스도의 비밀인 복음을 맡은 자들로서 다른 사람들에게 복음의 통로가 되기 위하여 십자가의 길을 걸어가야 한다.

> "나의 자녀들아 너희 속에 그리스도의 형상을 이루기까지 다시 너희를 위하여 해산하는 수고를 하노니" (갈 4:19)

고린도전서
5장

너희 중에서 내쫓으라(出敎)

밖에 있는 사람들은 하나님이 심판하시려니와 이 악한 사람은 너희 중에서 내쫓으라(5:13)

성도들도 아직은 성화(聖化)의 과정 중에 있기에 죄를 범할 수도 있다. 고린도 교회에는 심지어 계모와 음행하는 자가 있었을 정도다. 중요한 것은 이런 죄악을 어떻게 처리하느냐이다.

이런 교회 내에서의 죄악과 관련하여 바울은 '내쫓으라' 명령하고 있다(2, 13절). 더 나아가 이런 자들과는 사귀지도 말라 말한다(11절). 왜냐하면 죄악은 마치 누룩과 같아서 속히 온 덩어리(교회)를 전부 오염시킬 수 있기 때문이다.

그렇다. 우리는 유월절 어린양 되신 예수의 살과 피를 먹고 마심으로 신분적으로는 이미 거룩한 자가 되었다(8절, 출애굽기 12:7). 그러므로 유월절로부터 시작되는 무교절 기간 동안에 누룩 없는 떡을 먹었던 것처럼, 구원받은 그날부터는 죄악을 멀리해야 하는 것이다.

> "너희는 누룩 없는 자인데 새 덩어리가 되기 위하여 묵은 누룩을 내버리라 우리의 유월절 양 곧 그리스도께서 희생되셨느니라" (7절)

그러나 이 모든 명령은 어디까지나 죄를 범한 성도를 구원하기 위한 목적으로 하는 것임을 반드시 명심해야 한다(5절, 육신은 멸하고 영은 주 예수의 날에 구원을 받게 하려 함이라). 만약 범죄 한 자를 영원히 내어 쫓는다면, 과연 우리 중에 교회에 남아있을 수 있는 자가 하나라도 있겠는가?

한편 죄를 범한 자들과 사귀지 말라는 명령은 죄를 범한 성도와는 일정 기간 동안 교제를 하지 말라는 뜻이다(10절). 만약 모든 범죄자들과의 교제를 끊어야 한다면, 그것은 곧 우리가 죄악으로 가득한 이 세상을 떠나야 한다는 뜻이기 때문이다. 오히려 우리는 빛과 소금으로 세상으로 나아가야 한다. 마르틴 루터는 '그리스도인들은 불신자들과 제대로 만날 시간을 확보하기 위해 수많은 교회 모임을 줄이는 일이 절실히 필요하다'라고 말했다.

어쨌든 예수의 피로 죄로부터 정결케 된 성도인 우리는 모든 누룩(죄악)을 제거하는 삶을 살아야 한다. 예수께서 우리를 정결케 하기 위해 희생 제물이 되셨으며, 하나님께서도 '내가 거룩하니 너희도 거룩하라' 명령하셨기 때문이다(레 11:45). 우리가 그렇게 결단할 때 우리 안에 내주(內駐)하시는 성령께서 도와주실 것이다.

> "이러므로 우리가 명절을 지키되 묵은 누룩으로도 말고 악하고 악의에 찬 누룩으로도 말고 누룩이 없이 오직 순전함과 진실함의 떡으로 하자" (8절)

고린도전서
6장

성도의 몸은 성령의 전(殿)

너희 몸은 너희가 하나님께로부터 받은 바 너희 가운데 계신 성령의 전(temple)인 줄을 알지 못하느냐 너희는 너희 자신의 것이 아니라(6:19)

고린도는 두 개의 항구를 가진 도시로서 수많은 우상들이 있었으며, 극히 악하고 부패해 있었다. 오죽했으면 사람들이 음행하는 자들을 '고린도인'이라고 불렀겠는가?

그러기에 비록 주님의 은혜로 고린도 교회가 세워졌지만 세상 풍속이 교회 안으로 쉽게 침입해 들어올 수 있었는데, 그 대표적인 예가 소송을 좋아하는 것과 성적 방종이었다.

먼저 그리스인들은 재판 자체를 즐겼는데, 고린도 교회 성도들 역시 그들 간의 문제를 자체적으로 해결하지 못하고 세상 법정으로 가는 일이 비일비재했다. 이에 바울은 '장차 주님과 함께 천사를 비롯해 모든 만물을 심판할 너희들이 세상 사람들의 판단을 받느냐'고 질책한다. 더 나아가 세상 법정에서 시비를 가리느니 차라리 스스로 불의를 당하고 속아주는 것이 낫다고 말한다. 왜냐하면 성도들은 은혜로 거저 죄 씻음과 거룩함과 의롭다 하심을 받았기에, 그에 합당한 삶을 살아야 하기 때문이다.

두 번째 문제는 음행(淫行, adultery)이었는데, 이는 간음은 물론 성적으로 불결한 모든 행위를 말한다. 즉 혼전, 혼외 및 모든 부자연스러운 성교(性交; 동성애, 수간 등)를 포함하여 기독교적 기준을 범하는 모든 성적 행위를 의미하는 것이다.

바울은 성도들이 음행을 범하지 말아야 하는 이유를 쭉 나열한다.

1. 우리 몸은 주님께서 주신 것으로 주님을 위해 있는 것이다(13절).

2. 마지막 날에 우리는 현재의 몸을 바탕으로 새로운 몸으로 부활할 것이기 때문이다(14절).

3. 성도는 주님을 머리로 한 몸의 지체이다. 몸의 어느 한 지체가 더럽혀지면 몸 전체가 더럽혀진다(15~17절).

4. 우리 몸은 성령 하나님이 거하시는 성전이다.

그렇다. 몸을 포함한 우리의 모든 것(全人)은 하나님께서 값을 주고 사신 것이다(救贖, redemption). 그러므로 우리 몸은 내 것이 아니라 주님의 것이다.

그리고 성도는 이미 예수의 피로 죄 씻음을 받고, 거룩하다, 의롭다 하심을 받았다(11절). 그러기에 비록 이전까지는 세상 사람들과 다름없이 살았을지라도, 성령을 받은 후에는 거룩하고 순결한 주님의 신부로서의 삶을 살아내야 하는 것이다. 그리고 더 나아가 우리 몸을 하나님의 영광을 위해 사용해야 한다.

> "값으로 산 것이 되었으니 그런즉 너희 몸으로 하나님께 영광을 돌리라" (20절)

> "하물며 영원하신 성령으로 말미암아 흠 없는 자기를 하나님께 드린 그리스도의 피가 어찌 너희 양심을 죽은 행실에서 깨끗하게 하고 살아 계신 하나님을 섬기게 하지 못하겠느냐" (히 9:14)

고린도전서 7장

각각 부르심을 받은 그대로

형제들아 너희는 각각 부르심을 받은 그대로 하나님과 함께 거하라(7:24)

이 세상에 있는 모든 것들은 하나님께서 성도들에게 무언가를 가르치고 훈련시키고자 허락하신 것들이다. 결혼 제도도 마찬가지인데, 우리는 결혼을 통해서도 많은 것을 배워야 한다.

먼저 하나님께서는 일부일처제를 명하신다. 왜냐하면 신부인 성도들은 오직 신랑이신 예수님 한 분만을 사랑하는 자로 지어져 가야 하며, 기타의 모든 성적 관계는 간음이요 우상 숭배이기 때문이다.

> "그러므로 사람이 부모를 떠나 그의 아내와 합하여 그 둘이 한 육체가 될지니 이 비밀이 크도다 나는 그리스도와 교회에 대하여 말하노라" (엡 5:31, 32)

둘째로 남녀는 성적인 면에서 평등하다. 그러기에 성관계는 권리이기 전에 의무이며, 이기심이나 과도함을 멈춰야 한다(4절).

셋째로 기도처럼 특별한 목적으로 성적 절제가 필요한 경우도 있는데, 이때도 어디까지나 '얼마 동안'이다. 왜냐하면 그 기간이 길어지면 사탄이 틈탈 수 있기 때문이다(5절).

한편 당시 고린도에 만연한 성적 문란에 대한 극단적인 반작용의 하나로 독신주의가 있었다. 이에 대해 바울은 독신으로 지내는 것도 한 방법이지만, 정욕이 불타는 것보다는 결혼하는 것이 낫다고 말한다. 독신생활은 아무나 할 수 있는 것이 아니라 하나님이 주신 은사이기 때문이다(마 19:10~12).

계속해서 바울은 상대방이 간음죄를 범한 경우를 제외하고 이혼을 금하며 결혼생활을 위해 애쓸 것을 강조한다(10, 11절). 왜냐하면 결혼 생활을 계속함으로써 서로 거룩하게 될 수 있으며, 부모의 기독교적 양육을 통해 자녀들의 믿음이 성숙할 수 있고, 믿지 않는 배우자가 회심할 수 있는 기회가 되기 때문이다. 더 나아가 부득이 이혼하게 될 경우라도 절대로 성도가 주도적으로 나서지는 말도록 권한다(15절).

결론적으로 바울은 부르심을 받은 그 부르심 그대로 지낼 것을 명하고 있다. 왜냐하면 이 세상에 있는 모든 것들 중에 영원한 것은 없으며, 모두 지나갈 것이기 때문이다.

> "이 세상이나 세상에 있는 것들을 사랑하지 말라 누구든지 세상을 사랑하면 아버지의 사랑이 그 안에 있지 아니하니 ~ 이 세상도, 그 정욕도 지나가되 오직 하나님의 뜻을 행하는 자는 영원히 거하느니라" (요일 2:15, 17)

그렇다. 하나님이 이 세상에서 우리에게 허락하신 모든 상황은 우리를 하나님의 자녀로 훈련시키기 위해 허락하신 것이다. 그러기에 우리는 그 상황에서 말씀대로 사는 훈련을 받으면 되는데, 그것은 곧 주님의 계명(하나님 말씀)에 순종하는 것이다. 모든 성도는 자신이 아니라 하나님을 기쁘시게 하는 삶을 살아야 하기 때문이다.

> "너는 마음을 다하고 뜻을 다하고 힘을 다하여 네 하나님 여호와를 사랑하라" (신 6:5)

고린도전서
8장

지식보다는 사랑

우상의 제물에 대하여는 우리가 다 지식이 있는 줄을 아나 지식은 교만하게 하며 사랑은 덕을 세우나니(8:1)

예나 지금이나 고기는 비싼 음식인데, 당시 고린도 시에서 유통되던 대부분의 고기는 우상에게 제물로 드려졌던 것들이었다.

이와 관련하여 믿음이 강하다고 생각하는 성도들은 아무 거리낌 없이 먹었다. 그들은 우상은 아무것도 아니고 참 신(God)은 하나님 한 분밖에 없으며, 만물은 그분께로 말미암은 것이라는 지식이 있었기 때문이다.

이와는 달리 믿음이 연약한 성도들은 우상에게 드려졌던 제물을 먹을 때 어떤 악신(惡神)이 역사하는 것으로 생각했기에 고기 먹기를 꺼렸다. 그런데 소위 믿음이 강한 사람들이 그런 고기를 먹는 것을 보고는, 그 우상의 제물을 먹고서 양심이 약해지고 더러워지는 일이 벌어졌던 것이다.

물론 우상(eidola; 복사판들)은 사람이 손으로 만든 것으로서 아무것도 아니다. 그러나 우리가 어떤 종류의 우상 숭배에든 관여하면, 귀신들 즉 우리의 예배 받기를 갈망하며 속이고 파괴하는 사탄의 졸개들에게 영향력을 행사할 기회를 주게 된다. 그러기에 바울은 제사를 금했던 것이다.

> "무릇 이방인이 제사하는 것은 귀신에게 하는 것이요 하나님께 제사하는 것이 아니니 나는 너희가 귀신과 교제하는 자가 되기를 원하지 아니하노라" (고전 10:20)

한편 모든 성도는 예수의 십자가 사랑을 받은 자들 즉 그리스도 예수께서 그들을 위해 죽으신 형제들이다. 그러기에 만약 그런 형제들을 넘어지게 한다면, 이는 곧 그리스도께 죄를 짓는 것이 된다(12절).

"의심하고 먹는 자는 정죄되었나니 이는 믿음을 따라 하지 아니하였기 때문이라 믿음을 따라 하지 아니하는 것은 다 죄니라" (롬 14:23)

그러기에 바울은 '만일 어떤 음식이 형제를 실족하게 한다면 나는 영원히 고기를 먹지 않겠다' 선언하고 있는 것이다(13절).

그렇다. 믿는 자들에게는 주님께서 주신 참된 자유가 있다. 그러나 그 자유는 하나님 사랑과 이웃 사랑을 위해 스스로 제한할 수 있는 자유를 포함하고 있는 것이다. 왜냐하면 사랑은 덕(德)을 세우며, 율법의 완성이기 때문이다.

"사랑은 이웃에게 악을 행하지 아니하나니 그러므로 사랑은 율법의 완성이니라" (롬 13:10)

진정한 영적 카멜레온

내가 여러 사람에게 여러 모습이 된 것은 아무쪼록 몇 사람이라도 구원하고자 함이니 내가 복음을 위하여 모든 것을 행함은 복음에 참여하고자 함이라(9:22, 23)

카멜레온은 생존을 위해 주위 환경에 맞게 몸의 색깔을 잘 바꾸는 동물로 유명하다. 사도 바울이 그랬다. 그는 '복음을 위하여, 복음을 전하기 위해' 모든 것을 했는데, 가능한 한 넓게 그리고 멀리 복음의 능력과 실체를 나누기 위해서였다.

먼저 그는 자신의 모든 권리를 포기했다. 농부가 수확을 하는 것처럼, '곡식을 떠는 소에게 망을 씌우지 말라'(신 25:4)는 율법처럼, 제사장들이 제물의 일부를 취했던 것처럼 그리고 '복음을 전하는 자는 복음으로 말미암아 살리라'는 주님의 말씀처럼, 그는 복음 사역자로서 생계를 위해 일하지 않을 수 있었다. 그러나 그는 그리스도의 복음을 전하는 일에 장애가 되지 않도록 그 권리를 주장하지 않고 자기 비용(自備糧)으로 복음을 전했다.

그렇다고 해서 지금도 모든 복음 사역자들이 모두 자비량(自備糧)으로 섬겨야 한다는 말은 아니다. 오히려 사례금을 받지 않는다는 마음에서 교만해질 수 있고, 복음을 전하는 일에 쓸 시간을 생계를 위해 쓰는 결과를 낳을 수 있기 때문이다. 그리고 바울도 나중에는 성도들의 도움을 받으며 전도에 전념했다(고후 11:9).

나아가 그는 복음 전파를 위해 모든 사람에게 종이 되기로 했다. 비록 복음 안에서 완전한 자유자였지만, 더 많은 사람을 복음으로 이끌기 위해서였다(19절). 또 그는 인종적 정체성이나 종교적 민감성 그리고 양심 등의 모든 문제를 희생하고 초월했는데, '주는 것이 받는 것보다 복이 있다'(행 20:35)는 주님의 말씀을 몸소 실천했던 것이다.

그는 또 최후의 승리를 위해 앞만 보고 달렸다. 운동선수들이 승리자의 관(crown)을 얻기 위해 모든 것을 참고 절제하듯이, 오직 복음을 전하는 일에만 전념한 것이다. 왜냐하면, 남에게 복음을 전파한 후에 자신이 도리어 버림을 당할까 두려워했기 때문이다.

물론 구원은 일방적인 주님의 선택과 은혜로 주어진 것이기에 우리의 행위에 따라 취소될 수는 없다(요 10:28; perseverance of saints). 그러나 성도는 항상 구원에서 떨어질까 두려워하는 심정을 가져야 한다. 왜냐하면 그렇게 해야 죄를 멀리하며 방심하지 않을 수 있으며, 주님을 진심으로 두려워하는 자들만이 모든 참된 확신의 은혜를 받게 되기 때문이다.

> "내가 모든 사람에게서 자유로우나 스스로 모든 사람에게 종이 된 것은 더 많은 사람을 얻고자 함이라" (19절)

고린도전서
10장

많은 사람의 유익을 구하라

나와 같이 모든 일에 모든 사람을 기쁘게 하여 자신의 유익을 구하지 아니하고 많은 사람의 유익을 구하여 그들로 구원을 받게 하라(10:33)

9장 말미에서 바울은 '남에게 전파한 후 버림을 당할까 두려워한다' 말했는데, 이제 그 버림받은 예를 들고 있다. 이스라엘 백성들은 어린양의 피로 출애굽 했고, 모세에게 속하여 다 구름과 바다에서 세례를 받았으며, 반석이신 예수님으로부터 신령한 음료를 마셨다. 그들이 광야에서 40년간 생활하는 동안 주님께서 친히 동행하시며 돌봐주셨던 것이다.

그러나 출애굽 1세대는 여호수아와 갈렙 두 사람을 제외하고는 아무도 가나안 땅에 들어가지 못했다(5절). 그 이유는 그들이 악을 행했기 때문인데, 우리는 그들의 실패를 교훈으로 삼아 그들이 갔던 길을 가지 말아야 한다.

그들이 범했던 악(惡)은 우상 숭배(금송아지 사건), 이방인들과의 음행(바알브올 사건), 주님을 시험한 것(민 21장; 불뱀 사건)과 주님을 원망했던 가데스바네아 반역 사건 등이었다. 바울은 이들의 영원한 운명(구원 여부)에 대해서는 언급하지 않았지만, 이들은 약속의 땅 가나안에 들어가지 못했던 것이다.

그러므로 바울은 우리에게 '선 줄로 생각하는 자는 넘어질까 조심하라' 경고하고 있다. 왜냐하면, 지금도 마귀가 우는 사자처럼 삼킬 자를 찾고 있기 때문이다. 그러나 성도는 이런 시험을 두려워할 필요는 없다. 이런 시험은 성도라면 누구나 당하는 것이며, 시험당할 즈음에 피할 길을 주시고 능히 감당케 하시기 때문이다. 어쨌든 끝까지 이긴 자만이 면류관을 받을 수 있기에(계 2장), 우리는 주님의 품에 안기는 그날까지 두렵고 떨림으로 구원을 이루어나가야 한다(빌 2:12).

한편 이런 악행 중에 바울은 특히 우상 숭배를 경고하고 있는데, 우상 숭배는 영적 간음을 의미하기 때문이다. 물론 우상은 아무것도 아니다. 그러나 성만찬을 통해 그리스도의 몸에 참여한 우리가 불신자들이 드리는 제사에 함께하는 것은 그리스도의 몸을 더럽히는 것이기 때문이다.

물론 성도들은 주님 안에서 모든 것에 자유한 사람들이다. 그러나 우리는 항상 '과연 나는 그리스도의 몸(교회)을 세우고 있는가'를 먼저 생각해야 한다. 우리는 주님께서 자신의 피 값을 치르고 사신 주님의 몸이기 때문이다.

그러므로 우리는 무엇이든지 다 하나님의 영광을 위하여 해야 한다. 그리고 나의 권리를 주장하지 말고 모든 사람을 기쁘게 하며, 많은 사람의 유익과 그들의 구원을 위해서 해야 한다. 하나님 사랑과 이웃 사랑은 율법의 완성이기 때문이다.

> "사랑은 이웃에게 악을 행하지 아니하나니 그러므로 사랑은 율법의 완성이니라" (롬 13:10)

고린도전서
11장

질서의 하나님

그러나 나는 너희가 알기를 원하노니 각 남자의 머리는 그리스도요 여자의 머리는 남자요 그리스도의 머리는 하나님이시라(11:3)

하나님은 질서를 중히 여기시기에, 만물을 질서 있게 지으셨으며, 지금도 질서로 다스리신다(시 104:9). 그러기에 만약 만물이 하나님께서 정하신 질서를 어긴다면 그 즉시 멸망할 것이다. 그리고 인간이 선악과를 먹은 것도 상위 권위인 하나님의 질서를 어긴 것으로, 이것이 죄의 근본이다.

이런 면에서 비록 남녀가 인권에 있어서는 동등하나 직분에 있어서는 다르다. 하나님께서 남자를 여자의 머리로 삼으셨기 때문이다. 그런데 고린도 교회에서는 이런 질서가 무너졌기에, 여자들 머리에 수건을 쓰게 하심으로 그들 위에 그들을 다스리는 다른 권위가 있음을 인식하도록 했던 것이다(10절). 또 당시에는 창녀나 간음한 여자들은 머리에 아무것도 쓰지 않았으며, 종들은 아예 머리를 밀었기 때문이기도 하다.

나아가 성찬(聖餐)과 관련해서도 문제가 있었다. 성찬은 예수께서 피 흘리고 죽으신 의미를 바로 알고, 모든 성도들이 그리스도 안에서 한 몸임을 확인하는 시간이다. 그런데 그들 사이에 차별과 분쟁이 있었던 것이다. 부자들은 먼저 와서 먹고 마심으로 취한 경우가 많았고, 많은 일을 해야 했던 종들은 늦게 올 수밖에 없었을 뿐 아니라 굶기도 했던 것이다(21, 22절).

나아가 바울은 성찬의 참된 의미를 모르고 성찬에 참여하는 것은 주의 몸과 피에 대해 죄를 짓는 것이라 말하며(27절), 이로 인해 병이 들거나 죽는 자들이 있음을 경고한다.

한편 '주의 떡이나 잔을 합당하지 않게 먹고 마시는 자'라는 구절을 근거로, 죄를 지은 자는 성찬에 참여할 수 없다고 주장하는 사람들도 있다. 물론 기계적으로 성찬 예식을 행하거나 참여하는 것을 피하고, 이웃들과 더불어 사랑과 자비를 베풀며 살았는지 여부를 확인할 필요가 있다. 그러나 만약 이들의 주장이 맞는다면, 우리 모두가 죄인인데, 과연 누가 성찬에 참여할 수 있겠는가? 평소 거룩한 삶을 살도록 노력해야겠지만, 오히려 죄를 지었기에 더 성찬식에 참여하여 죄 씻음을 받고 새로운 출발을 결단해야 하지 않겠는가?

그렇다. 우리는 예수 그리스도의 살과 피를 먹고 마심으로 죄 사함을 받고 그분의 몸이 되었다. 그러므로 우리는 이런 성찬의 의미를 다시 한번 생각하며, 주님이 다시 오실 때까지 입술과 삶을 통해 그의 죽으심을 전해야 한다.

> "너희가 이 떡을 먹으며 이 잔을 마실 때마다 주의 죽으심을 그가 오실 때까지 전하는 것이니라" (26절)

고린도전서
12장

교회는 그리스도의 몸

몸은 하나인데 많은 지체가 있고 몸의 지체가 많으나 한 몸임과 같이 그리스도도 그러하니라(12:12)

사람의 몸은 눈, 코, 입, 손, 발 등 수많은 지체(肢體, parts)로 구성되어 있다. 그리고 그중 어느 하나가 병들면 온몸이 아프고 불편을 겪는다. 더 나아가 그 어떤 지체도 몸과 떨어져서는 활동할 수가 없다. 몸은 서로 유기적으로 연결되어 작동하는 하나의 유기체이기 때문이다.

교회 또한 그리스도의 몸으로서 여러 지체들로 이루어져 있다. 눈의 역할을 하는 성도도 있고, 손과 발의 역할을 하는 성도도 있다는 뜻이다. 그러기에 각 성도들이 자신을 드러내지 않고 머리이신 그리스도의 지시에 따라 움직이면, 그 교회는 건강할 것이다.

그러나 안타깝게도 고린도 교회는 그렇지 못했다. 많은 은사가 있었음에도 불구하고, 서로 자기 은사를 자랑하고, 누가 더 크냐를 가지고 다퉜다. 한마디로 몸에 병이 들었던 것이다.

은사(恩賜)란 무엇인가? 문자 그대로 '하나님께서 은혜로 각 사람에게 나누어주신 선물'이다. 그리고 그 목적은 그리스도의 몸인 교회를 유익하게 하기 위한 것이며(7절), 자기 자랑을 위해 주어진 것이 아니다. 물론 세상 사람들은 제 잘난 맛에 살며, 소위 탤런트(talent)라고 불리는 것을 계발하여 서로 뛰어난 것을 자랑하며 경쟁한다. 그러나 그런 탤런트 자체도 근본적으로는 하나님께서 일반 은총으로 주신 것들이기에, 원래는 자신의 명성이 아니라 하나님의 영광을 위해서 쓰여야 하는 것이다.

한편 은사에는 지혜의 말씀, 병 고치는 은사, 예언, 방언 등 여러 가지가 있는데, 성도들은 누구나 한 가지 이상씩은 가지고 있다. 한 몸의 지체로서 서로 섬겨야 하기 때문이다(25절). 그리고 이런 은사들 간에는 우열이 있을 수 없다. 은사를 가진 모든 성도가 똑같이 한 몸의 지체이며, 눈에 띄지 않는 지체(심장 등)가 더 중요하기 때문이다(22, 23절).

그리고 이런 은사는 한 성령으로부터 공동의 유익을 위해 주어진 것이기에, 각 지체의 뜻이 아니라 머리의 지시에 따라 사용되어야 한다. 만약 은사가 개인(지체)이 마음대로 쓰도록 주어진 것이라면, 왜 그의 손수건만 얹어도 치유의 역사(행 19:12)가 일어났던 바울이, 자기 아들이라고 불렀던 디모데의 위장병을 치료해주지 못했겠는가?(딤전 5:23)

그러므로 성도는 자기에게 있는 은사를 가지고 자랑하기보다 더 큰 책임과 의무감을 가지고 주님의 뜻대로 다른 성도들(지체들)을 돌봐야 한다. 그리고 누구나 더 큰 은사들을 사모해야 하는데, 그중의 제일은 사랑이다.

> "몸 가운데서 분쟁이 없고 오직 여러 지체가 서로 같이 돌보게 하셨느니라 너희는 그리스도의 몸이요 지체의 각 부분이라" (25, 27절)

고린도전서 13장

그중의 제일은 사랑이라

그런즉 믿음, 소망, 사랑, 이 세 가지는 항상 있을 것인데 그중의 제일은 사랑이라(13:13)

사랑이란 무엇인가? 사랑은 남녀 간의 육체적인 사랑을 포함하여 동정하는 마음, 진리에 이르고자 하는 동경(憧憬) 등 많은 뜻을 포함하고 있다.

그러나 성경에서 말하는 사랑(agape)은 이전에는 자주 사용하지 않던 단어로, 바울은 사랑이란 단어를 새롭게 정의하고 있다.

한편 사랑의 근원은 하나님이시다. 그분은 사랑 그 자체이신데(요일 4:8, 하나님은 사랑이심이라), 독생자 예수를 보내 성도를 구속(救贖)하심으로 그 사랑을 보여주셨다. 그러기에 하나님을 알지 못하는 자는 사랑을 알 수 없으며, 당연히 사랑할 수도 없다. 또한 하나님을 사랑하는 자는 이웃을 사랑할 수밖에 없다(마 22:37~39).

사랑은 이렇게 크고 깊은 것인데, 바울은 고린도 교회에 필요한 '형제 사랑'이라는 측면에서 사랑을 가르치고 있다.

먼저 고린도 교회에 많은 은사들이 있으나 사랑이 없음을 강하게 질책한다. 그들이 자랑하던 방언, 예언 그리고 산을 옮길 만한 믿음조차도 사랑이 없으면 아무것도 아니라는 것이다(nothing). 심지어 모든 소유를 내어주고 몸을 불사를지라도, 사랑이 없으면 내게 아무 유익도 없다(3절). 왜냐하면 만약 사랑으로 한 것이 아니라면, 이런 행동들은 이웃 사랑이 아닌 자기의 유익을 위해 한 것들이기 때문이다.

한편 사랑은 이론이 아니라 계속적인 행함을 의미하는데, 이는 결코 쉬운 일이 아니다. 이런 사실은 사랑이라는 단어에 내 이름을 넣어보면 알 수 있다.

반대로 '예수'의 이름을 넣으면 매우 자연스러운데(예수는 오래 참고~), 이를 통해 우리는 참된 사랑은 예수의 영인 성령을 받은 성도들만이 할 수 있는 것임을 알 수 있다.

사랑은 오래 참고 온유한 것인데, 그런 사랑은 시기하거나 자랑하거나 교만하지 않으며, 무례하거나 자기의 유익을 구하지 않는다. 또한 다른 형제의 약점과 죄와 실패에 대한 인내와 용서, 더 나아가 그런 것들을 기억해 두지 말 것을 요구한다. 사랑은 허다한 죄를 덮는 것이기 때문이다(벧전 4:8).

계속해서 사랑은 모든 것을 참으며, 믿으며, 바라며 견디는데, 우리가 겪는 모든 상황들은 우리 안에 예수의 형상을 새기기 위해 주어지는 것들이기 때문이며, 예수 안에 있는 하나님의 사랑이 우리로 하여금 그렇게 할 수 있는 능력을 주신다.

결론적으로 이 땅에서의 우리의 모든 삶은 하나님의 자녀로의 성숙을 위해 허락된 것이다. 그러기에 이 일을 위해 주어졌던 것들 즉 예언, 방언, 지식 같은 은사들은 장성한 사람이 된 후 어린아이의 일을 버리는 것처럼 다 사라질 것이다.

심지어 믿음과 소망도 천국에 입성한 후에는 없어질 것인데, 사랑은 끝까지 있을 것이다. 왜냐하면 사랑은 이 세상에서는 물론 새 하늘과 새 땅에서도 성도들이 살아가는 삶의 방식이기 때문이다.

> "사랑은 여기 있으니 우리가 하나님을 사랑한 것이 아니요 하나님이 우리를 사랑하사 우리 죄를 속하기 위하여 화목 제물로 그 아들을 보내셨음이라 사랑하는 자들아 하나님이 이같이 우리를 사랑하셨은즉 우리도 서로 사랑하는 것이 마땅하도다" (요일 4:10, 11)

고린도전서
14장

은사, 교회를 든든히 세우기 위한 것

너희가 모일 때에 각각 찬송시도 있으며 가르치는 말씀도 있으며 계시도 있으며 방언도 있으며 통역함도 있나니 모든 것을 덕을 세우기 위하여 하라(14:26)

하나님께서 성도에게 은사(恩賜, charismata)를 주시는 목적은 그리스도의 몸인 교회를 세우기 위한 것이며(12:7, 엡 4:12), 하나님의 주권적인 뜻 가운데 각 사람에게 알맞게, 다양하게 주신다(12:4, 11). 그러므로 각자가 받은 은사를 서로 비교하지 말아야 하며, 은사의 많고 적음을 신앙 성숙의 척도로 오해해서도 안 된다.

고린도 교회에는 풍성한 은사가 주어졌지만, 서로 비교하며 시기하고 교만을 떠는 사람들이 많았다. 그러기에 사도는 '모든 것을 품위 있게 그리고 질서 있게 하라' 명한다(40절).

바울은 특별히 예언과 방언에 대해 말하고 있다. 예언(預言, prophesy)은 선지자를 통해 주어지는 하나님의 말씀을 말하는데, 당시는 아직 성경 66권이 확정되기 전이기 때문에 많은 예언이 주어졌던 것으로 보인다.

그러나 예언이 예언으로 받아들여지기 위해서는 예나 지금이나 반드시 분별되어야 한다(29~33절). 왜냐하면 성경이 확정된 지금 구원을 위한 더 이상의 예언은 필요치 않으며, 마지막 때가 될수록 더 많은 거짓 선지자들이 나타나 예언이라는 이름으로 성도들을 미혹할 것이기 때문이다. 한편 바른 예언인가의 여부는 그 예언이 하나님을 영화롭게 하는가, 성경과 조화를 이루는가, 교회의 덕을 세우는가, 사랑으로 말해지는가 등으로 분별할 수 있을 것이다.

한편 바울은 교회를 든든히 세우기 위해 모두가 방언 말하기를 권하지만, 교회의 질서를 위해 공적 예배에서는 절제되어야 한다고 말한다. 방언은 알아들을 수 없는 소리이기에 알아들을 수 있도록 통역되기 전에는 다른 사람들에게 전혀 도움이 되지 않으며, 더 나아가 기독교에 관심이 있기는 하나 아직 믿지 않는 사람들에게 미쳤다는 인상을 줄 수 있기 때문이다(23절).

그리고 교회에서의 여자들의 행동에 대해 가르치고 있는데 여자들은 무조건 조용히 해야 한다는 뜻은 아니며, 당시 고린도 교회에 있었던 문제에 대한 가르침이라 볼 수 있다. 왜냐하면 당시 고린도 교회에서는 여자들이 복종의 원리를 무시하고 나서기를 좋아하며, 지나치게 시끄러웠기 때문이다(34~35절).

은사는 그리스도의 몸인 교회의 덕을 세우기 위한 것이다(strengthening of the church). 그러므로 모든 은사는 교회의 질서를 어지럽힐 때 제재 받아야 하며, 말씀의 권위 아래 겸손하게 사용되어야 한다.

> "그런즉 내 형제들아 예언하기를 사모하며 방언 말하기를 금하지 말라 모든 것을 품위 있게 하고 질서 있게 하라" (39, 40절)

고린도전서
15장

부활, 기독교의 핵심

만일 그리스도 안에서 우리가 바라는 것이 다만 이 세상의 삶뿐이면 모든 사람 가운데 우리가 더욱 불쌍한 자이리라(15:19)

만약 생명(영생, 신적인 삶)의 부활이 없다면 어떨까? 그리스도인들은 가장 불쌍하고 미련한 자들이 될 것이다. 세상에는 이 세상에서의 성공을 준다고 떠드는 종교가 너무나 많고, 실제로 그들은 세상의 부귀영화를 누리며 살고 있기 때문이다.

한편 죽음 이후의 삶을 안다는 것은 육체를 입은 인간에게는 쉽지 않은 일이다. 간혹 죽었다가 다시 살아났다는 사람들의 얘기를 듣기도 하지만 객관적인 증거가 없기 때문이다. 그러기에 고린도 교회에도 부활을 믿지 못하고, 당시 쾌락주의 철학의 표어처럼 그저 '먹고 마시며' 사는 사람들이 많았다.

그러기에 바울은 예수님의 부활을 통해 부활이 분명히 있음을 변증하고 있다. 예수님께서는 분명히 십자가에 달려 죽으시고 사흘간 무덤에 묻혔다가, 다시 살아나셔서 40일간 제자들과 함께 생활하셨기 때문이다. 그리고 그 예수님의 부활하신 모습을 본 사람이 무려 500명이 넘는다는 것이다(6절).

더 나아가 예수님이 사망을 이기시고 부활의 첫 열매가 되셨기에, 그분을 믿는 성도들도 장차 부활(몸의 부활)하게 된다는 것이다. 왜냐하면 성도들은 그분을 머리로 한 한 몸의 지체로서 그분이 죽으실 때 함께 죽었듯이, 그분이 죽음을 이기고 부활하셨을 때 영적으로는 이미 함께 부활한 것이기 때문이다(갈 2:20).

더 나아가 자연 법칙을 들어 설명한다. 땅에 뿌려진 씨는 없어진 것처럼 보이지만 실은 또 다른 형체로 나서 많은 열매를 맺는다. 그리고 애벌레가 누에고치가 되었다가 나방이 되는 것은, 애벌레가 죽은 것이 아니라 다른 차원의 존재가 된 것이다. 이처럼 우리 몸도 썩을 것으로 심고 썩지 아니할 것으로 다시 살아난다는 것이다(42절). 한편 우리 몸은 이 세상에서 살아야 하기에 많은 제한을 가지고 있다. 그러나 부활한 두 번째 몸은 성령의 모든 능력을 가지고 있기에 부활하신 예수님과 같은 신령한 몸이 되는 것이다(44절).

사실 죽음은 인간이 하나님께 반역했기 때문에 즉 죄를 지었기에 존재하는 악이다. 그런데 예수께서 십자가에 죽으심으로 모든 값을 치러주셨기에(속죄 제물과 화목 제물), 이제 죽음과 죄와 율법은 완전히 패배했다. 이는 곧 우리 성도들이 완전히 승리한 것이며, 그러기에 아래와 같이 당당히 선포할 수 있는 것이다.

> "사망아 너의 승리가 어디 있느냐 사망아 네가 쏘는 것이 어디 있느냐 사망이 쏘는 것은 죄요 죄의 권능은 율법이라" (55, 56절)

그러므로 우리는 우리를 사망에서 해방시켜주신 하나님께 감사하며, 주의 일에 더욱 힘쓰는 자들이 되어야 한다. 부활이 있기에, 죄를 향해 힘든 싸움을 해나가는 우리의 수고가 주 안에서 결코 헛되지 않기 때문이다.

> "그러므로 사랑하는 자들아 너희가 이것을 바라보나니 주 앞에서 점도 없고 흠도 없이 평강 가운데서 나타나기를 힘쓰라" (벧후 3:14)

고린도전서
16장

모든 일을 사랑으로 행하라

깨어 믿음에 굳게 서서 남자답게 강건하라 너희 모든 일을 사랑으로 행하라 (16:13, 14)

바울은 고린도 교회 성도들을 때론 무섭게 야단을 치기도 하고, 때론 부모처럼 위로하기도 했다. 그렇지만 그 바탕에는 그들을 향한 사랑이 있었다. 사랑이 없으면 모든 것이 아무것도 아니기 때문이다(13:1~3).

한편 당시에 지중해 전역에 큰 기근이 있었는데, 이때 똑같이 어려운 처지에 있던 마케도니아 성도들은 예루살렘 교회를 돕기 위해 연보(捐補, collection)를 모아 바울 편에 보냈다. 비록 생면부지였지만 이들은 주님 안에서 한 형제임을 알았기에 사랑을 표한 것이며, '주는 것이 받는 것보다 복이 있다'는 주님의 말씀(행 20:35)을 실천하고 있는 것이다.

모든 교회의 주인은, 어떤 특정한 목회자가 아니라 예수 그리스도이시다. 더 나아가 모든 참된 성도는 주 안에서 한 형제요, 가족이다. 그러기에 참된 성도와 교회라면 다른 성도나 다른 교회의 아픔에 동참하지 않을 수 없는 것이다.

한편 지금 에베소에 있는 바울은 고린도 교회에 디모데를 보내며, 그를 잘 돌보아 줄 것을 권면한다. 디모데의 일이 곧 바울의 일이고 그 일은 곧 하나님의 일이며, 디모데는 주 안에서 형제이기 때문이다. 바울은 또 스데바나를 비롯한 여러 사람들을 언급하는데, 이들은 주님의 사랑으로 바울과 성도들을 잘 섬겼기 때문이다.

그렇다. 하나님께서는 믿음의 형제들에게 사랑으로 섬긴 냉수 한 그릇까지도 다 기억하시고 상(賞)을 주신다(마 10:42). 물론 상을 받기 위한 목적으로 행한 것이 아니지만 말이다.

한편 복음을 전하는 일에는 대적들이 많다(9절, 내게 광대하고 유효한 문이 열렸으나 대적하는 자가 많음이라). 그러기에 바울은 에베소에서 맹수같이 달려드는 대적들로 인해 온갖 환란을 다 당했다.

> "아시아에 들어온 첫날부터 지금까지 어떻게 행하였는지를 여러분도 아는 바니 곧 모든 겸손과 눈물이며 유대인의 간계로 말미암아 당한 시험을 참고 주를 섬긴 것과" (행 20:18, 19)

그럼에도 그가 에베소에서 3년이나 머물며 복음을 전할 수 있었던 것은 무엇보다 먼저 주님의 은혜였으며, 동시에 주님 안에서 행한 에베소 성도들의 헌신과 사랑 덕분이었다. 그러기에 바울은 '누구든지 주를 사랑하지 아니하면 저주를 받을지어다' 말하며, 주님의 은혜가 그들에게 임하기를 간절히 기원하고 있는 것이다(22, 23절).

> "사랑하는 자들아 우리가 서로 사랑하자 사랑은 하나님께 속한 것이니 사랑하는 자마다 하나님으로부터 나서 하나님을 알고" (요일 4:7)

고린도후서

2 CORINTHIANS

고린도후서
1장

오직 하나님만 의지하라

우리는 사형 선고를 받은 줄 알았으니 이는 우리로 자기를 의지하지 말고 오직 죽은 자를 다시 살리시는 하나님만 의지하게 하심이라(1:9)

고린도 시는 소돔과 고모라같이 타락한 도시였다. 그런데 그곳에 거룩한 하나님의 교회가 세워졌다. 그러니 하나님의 마음을 가진 바울에게 이들이 얼마나 귀하고 보배로운 존재로 보였겠는가? 그럼에도 불구하고 고린도 교회에는 오늘날 우리가 경험하고 있는 많은 문제들이 있었다(고린도전서).

그러기에 이런 문제들을 바로잡기 위해 바울은 직접 방문하거나 편지를 보내기도 했으며, 디모데와 디도 같은 동역자들을 보내기도 했다. 그러나 거짓 선지자들을 통한 사탄의 끈질긴 방해로 인해 눈에 띄는 결과가 쉽게 보이지 않았기에, 그는 매우 가슴이 아팠다.

그러나 성도를 부르신 분은 죽은 자를 다시 살리시는 하나님이시다. 그러기에 그리스도 안에서 주신 그분의 약속은 언제나 예(yes)가 되는데, 그분이 직접 성도들로 하여금 그리스도 안에 굳건하게 해주시기 때문이다(20절).

그렇다. 하나님께서는 우리에게 기름을 부어주시고 자신의 자녀임을 확인하는 도장을 찍어주셨으며, 우리가 그분의 자녀라는 신분에 대한 약속과 책임의 상징으로 우리 마음에 성령을 주셨다(22절).

고린도 교회도 그렇게 하나님의 도우심으로 회복되었으며, 디도를 통해 이런 소식을 들은 바울은 위로를 주시는 하나님을 소리 높여 찬양한다.

> "찬송하리로다 그는 우리 주 예수 그리스도의 하나님이시요 자비의 아버지시요 모든 위로의 하나님이시며 우리의 모든 환난 중에서 우리를 위로하사" (3, 4절)

그러면서 자신이 아시아에서 겪었던 고난에 대해 말하고 있다. 무릇 그리스도 안에서 경건하게 살고자 하는 사람들은 박해를 받을 수밖에 없는데(딤후 3:12), 고린도 교회도 그때 엄청난 고난을 받고 있었기 때문이다.

바울은 복음을 전하기 위해 사람이 당할 수 있는 거의 모든 환난을 다 받았는데(12:23~27), 그 고난이 얼마나 심했는지 살 소망이 끊어질 정도였다고 말한다. '이제는 정말 죽게 되었구나' 하는 지경에까지 이르렀었다는 것이다.

그런 가운데 그는 하나님께서 그렇게 심한 고난을 주시는 이유와 목적을 깨달았는데, 그것은 바로 '우리로 자신을 의지하지 말고 오직 하나님만 의지하게 하심' 이라는 것이었다(9절).

그렇다. 믿음생활이란 그동안 의지하던 모든 세상적인 것들을 끊고 오직 하나님만 의지하도록 지어져 가는 과정이다. 그러나 인간은 고난을 당하지 않고는 그런 것들(돈, 권력, 건강 등)을 의지하려는 마음을 내려놓을 수 없으며, 나아가 고난 가운데 있는 이웃을 위로하거나 도울 수 없다. 그러기에 하나님께서는 불로 철(鐵)을 연단하듯이 고난을 통해 우리를 연단하시는 것이다.

길고 짧은 것은 대어 봐야 알 수 있듯이, 누가 하나님 뜻대로 바른 삶을 살았는가는 '예수의 날에' 오직 하나님께서만 판단하신다. 그러기에 고난 가운데서도 우리는 의로운 재판관이시며 우리에게 위로를 주시는 하나님만 믿고 의지하며, 소리 높여 그분을 찬양해야 한다.

> "~ 우리 주 예수의 날에는 너희가 우리의 자랑이 되고 우리가 너희의 자랑이 되는 그것이라" (14절)

고린도후서
2장

성도는 그리스도의 향기

우리는 구원 받는 자들에게나 망하는 자들에게나 하나님 앞에서 그리스도의 향기니(2:15)

고린도 교회에는 많은 문제가 있었는데, 심지어 계모와 불륜을 저지른 사람도 있을 정도였다. 그러기에 바울은 고린도를 방문해 죄를 범한 자들을 꾸짖고, 이들을 징계토록 했으나 공동체가 이에 따르지 않았다.

그러자 바울은 재차 고린도를 방문해 꾸짖으려다 계획을 바꿔 디도(Titus)를 통해 눈물의 편지를 써서 보냈다. 그리고 그들의 반응이 얼마나 궁금했는지, 애가 탄 나머지 드로아에서의 전도 사역까지 접었다(12, 13절). 마침내 디도로부터 고린도 교회가 바울의 권면에 따라 필요한 조치를 했음을 듣고, 지금 이 고린도후서를 쓰고 있는 것이다.

오늘날 교회에도 죄로 인해 공동체를 근심케 하는 자들이 많다. 이럴 때 우리는 반드시 징계(治理)가 필요함을 알 수 있는데, 교회는 죄와 싸우는 거룩한 공동체이기에 때문이다.

그러나 징계의 목적은 죄에 대한 징벌임과 동시에 성도를 회복시키기 위한 과정, 즉 공동체의 거룩을 유지하는 동시에 죄 지은 사람을 회개시켜 온전히 세우기 위한 것임을 명심해야 한다. 그러기에 징계 받은 사람을 위로하고 격려하며, 그 사람이 자기의 잘못을 인정하고 깊이 뉘우치도록 도와야 한다. 그러므로 바울은 징계 후에 '그들(근심하게 한 자들)에게 사랑을 나타내라' 권하고 있는 것이다(8절). 징계와 용서는 동전의 양면이기 때문이다.

물론 용서가 말처럼 쉬운 것은 아니다. 그러나 우리는 우리 자신이 주님의 값없는 은혜로 영원히 갚을 수 없는 일만 달란트의 빚을 면제받은 자라는 사실을 인식하고, 의지적으로라도 용서해야 한다. 믿음은 지정의(知情意)가 함께

가야 하기 때문이다.

한편 바울은 자신을(=성도들) 그리스도의 향기라 말한다. 물론 그 향기는 우리 안에 계신 그리스도를 말하는데, 그릇인 우리가 깨어짐으로 그 향기가 퍼지게 된다. 그리스도인들의 삶은 눈에 드러나지는 않지만 사람들에게 영향을 미치게 되는 것이다.

그러므로 우리는 복음을 이용해 사사로운 이익을 챙기려고 말씀을 혼잡하게 하는 자들의 거짓 복음에 속지 말아야 함은 물론, 스스로도 그런 언행을 하지 않도록 주의해야 한다. 더 나아가 죄에 물든 옛 사람을 비우고 우리 자신을 십자가의 향기로 채워나가야 한다. 비록 그런 삶이 힘들고 괴로울지라도 그것이 승리의 삶이며, 왕 같은 제사장으로서의 성도의 역할이기 때문이다.

> "항상 우리를 그리스도 안에서 이기게 하시고 우리로 말미암아 각처에서 그리스도를 아는 냄새를 나타내시는 하나님께 감사하노라" (14절)

고린도후서
3장

성도, 세상을 향한 그리스도의 편지

너희는 우리로 말미암아 나타난 그리스도의 편지니 이는 먹으로 쓴 것이 아니요 오직 살아 계신 하나님의 영으로 쓴 것이며(3:3)

요즘 제대로 된 목회자로 인정받으려면 화려한 학력과 경력이 있어야 한다. 이런 현상은 그 사람의 됨됨이보다는 외적인 것을 더 중시하는 세태 또는 인간의 죄성 때문인 것 같다.

바울이 활동할 때도 마찬가지였는데, 그 당시에도 거짓 선지자들이나 거짓 복음 전도자들이 더 그럴듯한 추천서를 들고 다녔다. 이에 비해 바울 일행은 추천서 없이 사역했던 것 같다. 그들이 추천서를 가지고 다닐 필요를 느끼지 않았던 이유는 자신들의 사도 됨은 사람이 아니라 하나님으로부터 온 것으로 확신했으며(5절), 또한 그들이 전한 복음으로 인해 사람들이 구세주 예수를 믿고 삶이 변화되었기 때문이다.

한편 그런 역사가 일어난 것은 그들 개인의 능력이 아니라 영(성령)으로 했기 때문인데, 율법의 조문은 죽이는 것이요 영은 살리는 것이기 때문이다(6절).

물론 율법도 하나님의 말씀이기에 우리가 마땅히 지켜야 한다. 그러나 우리 인간의 힘으로는 그 모든 율법의 조문을 모두 다 지킬 수는 없다. 그러기에 우리는 자신의 죄인 됨과 무능력을 깨닫고, 모든 율법을 지키신 '예수님을 믿는 자리'로 나아가야 하는 것이다. 즉 율법은 우리를 율법을 완성하신 예수께로 인도하는 몽학선생(초등교사)인 것이다. 다시 말해서 우리는 오직 그리스도 안에서만 율법의 참된 의미를 깨달을 수 있는 것이다.

> "그러나 그들의 마음이 완고하여 오늘까지도 구약을 읽을 때에 그 수건이 벗겨지지 아니하고 있으니 그 수건은 그리스도 안에서 없어질 것이라" (14절)

바울뿐만 아니라 모든 성도들은 '새 언약의 일꾼들'이다. 신약 시대를 살고 있는 우리는 구약 시대 성도들과 달리 성령을 받은 자들로서 영의 직분과 의의 직분을 받았다. 즉 구약의 모세는 잠깐 보이다가 없어질 영광을 받았으나, 우리는 영광 그 자체이신 그리스도의 영(성령)을 받은 자들이기 때문이다(7~11절).

그러므로 성령을 받은 우리는 주님의 영광을 세상에 드러내는 그리스도의 편지로 살아야 한다. 세상 사람들은 영이신 그분을 그분의 자녀인 우리 성도들의 모습을 통해 보게 되기 때문이다.

'그리스도인'이란 칭호는 초대 안디옥 교회 성도들에게 처음으로 붙여진 이름이다(행 11:26). 그들은 불신자들과 달리 '한마음과 한뜻이 되어 모든 물건을 서로 통용하고 자기 재물을 조금도 자기 것이라 하는 이가 없을' 정도로 구별된 삶, 십자가의 삶을 살았기 때문이다.

모든 성도들은 그리스도인이라는 이름을 가진 사람들이다. 그러므로 이 땅에서 그리스도 예수가 가신 그 길, 그분이 사신 그런 삶을 살아야 한다. 우리는 그분이 성령으로 쓴 편지로서, 그분을 세상에 드러내는 자들이기 때문이다. 그것이 우리를 죄와 사망으로부터 자유하게 하신 은혜를 받은 성도에게서 흘러나와야 하는 자연스런 반응이며, 열매이다.

"주는 영이시니 주의 영이 계신 곳에는 자유가 있느니라" (17절)

고린도후서
4장

성도, 보배를 간직한 질그릇

우리가 이 보배를 질그릇에 가졌으니 이는 심히 큰 능력은 하나님께 있고 우리에게 있지 아니함을 알게 하려 함이라(4:7)

질그릇은 초대 교회 당시 가정에서 흔히 쓰던 그릇으로 가격이 저렴하고 매우 잘 깨졌다고 한다. 그런데 바울은 자신과 동역자들(성도들)을 질그릇에 비유하고 있다. 질그릇이 깨어져야 비로소 그 안에 들어있는 복음의 빛 곧 예수 그리스도가 드러나기 때문이다.

사사 기드온은 미디안 대군과 싸울 때 항아리 속에 횃불을 숨겨 가지고 갔으며, 그것을 깼을 때 적들은 그 빛(횃불)과 소리에 놀라 스스로 무너졌던 것이다. 성도들은 이렇게 자기 안에 들어있는 빛 되신 주님을 드러내기 위한 질그릇인 것이다.

그러기에 바울은 살 소망까지 끊어지는 것 같은 수많은 고난 속에서도 결코 낙망하거나 좌절하지 않았으며, '나는 날마다 죽노라' 고백하기도 했다(고전 15:31). 질그릇인 겉사람이 깨어져야 우리 안에 있는 보배가 드러나는데, 그 겉사람은 고난을 통하지 않고는 절대로 깨어지지 않기 때문이다. 그러기에 바울은 자기 속에 있는 육적 자아를 쳐서 복종시키기 위해 자신을 죽음에 내어준다는 것이다(10절).

그렇다. 인간의 연약함은 하나님의 능력이 드러나는 장소요 수단이다(12:9, 내 능력(하나님의 능력)이 약한 데서 온전하여짐이라).

안타깝게도 타락한 우리 인간은 누군가가 출세를 하거나 부유하게 되었을 때 함께 기뻐하기보다는 속으로 질투하게 된다. 반대로, 도저히 감당할 수 없는 상황 속에서 인내하며 견디는 모습을 볼 때, 그 사람 안에 있는 다른 누구, 즉 예수라는 보배를 보게 되는 것이다.

> "우리 살아 있는 자가 항상 예수를 위하여 죽음에 넘겨짐은 예수의 생명이 또한 우리 죽을 육체에 나타나게 하려 함이라" (11절)

한편 우리는 아직 육신을 입고 있기에 자기 자신이나 세상의 힘을 의지하고자 하는 죄된 본성을 가지고 있다. 그러나 눈에 보이는 세상 것들은 잠깐이며, 보이지 않는 것은 영원하다(18절). 그러기에 죄에 물든 우리 겉사람은 낡아지고 깨어져야 하며, 이를 통해 하나님만을 사랑하는 속사람이 새로워져야 한다. 이 일을 위해 하나님께서는 오늘도 눈물을 흘리시며 우리에게 고난이라는 사랑의 매를 대고 계신 것이다.

그렇지만 이런 고난 가운데서도 우리가 결코 낙심하거나 망할 수 없는 이유는, 우리의 모든 질고(疾苦)를 짊어지고 슬픔을 당하신 예수께서 지금 성령으로 우리 안에 거하시며, 우리를 돕고 계시기 때문이다(고전 3:16). 그리고 그런 환난의 과정을 통과한 우리에게는 장차 그 무엇과도 비교할 수 없는 영원한 영광(永生)이 주어질 것이다.

> "우리가 잠시 받는 환난의 경한 것이 지극히 크고 영원한 영광의 중한 것을 우리에게 이루게 함이니" (17절)

고린도후서
5장

성도, 그리스도 안에서 새롭게 된 피조물

그런즉 누구든지 그리스도 안에 있으면 새로운 피조물이라 이전 것은 지나갔으니 보라 새 것이 되었도다(5:17)

죄로 물든 우리의 겉사람은 핍박과 고난을 통해 날로 후패해지고 깨어져야 한다. 그래야 우리 속사람이 날로 새로워질 수 있기 때문이다(4:14). 그러기에 바울은 이 세상에 있는 우리의 장막 집(tent, 잠깐 쳤다가 거두는 장막)이 속히 무너지고 하나님께서 지으신 영원한 집(building)을 갖길 간절히 소망하고 있다. 썩어질 이 육체가 죽어야 비로소 영원히 변치 않을 부활의 몸을 갖게 될 것이기 때문이다.

그러나 우리는 이 세상에서 살아온 삶과 완전히 다른 몸으로 부활하는 것은 아니다. 만약 다른 몸으로 부활한다면 부활한 그 사람은 이 세상을 살고 간 그 사람이 아니기 때문이다. 그러기에 바울은 벗고자 함이 아니요 덧입고자 함이라 말하고 있는 것이다(4절). 다시 말해서 성도들은 이 세상에서 행한 모든 부끄러운 일들과 예수를 위해 겪은 모든 고난을 몸에 지닌 채 부활하게 되는데, 그 위에 그리스도 예수 곧 생명으로 덧입게 되는 것이다(롬 13:14, 예수 그리스도로 옷 입고).

> "참으로 이 장막에 있는 우리가 짐 진 것같이 탄식하는 것은 벗고자 함이 아니요 오히려 덧입고자 함이니 죽을 것이 생명에 삼킨 바 되게 하려 함이라" (4절)

속이는 자 야곱은 형 에서의 옷을 덧입고 형에게 주어질 아버지 이삭의 축복을 가로챘다. 이삭은 목소리를 통해 에서가 아니라 야곱인 줄 알았지만, 야곱이 에서의 옷을 입고 있었기에 모르는 체 속아줬던 것이다(창 27장). 사도 바울의 고백처럼 성도들도 야곱처럼 죄인 중에 괴수이다. 그렇지만 하나님께서는 우리가 맏아들 예수의 옷을 입고 있기에 의롭다 여겨주시고, 하나님의 자녀(아들)로 삼아주시는 것이다.

한편 주님께서는 성도들을 새롭게 하시는 일, 즉 장막 집을 헐고 영원한 집을 짓는 일을 이미 시작하셨다. 그리고 역사 속에서는 아직 성화의 과정 중에 있지만, 성도들은 영적으로나 신분적으로는 이미 하나님의 의가 되었다(21절). 그러기에 사도는 '누구든지 그리스도 안에 있으면 새로운 피조물'이라 선언하고 있는 것이다(17절). 죄인이었던 우리들이 그리스도 안에서 이미 새것, 즉 새로운 존재가 되었다는 뜻이다. 그러기에 우리는 사고 자체가 근본적으로 바뀐 새로운 삶의 방식으로 살아가야 한다.

더 나아가 죄인인 우리는 예수께서 화목제물로 십자가에 달려 우리의 모든 죗값을 치러주신 은혜로 말미암아 거룩하신 하나님과 화목하게 되었다. 하나님이 죄를 알지도 못하시는 예수를 우리 대신 '죄로 삼으신 것'이다(21절). 그러므로 우리는 이 사실을 기억하고 먼저 하나님과 화목해야 하며, 그런 갚을 수 없는 은혜를 받은 자로서 죄로 물든 이 세상에서 화목케 하는 직분을 잘 감당해야 한다.

더 나아가 주 예수로 말미암아 이미 영원한 생명을 얻은 성도들은 사나 죽으나 주를 위해서 살아야 한다. 그리고 주를 위해서 사는 삶은 곧 내가 아닌 타인을 위해 사는 삶이다.

> "그런즉 우리는 몸으로 있든지 떠나든지 주를 기쁘시게 하는 자가 되기를 힘쓰노라" (9절)

고린도후서
6장

바로 지금이 구원의 날

이르시되 내가 은혜 베풀 때에 너에게 듣고 구원의 날에 너를 도왔다 하셨으니 보라 지금은 은혜 받을 만한 때요 보라 지금은 구원의 날이로다(6:2)

과거는 이미 우리의 손을 떠났기에 돌이킬 수 없으며, 내일은 아직 오직 않았다. 이와는 달리 '지금(now)'이라는 이 시점에 우리는 스스로 무엇을 할 것인가를 결정할 수 있는데, 그것은 '지금 은혜를 받음으로 구원을 얻으라'는 것이다.

물론 구원은 우리 힘으로 얻을 수 있는 것이 아니라 창세전에 택함 받은 자에게 하나님이 주시는 것이며, 그러기에 누가 구원을 받았는지는 오직 하나님만 아신다. 그러나 누군가가 예수를 믿기로 결단할 때, 우리는 그가 하나님께 택함 받은 자임을 알 수 있게 된다. 그러므로 우리는 '지금 바로' 예수를 믿기로 결단해야 하는 것이다.

한편 사탄이 구원을 방해할 때 가장 잘 쓰는 방법은 이런 중대한 결정을 '내일'로 미루게 하는 것이다. 그러나 주님이 오늘 밤에라도 오실 수 있기에 내일은 이미 늦는다. 그러므로 우리는 절박한 심정으로 복음(福音)을 전해야 하며, 복음을 들은 사람은 '지금 바로' 결단해야 한다.

사도 바울은 자신과 일행을 하나님의 일꾼이라 부르며, 일꾼이라는 아홉 가지 증거와 일꾼의 일곱 가지 특성을 나열한다.

먼저 그 증거는 환난과 궁핍과 고난, 매 맞음과 갇힘과 난동을 겪음, 그리고 수고로움과 자지 못함과 먹지 못함이었다. 한편 이런 온갖 고통과 환란에도 불구하고 그들이 복음을 전할 수 있었던 것은 그리스도의 사랑이 그들을 강권하셨기 때문이다(5:14). 이들은 자신들이 얼마나 큰 예수님의 십자가 사랑을 받은 자인가를 깊이 깨달았기에, 그 사랑을 전하지 않을 수 없었던 것이다. 우리 역시 바울과 같은 주님의 사랑을 받은 성도일진대, 어찌 그분이 가신 길을 따르지 않을 수 있겠는가?

한편 하나님의 일꾼의 특성은 깨끗함, 지식, 오래 참음, 자비, 성령의 감화, 거짓이 없는 사랑 그리고 진리의 말씀 등 일곱 가지이다. 물론 성도로서 우리는 이런 특성들이 나타나도록 끊임없이 노력해야 한다. 그러나 이런 특성들은 기본적으로 내 안에 계신 성령이 맺으시는 열매들이다. 그러기에 우리가 진짜 성도가 맞는다면 성령께서 친히 열매를 맺어갈 것이다. 그러나 가짜들은 아무리 겉으로 이런 흉내를 내더라도 진짜 성도가 될 수는 없다.

그렇다. 참 신앙인과 참 사역자를 구별하는 가장 확실한 방법은 그들의 열매를 보는 것인데, 그 열매는 우리의 삶과 인격에 있다. 가시나무에서 포도를, 또는 엉겅퀴에서 무화과를 딸 수는 없기 때문이다(마 7:16).

그러므로 성도들은 세상과는 구별된 삶을 살아야 하는데, 그 의미는 물리적으로 세상을 떠나라는 것이 아니라 사상적으로나 영적으로 세상과 섞이지 말라는 것이다. 이를 가르치기 위해서 구약 시대에는 밭에 두 종자를 함께 뿌리지 말고, 두 재료로 직조한 옷조차도 입지 말도록 하셨던 것이다(레 19:19, 신 22:9, 10).

성도는 이미 살아계신 하나님의 성전(naos, 지성소)이다(16절). 하나님과 그리스도의 영이신 성령께서 우리 안에 거하시기 때문이다. 그런데 그런 우리가 어떻게 벨리알(사탄)과 함께할 수 있겠는가? 이는 마치 빛과 어둠이 공존할 수 없는 것과 마찬가지다. 그러기에 오늘도 우리는 이 세상과는 구별된 거룩한 삶을 살아내야 한다.

> "그런즉 사랑하는 자들아 이 약속을 가진 우리는 하나님을 두려워하는 가운데서 거룩함을 온전히 이루어 육과 영의 온갖 더러운 것에서 자신을 깨끗하게 하자" (7:1)

하나님 뜻대로 하는 근심(슬픔)

하나님의 뜻대로 하는 근심은 후회할 것이 없는 구원에 이르게 하는 회개를 이루는 것이요 세상 근심은 사망을 이루는 것이니라(7:10)

바울은 성도들의 잘못을 바로잡기 위해 직접 고린도 교회를 방문했었다. 그러나 그들은 바울의 훈계를 받아들이지 않고 오히려 그를 배척했다. 아무 소득 없이 돌아온 바울은 디도를 통해 또다시 그들에게 '눈물의 편지'를 보냈다.

한편 바울은 그들을 주관하려 하지 않고 부모처럼 대했는데, 그래서 혹시 그들이 자기 편지로 인해 마음이 상하지 않았을까 걱정을 했다(8절).

그러나 어찌 자식이 부모로부터 책망하는 편지를 받고 마음이 상하지 않을 수 있겠는가? 바울의 편지를 받은 고린도 성도들은 매우 마음이 아팠다. 그러나 그들은 하나님의 은혜로 자신들의 잘못을 깨닫게 되었으며, 즉시 회개했다. 단순히 후회한 정도가 아니라 자신들의 잘못을 인정하고 즉시 고쳤던 것이다. 복음에 입각한 책망이 그들의 마음을 애통케 했고, 그 결과 구원에 이르는 회개를 이루게 했던 것이다.

반면에 세상적인 근심(sorrow)은 자기 욕심이나 정욕을 채우지 못함에서 생기는 것이다. 즉 인간의 능력에는 한계가 있어서 그들의 정욕을 모두 채울 수 없기 때문에 생기는 근심인 것이다. 그런데 그런 근심은 거의 모든 일을 어그러지게 만들며, 그 끝은 곧 사망이다(10절, 세상 근심은 사망을 이루는 것이라).

그러나 하나님으로부터 온 근심(애통, 슬픔)은 자신을 돌아보게 함으로써 죄악을 인정하고 하나님께 돌아오게 한다. 한마디로 자신에 대한 애통은 자신의 잘못과 한계를 인정하고 하나님께 도움을 요청하는 회개를 이루는 것이기에, 성숙한 그리스도인으로 성장하는 데 반드시 필요하다. 이런 면에서 참된 회개는 성령께서 먼저 시작하시는 일이며, 오직 성령을 받은 참된 성도들만

이 할 수 있는 것이다.

> "그가(성령) 와서 죄에 대하여, 의에 대하여, 심판에 대하여 세상을 책망하시리라" (요 16:8)

그 결과 고린도 성도들은 바울과의 관계를 회복하길 간절히 바랐고, 그들의 문제가 깨끗하게 해결되도록 수고를 아끼지 않았으며, 악한 일을 행한 자에 대해 분노했다. 그리고 마침내 그 일을 하나님 뜻에 맞게 깨끗이 처리했던 것이다(11절).

이처럼 성도들은 '처리되지 않은 죄악'을 그대로 두고는 서로 화목할 수 없으며, 진정한 위로를 하거나 받을 수도 없다. 교회는 아직 완전하지는 못하지만 거룩을 추구하는 공동체이기 때문이다. 그러기에 우리는 서로 사랑하며, 모두가 함께 각 개인과 공동체 안에 있는 죄와 피 흘리기까지 싸워야 한다.

> "여러분은 죄와 맞서 싸우고 있지만, 아직 죽을 정도까지 싸워보지는 않았습니다" (히 12:4, 쉬운 성경)

고린도후서
8장

헌금, 자신을 하나님께 드리는 것

우리가 바라던 것뿐 아니라 그들이 먼저 자신을 주께 드리고 또 하나님의 뜻을 따라 우리에게 주었도다(8:5)

돈(재물)은 세상의 힘의 상징이다. 그러기에 재물을 하나님께 드리는 헌금의 의미는 이제 더 이상 자기 자신과 세상의 힘을 의지하지 않겠다는 의지의 표현이다. 그러기에 바울은 '그들이 먼저 자신을 하나님께 드렸다' 말하고 있는 것이다.

이런 의미에서 자신이 원하는 세상의 힘(돈, 권세, 명성, 건강 등)을 얻기 위해 헌금이라는 행위를 한다는 것 자체가 언어도단이다. 그러기에 아나니아와 삽비라 부부가 자신의 재산 거의 전부를 내어놓고도 죽임을 당한 것이다(행 5장). 물론 헌금을 잘못하면 모두 죽는다는 뜻이 아니라, '헌금은 자신을 드리는 것'이라는 참된 뜻을 모르는 것은 곧 죽음이라는 의미인 것이다.

그렇다. 참된 헌금은 하나님의 은혜가 없이는 드릴 수 없고, 하나님의 은혜 없이 드리는 헌금은 어떤 면에서 아무 의미가 없다. 마게도냐 성도들은 이 사실을 잘 알았기에 즉 하나님의 은혜가 넘쳤기에, 극심한 가난 가운데서도 힘에 지나도록 자원하여 연보(헌금)를 했던 것이다(3절).

한편 그리스도 예수는 만왕의 왕이시며 온 우주만물의 주인으로서 모든 면에서 부요하신 분이다. 그러나 그분은 이 땅에 오셔서 가난하게 사셨으며, 마지막 옷자락 하나까지 그리고 심지어 그분의 물과 피까지 모두 주고 떠나셨다. 참된 부요는 이 세상의 재물에 있는 것이 아니라 부요 그 자체이신 예수께 있다는 것, 그리고 주는 것이 받는 것보다 복이 있음을 친히 보여주신 것이다.

"우리 주 예수 그리스도의 은혜를 너희가 알거니와 부요하신 이로서 너희를 위하여 가난하게 되심은 그의 가난함으로 말미암아 너희를 부요하게 하려 하

> 심이라" (9절)

우리는 이 땅에 맨손으로 왔으며, 떠날 때도 아무것도 가지고 갈 수 없다(욥기 1:21). 이 땅에서 소유하고 누리는 모든 것은 하나님께서 주신 것들인 것이다. 그러기에 누군가에게 물려주려 하기보다는 살아있는 동안 믿음의 형제들에게 그리고 이웃들에게 나누며 베푸는 것이 옳다. 광야 생활 40년간(우리 인생 동안) 주님께서 모두에게 만나(the bread manna)를 주셨는데, 많이 거둔 자도 남지 아니하였고 적게 거둔 자도 모자라지 않았다고 말씀하시지 않는가?(출 16:17~24)

하나님께서는 우리가 하나님의 자녀로 자라가는 데 필요한 만큼의 재물을 허락하신다. 그 과정에서 우리는 결핍을 경험할 수도 있고, 또 궁핍한 가운데 있는 이웃을 만날 수 있다. 그럴 때 예수님의 십자가의 은혜를 받은 우리는 그들에게 아낌없이 베풀어야 한다. 우리는 이미 모든 것에 부요한 하나님 아버지의 자녀가 된 자들로서, 장차 모든 것을 누리게 될 부요한 자들이기 때문이다.

> "할 마음만 있으면 있는 대로 받으실 터이요 없는 것은 받지 아니하시리라 이는 다른 사람들은 평안하게 하고 너희는 곤고하게 하려는 것이 아니요 균등하게 하려 함이니" (12, 13절)

고린도후서
9장

헌금을 드리는 자세

각각 그 마음에 정한 대로 할 것이요 인색함으로나 억지로 하지 말지니 하나님은 즐겨 내는 자를 사랑하시느니라(9:7)

하나님은 전지전능하신 분이다. 그러기에 일순간에 모든 사람들을 부유하게 하실 수 있는 능력이 있다. 그런데 유사 이래로 가난한 자들이 계속 존재했으며, 앞으로도 새 하늘과 새 땅이 올 때까지 계속 존재할 것이다(마 26:11, 가난한 자들은 항상 너희와 함께 있거니와).

그렇다면 왜 하나님께서는 이런 상황을 보고만 계신 것일까? 우리에게 이웃 사랑을 가르치기 위해서이다. 도저히 사랑할 수 없는 사람이 곁에 있어야 사랑을 훈련할 수 있으며, 슬픈 일이 있어야 희락(喜樂)을, 참을 수 없는 상황이 있어야 오래 참음을 배울 수 있기 때문이다.

한편 세상의 힘인 재물을 드리는 헌금(연보)은 아무나 할 수 있는 일이 아니다. 돈을 목숨보다 더 중요하게 생각하는 사람들이 많기 때문이다. 그러기에 바울은 인색함으로나 억지로 하지 말라고 말한다. 하나님께서는 우리 마음의 중심을 보시며, 우리 마음을 받으시기 때문이다.

많은 사람들이 물질적인 보상을 바라거나 자신의 의로운 행위를 드러내려고 남보다 많은 헌금을 하는 경우가 있다. 그러나 그것은 시장경제의 원리일 뿐이지 진정한 헌금이 아니다. 헌금은 하나님 은혜에 대한 감사와 날마다 은혜로 살아간다는 믿음의 고백이지, 결코 투자가 아니기 때문이다.

물론 적게 심는 자는 적게 거두며 많이 심은 자는 많이 거둔다는 농사의 원리처럼 때로는 하나님께서 물질의 번영을 주실 수도 있다. 그러나 '하나님의 은혜로' 많이 드린 자는 자원하여 드린 것이기에 이미 마음으로, 영적으로 보상을 받은 것이다.

한편 진정으로 많이 심는 자는, 그 드린 금액의 적고 많음과 상관없이 하나님을 사랑하기에 진심으로 드리는 자를 말한다(막 12:42, 두 렙돈을 드린 과부). 반대로 아무리 많은 헌금을 했더라도 자기 이익 즉 금전적인 반대급부나 자신의 명성을 위해 한 것이라면 가장 적게 드린 것이며, 어쩌면 이런 자들은 불신자인지도 모른다. 이들은 예수님의 십자가 은혜를 모르는 자들이며, 경건을 이익의 수단으로 삼는 자들이기 때문이다.

모든 물질의 주인은 우리가 아니라 하나님이시다. 그리고 그분은 우리가 형제와 이웃을 돕는 일을 기뻐하시기에, 반드시 그 일에 부족함이 없도록 채워주신다. 그리고 서로 돕는 일을 통해 헌금을 드린 사람과 도움을 받은 사람 모두 하나님의 은혜를 맛보고 하나님께 감사를 돌리게 된다. 더 나아가 우리는 이런 서로 간의 도움을 통해 지역을 초월한 모든 교회가 하나의 교회임을 알고 또 확인할 수 있다.

주님께서는 자신의 생명으로(십자가) 우리를 섬겨주셨는데, 우리 또한 온 맘과 정성을 다해 기쁨으로 형제를 섬겨야 하지 않겠는가?

> "너희가 모든 일에 넉넉하여 너그럽게 연보를 함은 그들이 우리로 말미암아 하나님께 감사하게 하는 것이라" (11절)

고린도후서
10장

우리의 무기는 하나님의 능력

우리의 싸우는 무기는 육신에 속한 것이 아니요 오직 어떤 견고한 진(陣)도 무너뜨리는 하나님의 능력이라 모든 이론을 무너뜨리며(10:4)

인생은 끊임없는 싸움의 연속이다. 그 싸움은 눈에 보이는 존재나 상황과의 싸움처럼 보이지만, 실은 악한 영(靈)과의 싸움이다. 모든 상황 뒤에는 하나님을 대적하는 사탄의 세력이 있기 때문이다.

> "우리의 씨름은 혈과 육을 상대하는 것이 아니요 통치자들과 권세들과 이 어둠의 세상 주관자들과 하늘에 있는 악의 영들을 상대함이라" (엡 6:12)

그러기에 자신의 힘이나 세상적인 방법으로 싸울 때 우리는 패배할 수밖에 없다. 더 나아가 승리한 것처럼 보이는 경우에도 실은 처참한 패배로 드러날 수 있는데, 사탄은 세상적인 승리를 통해 우리로 하여금 교만하고 방심하게 할 수 있기 때문이다.

그러므로 우리는 영적으로 항상 깨어있어야 하며, 하나님의 전신갑주, 특히 하나님의 말씀으로 싸워야 한다(엡 6:13~17).

한편 모든 행위는 마음과 생각으로부터 나오는 것인데, 타락한 인간의 마음은 썩을 대로 썩어있다(렘 17:9, 만물보다 거짓되고 심히 부패한 것은 마음이니). 그러기에 우리는 내 안에 견고한 진지를 쌓고 있는 이론과 생각을 무너뜨려야 한다. 왜냐하면 재개발 사업에서처럼 옛것을 완전히 무너뜨리지 않고는 새것을 세울 수 없기 때문이다.

문제는 옛것이 우리에게 익숙하며 또 변화 받기 이전의 우리 삶의 전부이기 때문에, 그것을 허무는 데는 많은 아픔과 고통이 따른다는 것이다. 그러나 암세포를 제거하지 않으면 몸이 죽게 되듯이, 만약 이런 세상의 이론이나 생각을 제거하지 않으면 지금 당장은 아프지 않을지 모르나 그 끝은 영원한 죽음이다. 죄의 삯은 사망이기 때문이다(롬 6:23).

그렇다. 이 싸움은 괴롭고 힘이 들며, 끝장을 내기까지 오랜 시간이 걸린다. 그러기에 하나님은 우리를 홀로 두지 않으시고 성령을 보내주셨으며, 서로 위로하며 도울 수 있는 교회 공동체를 허락하셨다. 그러므로 비록 죄로 물든 세상에서 살고 있지만 우리는 더욱 모이기를 힘써야 하며, 우리가 가는 길이 바른 길인지를 확인하며, 서로를 위로하고 격려해야 하는 것이다. 그럴 때 우리는 세상과 및 죄와의 싸움에서 승리하게 될 것이다. 주님께서 이미 십자가로 승리하셨으며, 승리하신 그분이 지금 우리와 함께 하시며 우리를 돕고 계시기 때문이다. 할렐루야!

> "모이기를 폐하는 어떤 사람들의 습관과 같이 하지 말고 오직 권하여 그 날이 가까움을 볼수록 더욱 그리하자" (히 10:25)

고린도후서 11장

성도, 그리스도의 정결한 신부

내가 하나님의 열심으로 너희를 위하여 열심을 내노니 내가 너희를 정결한 처녀로 한 남편인 그리스도께 드리려고 중매함이로다(11:2)

성경에서는 하나님과 참된 교회와의 관계를 부부에 비유하고 있는 구절이 많다(마 25:6, 엡 5:27~32 등).

> "우리가 즐거워하고 크게 기뻐하며 그에게 영광을 돌리세 어린양의 혼인 기약이 이르렀고 그의 아내가 자신을 준비하였으므로" (계 19:7)

사도 바울 또한 '자신은 교회(성도들)를 정결한 처녀(pure virgin)로 남편인 그리스도께 드리려고 애를 쓰고 있다' 말하고 있다.

한편 성경이 기록될 당시 이스라엘에는 결혼 전에 1년간의 정혼(定婚) 기간이 있었는데, 비록 떨어져 살지만 이 기간 중에도 법적으로는 부부로 간주되었다.

그렇다면 이미 창세전에 그리스도와 정혼한 신부이며, 장차 천국의 혼인 잔치를 통해 어린양 예수의 신부가 될 성도들은 이 세상에서 어떻게 살아야 하는가?

> "뱀이 그 간계로 하와를 미혹한 것같이 너희 마음이 그리스도를 향하는 진실함과 깨끗함에서 떠나 부패할까 두려워하노라" (3절)

먼저 몸과 마음이 정결해야 한다(깨끗함). 신부가 신랑을 배반하고 육적으로나 영적으로 간음한다면, 그 여인은 이미 신부의 자격을 잃은 것이기 때문이다. 주님은 음욕을 품고 여자(남자)를 보는 것도 이미 간음이라 선언하셨다. 주님은 우리의 마음의 중심까지도 보고 계시기 때문이다.

또한 신랑이신 주님께 온전히 헌신해야 한다(신실함). 미련한 처녀뿐만 아니라 슬기로운 다섯 처녀들 역시 모두 졸며 잤다(마 25장). 그러나 슬기로운 처녀들은 평소에도 신랑을 사모하며 헌신(獻身) 되어 있었기에, 그들은 불편함에도 불구하고 기름을 준비하고 있었으며, 혼인 잔치에 들어갈 수 있었다. 한편 이와는 달리 가짜 신부들은 자신의 이익을 위해 믿는 척했을 뿐이기에, 평소에는 편리함을 위해 신랑과 관계없는 자로 살았다. 그러다가 신랑이 왔다는 소리를 듣고 준비하려 하니 그때는 이미 늦었고, 그 결과 그들은 혼인 잔치에 들어가지 못하고 문밖에서 이를 갈게 되었던 것이다.

한편 하와가 뱀의 간계에 넘어가 한순간에 선악과를 따 먹고 하나님을 떠났던 것을 교훈 삼아, 우리도 항상 두렵고 떨림으로 그리스도의 신부로서의 삶을 지켜나가야 한다. 왜냐하면 우리 대적 사탄은 광명의 천사의 모습으로 우리를 미혹하고 있기 때문이다.

> "이것은 이상한 일이 아니니라 사탄도 자기를 광명의 천사로 가장하나니 그러므로 사탄의 일꾼들도 자기를 의의 일꾼으로 가장하는 것이 또한 대단한 일이 아니니라" (14, 15절)

그렇다. 이 세상에는 대적이 있기에, 성도들의 믿음 생활(정혼 기간 중의 삶)은 결코 만만치 않다. 그러나 참 그리스도의 신부에게서는 주님이 원하시는 깨끗하고 진실한 삶이 나올 수밖에 없다. 주님은 자신의 신부를 결코 홀로 두지 않으시며, 혹시 죄를 범할지라도 즉시 보혈로 깨끗이 씻어주시기 때문이다. 할렐루야!

> "이는 곧 물로 씻어 말씀으로 깨끗하게 하사 거룩하게 하시고 자기 앞에 영광스러운 교회로 세우사 티나 주름 잡힌 것이나 이런 것들이 없이 거룩하고 흠이 없게 하려 하심이라" (엡 5:26, 27)

바울의 자랑은 고난과 수치

내가 이런 사람을 위하여 자랑하겠으나 나를 위하여는 약한 것들 외에 자랑하지 아니하리라(12:5)

사도 바울은 세상적으로 볼 때 자랑할 것이 너무 많은 사람이었다. 히브리인이며 베냐민 지파였고, 당시 세계를 주름잡던 로마의 시민이었다. 오늘날로 치면 미국 시민권을 가지고 있었던 것이다. 학문적으로는 당시 최고의 권위를 자랑하던 가말리엘 문하에서 수학하였으며, 오늘날 국회에 해당하는 공의회의 회원(국회의원)이기도 했다. 게다가 그는 셋째 하늘(낙원, 천국)에까지 끌려 올라갔던 사람이다(2절).

그러나 그는 결코 이런 것들을 자랑하지 않았으며, 오히려 그것들을 배설물로 여길 정도였다. 왜냐하면 이것들 중 그 어느 것 하나도 그에게 구원(영생, 참 생명)을 줄 수는 없었기 때문이다.

그러기에 그는 오히려 자신의 약함을 자랑했는데, 성도들의 약함 속에서 하나님의 강하심이 드러나기 때문이다(9절, 내(하나님) 능력이 약한 데서 온전하여짐이라). 하나님의 능력은 성도들이 강할 때가 아니라 약할 때 드러난다는 뜻이다.

기드온과 300명이 미디안의 대군을 무찔렀을 때, 누가 그것을 기드온이 했다고 믿을 수 있겠는가? 삼손 또한 하나님을 드러내는 연약한 그릇이었다. 그러기에 사람들은 그에게 '도대체 어디서 너의 그 무시무시한 힘이 나오느냐?' 물었던 것이다. 삼손의 연약한 몸을 봤을 때 도저히 그 엄청난 힘이 나올 수 없었기 때문인데, 그의 괴력은 하나님으로부터 온 것이었던 것이다.

바울의 삶 역시 크신 하나님의 능력을 드러내는 통로였을 뿐이다. 부활하신 예수님을 만난 후의 바울의 삶을 돌아보면, 그의 힘으로 이룬 것이 별로 없기 때문이다. 왜냐하면 그는 대부분의 시간을 감옥(가이사랴, 빌립보, 로마 감옥 등)에 갇혀 지냈다. 또 그는 셀 수도 없을 만큼 많은 고난과 수치를 당했다(39번의 태형 5회, 태장 3회, 강도 당함, 광야 및 바다의 위험 등). 그러나 자신이 처한 상황과 상관없이 그의 마음은 항상 교회(성도들)에 가 있었고 또 그들에 대한 염려로 가득했는데, 그가 성도들을 자기 자식처럼 사랑했기 때문이다(11:28).

그렇다. 바울은 거짓 선지자들처럼 성도들을 이용해 자신의 이익을 취하려 하지 않았으며, 오히려 그들을 위해 환난과 수치를 당하는 것도 마다하지 않았다. 그의 삶의 목적은 오직 복음을 전하는 일, 곧 성도들의 구원에 있었기 때문이다. 한마디로 그는 교회만 사랑하는 바보였던 것이다.

예수님께서도 자기를 배반한 죄인들인 우리를 구원하기 위해 자신을 버리신 진짜 바보셨다. 그 바보의 피 흘림으로 그분의 형제요 동생들이 된 우리도 이제 그분처럼 바보가 되어야 하지 않겠는가?

> "나에게 이르시기를 내 은혜가 네게 족하도다 이는 내 능력이 약한 데서 온전하여짐이라 하신지라 그러므로 도리어 크게 기뻐함으로 나의 여러 약한 것들에 대하여 자랑하리니 이는 그리스도의 능력이 내게 머물게 하려 함이라" (9절)

고린도후서
13장

지금도 우리와 함께 계신 주님

희는 믿음 안에 있는가 너희 자신을 시험하고 너희 자신을 확증하라 예수 그리스도께서 너희 안에 계신 줄을 너희가 스스로 알지 못하느냐 그렇지 않으면 너희는 버림받은 자니라(13:5)

'믿음 안에 있다'는 말은 예수 그리스도께서 우리 안에 계시다는 뜻이다. 그 분은 믿음의 主이시며, 그 믿음을 온전하게 하시는 분이시기 때문이다(히 12:2).

선악과를 따 먹은 이후 모든 인간의 마음은 길가 밭, 돌밭, 가시덤불과 엉겅퀴가 가득한 밭이 되어버렸다. 죄로 인해 이미 죽었기에 스스로는 회복이 불가능한 땅이 되어 버린 것이다.

그런데 그 불모지 땅에 생명의 씨 예수님이 뿌려졌으며, 그 결과 마른 뼈와 같았던 우리 성도들이 살아난 것이다(겔 37장). 그러기에 내 안에 그 생명의 씨(예수 그리스도)가 있는 사람은 살아있는 사람이며, 믿음을 가진 사람인 것이다.

더 나아가 포도나무에 포도가 열리듯이 그 예수라는 씨가 있는 사람들에게서는 예수가 맺는 열매가 열리게 되어 있다. 그러기에 사도는 '너희가 믿음 안에 있는가 너희 자신을 시험하라' 말하고 있다. 믿음은 생명이 있기에 역동적이며, 그래서 자라나야 하고, 그 생명이 보이기 때문이다.

물론 믿음조차도 주님으로부터 주어지는 것이기에 각 사람의 믿음의 본질이나 크기가 다를 수는 없다. 그러나 같은 믿음이라도 얼마나 옛사람을 벗느냐에 따라 드러나는 믿음의 크기와 정도가 다를 수 있다. 자기 부인을 얼마나 했느냐에 따라 우리의 믿음의 크기가 다르게 보일 수 있다는 뜻이다.

이런 의미에서 바울은 자신의 약함과 고난받는 것을 자랑했다. 자신이 약한 만큼 그리고 자신이 깨어지는 만큼 자신 안에 계신 그리스도와 그분의 능력이 드러나기 때문이다.

> "그러므로 내가 그리스도를 위하여 약한 것들과 능욕과 궁핍과 박해와 곤고를 기뻐하노니 이는 내가 약한 그 때에 강함이라" (12:10)

하나님의 본체이신 주님께서도 우리를 위해 종의 형체를 가지고 이 땅에 오셨으며, 십자가에 달려 돌아가셨다. 그분은 또한 우리를 살리기 위해 부활 승천하신 후 성령(그리스도의 영)을 보내주심으로 지금도 우리와 함께 계신다(고전 3:16, 성령이 너희 안에 계시는 것을 알지 못하느냐).

그러므로 우리는 마치 건강 검진을 하듯이 늘 우리의 믿음을 확인해야 하는데, 그 기준은 바로 하나님 말씀인 성경이다. 성경을 늘 읽고 연구하며, 이해하고 일상 속에서 실천해야 하는 것이다. 다시 말해 지금도 내 안에 계셔서 마음과 생각을 살피며, 우리의 온전함을 위해 일하고 계신 그리스도 앞에서 두렵고 떨리는 마음으로 죄와 싸우며 성화(聖化)를 이루어 나가야 한다. 우리 안에 계신 성령께서 지금도 돕고 계시며, 반드시 우리를 온전케 하실 것이다.

> "주 예수 그리스도의 은혜와 하나님의 사랑과 성령의 교통하심이 너희 무리와 함께 있을지어다" (13절)

갈라디아서

GALATIANS

갈라디아서 1장

또 다른 복음은 없나니

다른 복음은 없나니 다만 어떤 사람들이 너희를 교란하여 그리스도의 복음을 변하게 하려 함이라(1:7)

사도 바울의 서신 서두에는 항상 인사말이 있는데, 이는 당시 편지의 일반적인 형식이었다. 그런데 이 편지에서는 그런 인사말도 없이 바로 본론으로 들어간다. 그만큼 이 편지에서 다루는 문제가 시급하고 중요했기 때문인데, 올바른 복음을 아는 것은 영생(永生)을 좌우하는 것이기 때문이다.

이 편지는 바울이 1차 선교 여행 중 갈라디아 지방에 생긴 교회들에게 보낸 편지다. 지금 바울이 해산하는 수고를 통해 얻은 성도들이 거짓 복음에 속아 참 복음에서 떠날 위기에 처해있기에, 급히 편지를 보내지 않을 수 없었던 것이다(6절).

그렇다면 다른 복음은 무엇인가? 이 지역 성도들은 바울이 전한 복음 외에 예수님과 함께 공생애를 같이 했던 사도들이 전하는 '또 다른 복음'이 있을 것으로 생각했다. 그때 마침 유대주의자들이 다가와 바울이 전한 것과 다른 가짜 복음을 전했는데, 그 내용은 은혜만으로는 부족하고 율법도 함께 지켜야 구원을 얻을 수 있다는 것이었다.

이에 대해 바울은 이들의 주장을 강력히 부인하며, '오직 믿음으로, 오직 은혜로 구원을 받는다'고 전한 자신의 복음 외에 다른 복음은 없다고 선언한다.

> "그러나 우리나 혹은 하늘로부터 온 천사라도 우리가 너희에게 전한 복음 외에 다른 복음을 전하면 저주를 받을지어다"(8절)

한마디로 그들이 듣고 있던 다른 복음은 거짓 복음이며, 그들을 영원한 멸망으로 이끌어갈 뿐이라는 것이다. 그렇다면 거짓 복음의 특징은 무엇인가?

먼저 거짓 복음은, 은혜와 더불어 율법을 지키는 행위(할례 등)가 필요하다고 주장한다. 그런데 의외로 사람들은 행위를 강조하는 교리나 주장에 쉽게 빠진다. 선악과를 따먹고 타락한 인간은 스스로 무엇인가를 해야 만족할 수 있으며, 또 자신을 드러낼 수 있기 때문이다. 그러기에 오늘날의 모든 이단들도 그렇게 행위를 강조하는 것이다.

물론 성도들에게서도 올바른 행위가 나올 수 있고 또 반드시 나올 수밖에 없다. 우리 안에 성령이 계시기 때문이다. 그러나 율법의 행위로 의롭다 함을 받을 수 있는 인간은 없으며(롬 3:10), 하나님이 기뻐하시는 행위는 은혜가 감사하여 나오는 것일 뿐이며, 행위가 구원을 위한 필요조건은 아니다.

그리고 거짓 복음을 전하는 자들은 자신의 영광만을 구하며, 사람들에게서 호감을 얻으려 한다(10절). 그들의 목적은 자신들의 배를 채우는 데 있기 때문이다. 그러기에 그들은 이익을 얻기 위해 행위를 강조하며, 하나님의 올바른 말씀보다는 사람들이 듣기에 좋은 말만을 전한다.

이들과는 달리 그리스도의 종 바울은 사람들에게 기쁨을 구하지 않았으며, 오직 십자가 복음만을 전했다. 모든 인간은 죄인이며, 그러기에 오직 우리 죄를 대속하기 위해 자기 몸을 주신 주님의 은혜로만 구원받을 수 있음을 전한 것이다(4절). 그 결과 바울은 유대주의자들(인본주의자들)에게는 물론 그가 세웠던 교회들로부터도 미움을 받았으며, 끝내 로마에서 참수되었다. 그는 결코 인간의 본성을 자극하는 거짓 복음과 타협할 수 없었기 때문이다.

지금도 사람의 마음을 얻고 자신의 영광을 챙기려는 거짓 복음이 넘쳐흐르고 있다(계 12:15). 그러기에 우리는 더욱더 말씀과 기도로 깨어있어야 한다.

> "이제 내가 사람들에게 좋게 하랴 하나님께 좋게 하랴 사람들에게 기쁨을 구하랴 내가 지금까지 사람들의 기쁨을 구하였다면 그리스도의 종이 아니니라" (10절)

갈라디아서 2장

이신칭의(以信稱義)

사람이 의롭게 되는 것은 율법의 행위로 말미암음이 아니요 오직 예수 그리스도를 믿음으로 말미암는 줄 알므로 우리도 그리스도 예수를 믿나니 ~(2:16)

오직 의로운 사람 즉 죄가 없는 사람만이 구원을 받을 자격이 있다. 그러나 아담의 타락 이후 태어난 사람 중에 죄 없이 태어나거나 죄를 짓지 않는 사람은 없다. 인간 중에는 의인은 하나도 없으며, 그러기에 모두가 죽을 수밖에 없는 죄인인 것이다.

그런데 유대인들은 율법을 받았다는 사실 하나로 스스로 의롭다 여기고, 마치 자신들은 구원받을 자격이 있는 것처럼 자랑하며, 다른 민족들을 멸시했다. 물론 상대적으로 볼 때, 그들이 이방인들보다 율법을 더 잘 알고, 더 잘 지켰다는 것도 사실이다.

그러나 율법은 모든 조항을 완전히 지켰을 때 비로소 효력이 있으며(3:10), 하나님은 겉으로 드러난 행위뿐만 아니라 마음의 동기까지도 판단하시는 분이다. 그러기에 심지어 형제를 미워하는 것도 곧 살인이라 선언하셨다(요일 3:15, 그 형제를 미워하는 자마다 살인하는 자니). 그러므로 율법을 지켜 의롭다 함을 받겠다는 것은 어불성설인 것이다.

그런데도 불구하고 예나 지금이나 유대주의자들(=인본주의자, 율법주의자)은 믿음만으로는 부족하며, 무엇인가(할례 등 종교 행위, 선행 등)를 덧붙여야 한다고 주장한다. 심지어 예수님의 수제자이며 그리스도 안에서는 유대인과 이방인의 차이가 없음을 세 차례나 배웠던 베드로까지도 잠시 율법주의로 인해 외식에 빠졌으며, 그 결과 바울에게 책망을 받기도 했다(11절 이하).

그렇다. 율법을 지킴으로써 의롭다 함을 받을 수 있는 사람은 하나도 없다(16절). 그러기에 예수께서 육신을 입고 오셔서 율법을 다 지키시고, 그 의를 그리스도를 믿는 자들에게 전가시켜 주신 것이다(이신칭의). 만일 의롭게 되는 것이 율법의 행위로 될 수 있는 것이라면, 그리스도께서 헛되이 죽으신 것이 되는 것인데(21절), 완전하신 하나님께서 그렇게 일하실 수는 없다.

모든 인간은 선악과를 따 먹은 아담의 후손이다. 그러기에 가만히 내버려두면 유대인들처럼 자신의 행위로 구원받겠다는 율법주의로 가게 되어있다. 그러므로 우리는 율법주의에 빠지지 않도록 스스로 항상 깨어있어야 하며, 올바른 '복음의 진리'에 따라 행하도록 서로를 위해 기도하며 잘못된 길로 갈 때 깨우쳐줘야 한다. 왜냐하면 성도 간의 화목이나 평강도 중요하지만, 영생을 결정짓는 것은 진리(복음의 진리)이기 때문이다.

> "내가 하나님의 은혜를 폐하지 아니하노니 만일 의롭게 되는 것이 율법으로 말미암으면 그리스도께서 헛되이 죽으셨느니라" (21절)

갈라디아서 3장

율법, 그리스도께 인도하는 초등교사

이같이 율법이 우리를 그리스도께로 인도하는 초등교사가 되어 우리로 하여금 믿음으로 말미암아 의롭다 함을 얻게 하려 함이라(3:24)

인생은 스스로 구원을 쟁취하겠다는 율법주의(인본주의)적 삶의 연속이다. 그러기에 기독교를 제외한 모든 종교들이 '스스로 신이 되라, 왕이 되라'고 부추기고 있으며, 많은 사람들이 이를 추종하고 있다. 선악과를 따 먹은 인간은 스스로 왕이 되려 하기 때문이다.

그러나 성경은 모든 인간은 죄와 허물로 죽었으며(엡 2:1), 마치 마른 뼈와 같다고 선언한다(겔 37장). 그러기에 생명 그 자체이신 하나님께서 생명을 불어넣어 주시지 않으면 살아날 방법이 없는 것이다.

그럼에도 스스로 구원을 얻을 수 있다고 생각하는 자들, 즉 불신자들은 구원자를 찾지 않는다. 자신이 죄인이며 죽을 자리에 있다는 것을 인정하지 않기 때문이다. 그러기에 하나님은 율법이라는 거울을 통해 죄를 보게 하신다. 죄의 값은 사망임을 알려주시는 것이다.

그러나 거울(율법)은 죄를 보게 할 수는 있으나, 그 죄를 씻어서 없애줄 수는 없다. 그러기에 예수께서 십자가에 달려 물과 피를 흘려주셨으며(요 19:34, 옆구리를 찌르니 곧 물과 피가 나오더라), 그리스도 예수를 믿을 때 그 피가 우리 죄를 깨끗이 씻어낸다.

이렇게 율법은 죄를 보게 하는 역할, 즉 우리에게 구세주 예수 그리스도가 필요함을 알려주는 역할을 한다. 다시 말해서 율법은 우리를 그리스도께 인도하는 초등교사의 역할을 하는 것이다(24절). 그러므로 우리가 그리스도를 만났다면, 이제 더 이상 초등교사 아래에 있어서는 안 되는 것이다.

"믿음이 온 후로는 우리가 초등교사 아래에 있지 아니하도다" (25절)

그리스도께서는 오늘날도 은혜로 택하신 자들에게 믿음을 주시고, 믿는 그들에게 성령을 보내사 성령 세례를 베풀어 주신다. 그리고 그렇게 성령의 세례를 받은 자들은 비록 아직도 죄로 물든 세상에 살고 있지만, 신분적으로는 이미 하나님의 아들이 되었다(26절). 성령을 받은 자들은 이미 그리스도로 옷을 입었기에, 하나님께서 그들을 그리스도의 형제로 여겨주시는 것이며, 더 나아가 그리스도의 지체가 된 것이다.

그렇다. 성도들은 모두 율법(자기 행위나 공로)이 아니라 '은혜로 주어진 믿음으로' 구원을 받았다. 그러므로 그리스도 안에서 성도들은 각자의 외모(남녀노소, 지위고하, 인종 등)와 관계없이 모두 동등하며 또한 하나이다(28절, all one in Christ). 그러기에 성도들은 자랑하거나 교만해하지 말고, 십자가 은혜에 감사하며, 하나님의 아들이라는 신분에 맞는 거룩한 삶을 살아야 한다.

"믿음이 온 후로는 우리가 초등교사 아래에 있지 아니하도다 너희가 다 믿음으로 말미암아 그리스도 예수 안에서 하나님의 아들이 되었으니" (25, 26절)

갈라디아서 4장

종인가 아들인가

때가 차매 하나님이 그 아들을 보내사 여자에게서 나게 하시고 율법 아래에 나게 하신 것은 율법 아래에 있는 자들을 속량하시고 우리로 아들의 명분을 얻게 하려 하심이라(4:4, 5)

모든 일에 있어서 열심보다는 방향이 중요하다. 잘못된 방향으로 열심을 낸다면, 모든 것을 잃게 되기 때문이다.

많은 성도들이 믿음의 성숙과 그리스도께 가깝게 나아가기 위해 열심을 낸다. 그런데 문제는 대부분의 성도들이 잘못된 방향과 방법으로 열심을 낸다는 것이다. 그들은 은혜와 믿음보다는 율법주의적 행위로 나아가는데, 그런 행위를 통해 만족감을 느끼고 자존심을 높일 수 있기 때문이다. 그러나 그런 율법적 행위는 그리스도의 십자가를 욕보이는 것이며, 그 끝은 영원한 멸망이다.

> "너희가 날과 달과 절기와 해를 삼가 지키니 내가 너희를 위하여 수고한 것이 헛될까 두려워하노라" (10, 11절)

물론 이런 것들을 지키며 그리스도 안에 있는 자유를 표현하고 은혜의 충만을 구한다면, 영적인 복을 받을 수도 있다. 그러나 종처럼 이런 것들을 지킴으로써 영적 이익을 얻으려 한다면, 그것은 죄를 짓는 일이다. 결코 외적인 행위나 행사로 내적 경험을 대체하려 해서는 안 되는데, 우리는 하나님의 종이 아니라 아들이기 때문이다. 종은 두려움 때문에 복종하지만, 아들은 사랑하기에 순종한다.

바울은 아브라함의 두 아들을 통해 율법(행위)과 약속(믿음)을 설명한다. 그 하나는 여종 하갈에게서 낳은 이스마엘이요, 다른 하나는 자유 있는 여자 사라에게서 낳은 이삭이다. 이 둘은 모두 아브라함의 아들이었지만 이스마엘은 육체를 따라 났으며, 이삭은 사라의 경수가 끊어진 가운데 '하나님의 약속으로 말미암아' 태어났다(23절). 그리고 이 둘의 운명은 완전히 달랐는데, 이스마엘은 아브라함의 유업을 얻지 못하고 쫓겨났으며, 약속의 자녀인 이삭의 후손으로 구세주 예수께서 오셨다.

이런 면에서 아직도 율법에 묶여있는 자들은 종에 불과하며, 하나님의 약속으로 인해 성령을 따라 난 자들은 그리스도 안에서 하나님의 아들이 되었다. 그러므로 우리는 율법 아래에서 죄와 율법의 종으로 살 것이 아니라, 하나님의 아들로서 하나님을 아빠 아버지로 부르며, 자유인으로 살면서 생명 되신 예수 그리스도를 입술과 삶으로 증거해야 한다.

> "너희가 아들이므로 하나님이 그 아들의 영을 우리 마음 가운데 보내사 아빠 아버지라 부르게 하셨느니라" (6절)

갈라디아서 5장

오직 사랑으로

모든 율법은 '네 이웃을 네 몸과 같이 사랑하라'는 하나의 말씀으로 요약할 수 있습니다(5:14, 현대인의 성경)

그리스도께서는 우리를 죄와 사망의 법으로부터 해방시켜 자유의 몸이 되게 하셨다(롬 8:2). 그러므로 우리는 굳건하게 서서 다시는 종의 멍에를 메어서는 안 된다. 예수님의 십자가에서 우리의 모든 죄가 이미 사해졌기 때문에, 더 이상 죄와 사망의 종으로 살 필요가 없게 된 것이다.

그렇다고 해서 성도들이 방종할 수 있다는 뜻이 아니다. 성도들은 이제 더 이상 방종해서도 안 되며, 또 방종할 수도 없다. 왜냐하면 성도들 안에는 부활하신 주님이 보내주신 성령이 계시며, 우리에게 소원을 두고 행하게 하고 계시기 때문이다(빌 2:13). 그러기에 이 세상에 사는 동안 우리는 성령을 따라 살아야 하는데, 성령은 육체의 욕심과 육체의 일을 하지 못하게 하시기 때문이다.

한편 육체의 일은 음행과 호색, 우상숭배와 주술, 시기와 분 냄, 술 취함과 방탕 등인데, 이런 일을 하는 자는 하나님의 나라를 유업으로 받을 수 없다(21절). 물론 성도들 중에도 이전에 이런 일을 했거나 지금도 하고 있을 수 있다. 그러나 성령으로 거듭난 성도들은 그와 같은 일을 '고의적으로' 계속할 수는 없다. 왜냐하면 성도들 안에는 성령이 계시기 때문이다.

더 나아가 성령이 내주하시는 성도들의 삶에서는 성령의 열매 곧 성령께서 친히 맺으시는 열매(사랑, 희락, 화평, 오래 참음, 자비, 양선, 충성, 온유, 절제)가 열리게 된다(22, 23절). 하나님께서 우리에게 원하시는 열매는 눈에 보이는 어떤 것(재물, 권세 등)이 아니라 그리스도의 성품, 그중에서도 사랑인 것이다.

그러나 이런 열매는 자동적으로 열리는 것은 아니며, 많은 환난을 통해 열리고 또 익어간다(롬 5:3, 4). 그러기에 철(鐵)이 철을 날카롭게 하듯이, 주님은 우리 곁에 도저히 사랑할 수 없는 사람을 두심으로 우리를 사랑의 사람으로 만드시고, 도저히 기뻐할 수 없는 상황에 두심으로 희락(喜樂)을, 도저히 화평할 수 없는 상황을 허락하심으로 화평을 훈련시키신다. 그러므로 우리는 평상시에는 물론이고 도저히 감당할 수 없는 상황에 처했을 때에도, 자신이 아니라 우리 안에 계신 성령을 의지해야 한다.

> "너희가 만일 성령의 인도하시는 바가 되면 율법 아래에 있지 아니하리라" (18절)

우리는 진리이신 그리스도 안에서 참 자유를 얻었다(요 8:32, 진리를 알지니 진리가 너희를 자유케 하리라). 그리고 그리스도 예수 안에서는 오직 사랑으로 표현되는 믿음만이 중요하다(6절). 이제 더 이상 할례 등 율법의 조항에 묶여 종노릇 할 필요가 없게 된 것이다.

그러나 우리에게 한 가지 행해야 할 것이 남았으니 그것은 곧 사랑이다. 십자가 사랑을 받은 자들에게서는 그 하나님에 대한 사랑과 및 똑같은 사랑을 받은 이웃에 대한 사랑이 흘러나올 수밖에 없기 때문이다.

> "형제들아 너희가 자유를 위하여 부르심을 입었으나 그러나 그 자유로 육체의 기회를 삼지 말고 오직 사랑으로 서로 종노릇 하라" (13절)

갈라디아서
6장

예수의 흔적을 가지고 있는가

이 후로는 누구든지 나를 괴롭게 하지 말라 내가 내 몸에 예수의 흔적을 지니고 있노라(6:17)

초대 교회 당시에는 많은 사람들이 자기가 섬기는 우상의 표식을 몸에 새기고 다녔으며, 종의 몸에도 누구의 종인지 알려주는 문신이 새겨져 있었다.

그런데 지금 바울은 자신의 몸에 예수의 흔적(marks)을 지니고 있다고 말한다. 그는 우상이 아니라 참 신(神)이신 예수 그리스도를 섬기고 있으며, 자신은 그분의 종임을 강력히 주장하고 있는 것이다. 실제로도 바울의 몸에는 예수 그리스도를 전하기 위해 받은 수많은 박해로 인한 상처들이 많았는데(고후 11:18~33), 이것들이 곧 예수의 흔적인 것이다.

그렇다면 바울이 보통 그리스도인들과는 다른 특별한 능력을 받았기에 이러한 삶을 살았는가? 절대로 그렇지 않다. 물론 그는 부활하신 예수님을 만난 사도였다. 그러나 그 역시 우리와 똑같은 성정을 가진 연약한 인간이었으며, 모든 성도들 역시 바울처럼 성령의 인(印) 치심을 받았다(엡 1:13, 계 7:4). 그러기에 각자 정도의 차이는 있겠지만, 모든 그리스도인들 역시 바울이 먼저 갔고 또 그렇게 자랑스러워했던 십자가의 길을 가야만 한다.

> "그러나 내게는 우리 주 예수 그리스도의 십자가 외에 결코 자랑할 것이 없으니 ~" (14절)

그렇다. 중요한 것은 할례와 같은 종교적인 행위나 의식이 아니라 새로 지으심을 받는 것(new creation)이다. 즉 성령으로 거듭난 우리는 이미 새로운 피조물이 되었다는 사실을 인식하고, 그에 합당한 삶을 살아야 하는 것이다.

> "그런즉 누구든지 그리스도 안에 있으면 새로운 피조물이라 이전 것은 지나

> 갔으니 보라 새 것이 되었도다" (고후 5:17)

이렇게 새로 지으심을 받은 성도의 삶은 먼저, 형제가 죄를 범했을 때 그를 회복시켜주는 것으로 나타나야 한다(1절). 죄를 지은 그 형제 역시 예수님께서 십자가로 구원하신 귀한 영혼이기 때문이다.

또한 서로의 짐을 져줘야 한다. 물론 각 사람에게는 자기 가족을 돌보아야 하는 등 감당해야 할 짐들이 있는데, 먼저 이런 짐들을 스스로 감당해야 한다. 그러나 다른 형제가 홀로 감당하기 어려운 짐을 지고 있을 때, 우리는 결코 그를 외면해서는 안 된다. 주님께서 먼저 우리의 짐을 져주셨기 때문이다(사 53:4 이하, 그는 실로 우리의 질고를 지고 우리의 슬픔을 당하였거늘).

더 나아가 적극적으로 어려운 이웃을 도우며, 선(善)을 행해야 한다(10절). 물론 대가(代價)를 바라고 해서는 안 되겠지만, 무엇으로 심든지 그대로 거두게 되기 때문이다(7절).

지금 우리는 성령을 위하여 심고 있는가, 아니면 육체를 위하여 심고 있는가? 그 열매는 완전히 다를 것인데, 하나는 영원한 생명(永生)이며, 다른 하나는 영원한 멸망이다.

> "자기의 육체(sinful nature)를 위하여 심는 자는 육체(罪性)로부터 썩어질 것을 거두고 성령을 위하여 심는 자는 성령으로부터 영생을 거두리라" (8절)

에베소서

EPHESIANS

에베소서
1장

찬송하리로다

찬송하리로다 하나님 곧 우리 주 예수 그리스도의 아버지께서 그리스도 안에서 하늘에 속한 모든 신령한 복을 우리에게 주시되(1:3)

지금 바울은 로마의 감옥에 갇혀있다(옥중 서신). 그런 그가 편지 서두에 인사말을 마친 후 느닷없이(?) 하나님을 찬송한다. 그러나 이 찬송은 갑자기 나온 것이 아니다. 삼위일체 하나님께서 바울 자신과 성도들(saints)에게 베푸신 은혜를 생각하니, 찬송이 터져 나오지 않을 수 없었던 것이다.

그 은혜는 먼저, 하나님께서 그리스도 안에서 하늘에 속한 모든 신령한 복을 우리에게 '이미' 주셨다는 것이다. 여기서의 복은 신자나 불신자가 모두 받을 수 있는 그런 복(돈, 권력, 건강 등)을 가리키지 않으며, 오직 그리스도를 통해서 얻을 수 있는 복을 말한다(행 4:12). 이는 성령을 통해 주시는 것들로서, 사랑, 희락, 화평 등 성령의 열매가 그 대표적인 것들이다. 한편 이런 것들은 이미 주어진 것들이기에 우리는 이것들을 지금도 누릴 수 있어야 한다.

또 하나님은 우리를 '창세전에' 그리스도 안에서 택하시고 자기의 아들들이 되게 하셨다. 이 세상은 우연히 존재하게 된 것이 아니라 삼위일체 하나님의 계획에 의해 만들어진 것인데, 그 목적 중의 하나는 성도들을 거룩하고 흠 없는 아들이 되게 하시기 위한 것이다(5절). 하나님의 아들은 인간의 노력이 아니라 하나님의 창세전 택하심으로 되는 것인데, 한마디로 우리는 하나님의 일방적인 은혜로 택하심을 받은 것이다. 할렐루야!

더 나아가 우리의 속량(贖良, redemption) 곧 죄 사함은 그냥 이루어진 것이 아니며, 이를 위해 성자 예수께서 육신을 입고 이 땅에 오셔서 피를 흘려주셨다(7절). 그러니 어찌 그 은혜의 하나님을 찬양하지 않을 수 있겠는가?

그렇다. 창조의 목적은 인간의 구원에 있는 것이 아니라 하나님께서 모든 피조물들에게서 영광의 찬송을 받으시기 위한 것이다(6, 12, 14절).

> "이 백성은 내가 나를 위하여 지었나니 나를 찬송하게 하려 함이니라" (사 43:21)

물론 그분의 찬송이 되는 일은 피조물인 우리가 할 수 있는 일이 아니며, 전능하신 하나님께서 그분의 뜻(계획)에 따라 이루실 것이다(11절). 그러나 아버지가 일하시는데, 어찌 그분의 자녀인 우리가 그저 구경만 하고 있겠는가? 마땅히 성령의 인도하심에 따라 말씀 묵상과 기도를 통해 아버지의 뜻을 알아가며, 그 뜻을 행하는 데 열심을 내야 한다. 그리고 그 일 중의 하나는 거룩하고 흠이 없는 자가 되어지는 것이다(4절).

하나님께서는 그리스도를 통해 그 뜻의 비밀을 우리에게 알리셨는데, 그 비밀은 '죄로 인해 깨어지고 흩어진 모든 것들을 그리스도 안에서 통일되게 하시겠다'는 것이다(10절). 그리고 이 일은 예수의 십자가로 말미암아 시작되었고, 영적으로는 이미 이루어졌으며, 장차 반드시 이루어질 것이다.

성도들은 이런 형언할 수 없는 은혜와 신령한 복(福)을 이미 창세전에 받은 자들이다. 그러니 우리도 바울처럼 그 하나님을 찬송해야 하지 않겠는가?

> "그 기쁘신 뜻대로 우리를 예정하사 예수 그리스도로 말미암아 자기의 아들들이 되게 하셨으니 이는 그가 사랑하시는 자 안에서 우리에게 거저 주시는 바 그의 은혜의 영광을 찬송하게 하려는 것이라" (5, 6절)

에베소서
2장

구원, 하나님이 은혜로 주시는 선물

너희는 그 은혜에 의하여 믿음으로 말미암아 구원을 받았으니 이것은 너희에게서 난 것이 아니요 하나님의 선물이라(2:8)

아담의 타락(범죄) 이후 모든 인간은 허물과 죄로 인해 영적으로 죽은 채 태어난다(1절). 죄란 생명이신 하나님과의 관계가 끊어진 것을 말하는데, 아담의 범죄(선악과 사건)로 인해 모든 인간이 하나님에게서 끊어져 공중의 권세 잡은 자(사탄)를 따르게 되었기 때문이다(2절).

그러나 사탄은 한갓 피조물에 지나지 않기에 사탄이 하나님의 거룩한 계획을 막을 수는 없다. 그러기에 인간의 범죄함에도 불구하고 하나님께서 그 큰 사랑으로 인해 우리를 거저 살려주셨다. 성자 예수께서 우리 죄를 대속하기 위해 자발적으로 죽으셨고, 하나님께서 예수를 살리실 때 우리를 함께 살리시고, 나아가 예수님과 함께 하늘 보좌에 앉게 해주신 것이다(4~6절). 할렐루야!

한마디로 성도들은 자신의 행위가 아니라 하나님의 저항할 수 없는 은혜(irresistible grace)로 구원을 받은 것이다(9절, 행위에서 난 것이 아니니 이는 누구든지 자랑하지 못하게 함이라). 물론 우리는 '믿음으로' 구원을 받는다. 그러나 그 믿음조차도 주님께서 창세전에 택함 받은 백성들에게 은혜로 거저 주시는 선물(the gift of God)이다. 그런데 어떻게 우리의 행위를 자랑할 수 있다는 말인가?

예수님 당시 바리새인들은 율법을 가르치는 자들로서 율법을 열심히 지켰는데(마 23:23, 기도, 구제, 십일조 등), 그중의 대표적인 사람이 사도 바울이었다(빌 3:5). 한편 그들이 그렇게 열심히 율법을 지켰음에도 불구하고, 예수님은 그들을 독사의 새끼들이라 질책하셨다(마 23:33). 그 이유는 그들이 하나님의 은혜가 아니라 자신들의 행위를 의지하고 자랑했기 때문이다.

한편 이렇게 은혜가 아닌 행위를 의지하는 것은 예수님의 십자가를 능멸하는 짓이며(갈 2:21, 만일 의롭게 되는 것이 율법으로 말미암으면 그리스도께서 헛되이 죽으셨느니라), 그 끝은 영원한 멸망이다. 그러기에 자신이 세운 교회들이 은혜와 믿음이 아닌 율법의 행위로 되돌아가자 바울은 편지를 통해 눈물로 호소하고 있는 것이다.

물론 받을 자격이 없는 자들로서 주님의 값없는(값으로 따질 수 없는) 은혜를 입은 자들에게서는 당연히 행위와 열심이 나올 수밖에 없다. 그러나 그 행위는 내 공로나 자랑을 위해서가 아니라 감사함으로 우러나오는 것일 뿐이다.

그러므로 모든 성도들은 각자의 행위가 아니라 '오직 은혜로' 구원받았음을 기억하고, 서로 경쟁하고 시기하기보다는 주님의 한 몸으로서 서로 사랑함으로써 하나님이 거하실 처소가 되기 위하여 함께 지어져 가야 한다.

> "무릇 율법 행위에 속한 자들은 저주 아래에 있나니 기록된바 누구든지 율법 책에 기록된 대로 모든 일을 항상 행하지 아니하는 자는 저주 아래에 있는 자라 하였음이라" (갈 3:10)

에베소서 3장

구원, 하나님이 은혜로 주시는 선물

내가 그리스도의 비밀을 깨달은 것을 너희가 알 수 있으리라 ~ 이는 이방인들이 복음으로 말미암아 그리스도 예수 안에서 함께 상속자가 되고 함께 지체가 되고 함께 약속에 참여하는 자가 됨이라(3:4, 6)

비밀(mystery)은 감추어져 있는 것이 아니라, 드러나 있지만 외부의 도움이 없이는 알 수 없는 것을 말한다. 그런 뜻에서 그리스도의 비밀은 이미 십자가에서 드러나고 또 성경에 기록되어 있지만, 성령께서 역사하지 않으면 깨달을 수가 없다(고전 2:10). 그러기에 예수님은 당시 소위 성경(구약)을 가르친다고 했지만 예수를 알아보지 못했던 서기관들을 맹인이라고 부르셨던 것이다.

> "예수께서 이르시되 너희가 맹인이 되었더라면 죄가 없으려니와 본다고 하니 너희 죄가 그대로 있느니라" (요 9:41)

그렇다. 그리스도의 비밀은 영적인 존재인 천사들도 몰랐으며(벧전 1:12), 오직 창세전에 택하심을 받은 성도들에게만 깨달아지는 것이다. 주님께서는 택하신 자기 백성에게만 땅속에 감춘 보배와 같은 천국을 알아볼 수 있는 '영적인 눈'을 주시기 때문이다(마 13:44).

십자가는 그리스도의 비밀이며, 그 핵심이다. 그런데 이 십자가는 세상 사람들에게는 거리끼거나 미련한 것으로 보인다(고전 1:23). 왜냐하면 세상적으로 볼 때 십자가는 부끄러운 것이요 철저한 패배로 보이기 때문이다. 그러기에 십자가는 이성을 중시하던 헬라인들에게는 미련해 보이고, 율법을 중시하던 유대인들에게는 거리끼는 것이었다(신 21:23). 문제는 지금도 사람들이 이들과 똑같은 관점을 가지고 있다는 것이다.

이와는 달리 성도들에게 예수님의 십자가는 생명이요 자랑이다. 그들은 그 십자가에서 죄를 심판하시는 하나님의 공의와 죄인을 긍휼히 여기시는 사랑을 보았기 때문이다. 이 비밀을 알았기에 바울은 평생 그 십자가만을 자랑하며(갈 6:14, 그리스도의 십자가 외에 결코 자랑할 것이 없으니), 그 십자가를 전하는 일에 목숨을 걸었던 것이다. 바울처럼 이 비밀을 아는 사람은 이미 영생을 가진 자이기에, 결코 죽음을 두려워하지 않는다. 왜냐하면 죽음은 끝이 아니라 새 하늘과 새 땅으로 들어가는 문(門)이기 때문이다.

한편 그 비밀은 하루아침에 전부 깨달아지는 것이 아니며, 말씀을 사모하며 순종하는 만큼 깨달아진다. 그러기에 우리는 성령의 도우심으로 성경을 통해 십자가(그리스도의 사랑)를 더 알아가도록 힘써야 한다.

> "능히 모든 성도와 함께 지식에 넘치는 그리스도의 사랑을 알고 그 너비와 길이와 높이와 깊이가 어떠함을 깨달아 하나님의 모든 충만하신 것으로 너희에게 충만하게 하시기를 구하노라" (18, 19절)

더 나아가 주님께서는 전도의 미련한 것으로 사람들을 구원케 하셨다(고전 1:21). 그러기에 우리는 구원의 하나님을 찬양하며, 입술과 삶을 통해 우리가 깨달은 그 비밀을 이웃에게 전해야 한다.

> "모든 성도 중에 지극히 작은 자보다 더 작은 나에게 이 은혜를 주신 것은 측량할 수 없는 그리스도의 풍성함을 이방인에게 전하게 하시고" (8절)

에베소서
4장

교회는 하나(one)

평안의 매는 줄로 성령이 하나 되게 하신 것을 힘써 지키라 몸이 하나요 성령도 한 분이시니 이와 같이 너희가 부르심의 한 소망 안에서 부르심을 받았느니라 주도 한 분이시요 믿음도 하나요 세례도 하나요 ~(4:3~5)

창세전에는 하나님 한 분만 계셨으며, 그분의 선하신 계획에 따라 창조가 이루어졌다. 즉 천지만물은 그분으로 말미암아 지어졌고, 그분을 위해 존재하며, 그분에게 돌아가게 되어 있다(6절, 롬 11:36).

이 땅에 있는 교회 또한 마찬가지다. 교회는 머리이신 그분의 몸이며, 그분을 위해 존재하며, 그분을 세상에 드러내는 통로이다. 그러기에 모든 것이 그분 안에서 하나이어야만 하고, 머리이신 그분의 뜻대로 움직여져야 하며, 반드시 그렇게 될 것이다. 그분의 계획은 결코 실패할 수 없기 때문이다.

그러나 아담의 타락으로 말미암아 분리와 분열이 일어났고(창 11:9), 온 세상이 다툼 가운데 있게 되었다. 그렇지만 그런 분열과 다툼은 죄의 결과를 경험토록 잠시 백신으로서 허락된 것일 뿐이다. 그러기에 반드시 그리스도 안에서 통일될 것인데(6절), 이미 그 일이 예수의 십자가로 말미암아 시작되었다.

> "~ 예정하신 것이니 하늘에 있는 것이나 땅에 있는 것이 다 그리스도 안에서 통일되게 하려 하심이라" (1:10)

그러기에 그리스도의 몸인 교회의 지체인 성도들 역시 그 일에 동역해야 한다. 물론 모든 일은 주님께서 친히 하시는 것이지만, 주님의 뜻을 아는 우리도 그 일에 동참해야 한다는 것이다.

그 일은 먼저 하나 됨을 힘써 지키는 것인데(3절), 이는 곧 겸손하고 온유하며, 오래 참고, 사랑 안에서 서로 용납하는 것이다.

또한 우리에게 주신 은사와 직분을 그리스도의 몸인 교회를 세우는 데 써야 한다(12절). 즉 은혜로 주어진 이런 것들을 서로 비교하여 교만해지거나 시기해서는 안 된다는 뜻이다. 각 지체가 제 역할을 할 때 우리 몸이 건강한 것처럼, 그리스도 안에서 모든 성도가 한마음으로 섬길 때 교회는 온전케 되고, 그리스도의 장성한 분량이 충만한 데까지 이르게 되기 때문이다(13절).

나아가 이런 사실을 알진대 이제는 옛날의 생활 방식 곧 거짓된 욕망으로 썩어가는 '옛 사람(old self)'을 벗어버리고, 하나님의 모습대로 의와 진리의 거룩함으로 창조된 '새 사람'을 입어야 한다(24절). 그렇게 하기 위해서 참된 것을 말하며, 마귀에게 틈을 주지 말고, 자기 손으로 수고하여 선한 일을 해야 한다.

특히 모든 악독과 노함과 분 냄, 거짓말, 악한 말 등을 하지 말아야 하는데, 이런 것들은 성령을 근심하게 하는 것들이기 때문이다(30절). 물론 이런 것들을 행한다고 해서 창세전에 택함 받은 성도들의 신분이 변하거나 구원을 잃는 것은 아니다. 그렇지만 이런 일들이 벌어지면 믿음 생활 가운데 누릴 수 있는 은혜를 충분히 맛볼 수 없기 때문이다.

> "오직 사랑 안에서 참된 것을 하여 범사에 그에게까지 자랄지라 그는 머리니 곧 그리스도라" (15절)

에베소서
5장

성령으로 충만함을 받으라

술 취하지 말라 이는 방탕한 것이니 오직 성령으로 충만함을 받으라(5:18)

자녀는 부모를 보고 배우게 된다. 이 세상에 태어나 처음으로 양육을 받는 곳이 가정이기 때문이다. 한편 성도들은 이 땅의 부모가 있지만, 동시에 하나님의 자녀이다. 그러기에 우리는 하나님 아버지를 본받아야 한다(1절). 그런 면에서 그리스도께서 우리를 사랑하신 것같이 사랑 가운데서 행하고, 음행과 온갖 더러운 것과 탐욕은 그 이름조차 부르지 말며, 빛이신 주님처럼 빛의 자녀로 살아야 한다(2~14절).

그렇다면 어떻게 눈에 보이지 않는 영이신 하나님을 본받을 수 있는가? 그 방법은 말씀과 기도와 묵상과 예배를 통해서인데, 특히 우리 안에 계신 성령께서 우리를 도우신다. 성령은 하나님의 깊은 것까지 속속들이 알고 계시기 때문이다(고전 2:10). 그러기에 우리는 성령의 충만함을 받아야 한다.

성령의 충만함을 받는다는 것은 성령의 계속적인 지배와 인도를 받는 것이다. 이는 마치 술에 취하는 것과 마찬가지다. 술 취한 사람은 평상시와는 전혀 다른 모습(방탕함)을 보이는데, 이는 그가 술에 의해 지배를 받기 때문이다. 그리고 성령 충만은 수동적인 기다림이 아니라 능동적인 책임이며, 성령세례와는 달리 현재형으로 계속되는 상황을 말한다.

또 성령 충만의 의미는 곧 자기 자신을 비운다는 뜻이기도 한데, 모든 죄악이 자기 사랑에 기인한 것이기 때문이다. 물론 성령 충만의 주도권은 전적으로 성령께 있는 것이지만 자신에게서도 순종코자 하는 열심이 나와야 한다. 왜냐하면 이 모든 변화의 대상은 본인 자신이기 때문이다.

한편 성령의 충만함을 받은 결과는 전도와 예수를 증거하는 삶으로, 동시에 일상 속에서 기쁨과 감사와 피차 복종함으로도 나타난다(19~21절).

먼저 성령 충만한 성도들은 환경에 휘둘리지 않고 기뻐할 수 있다. 감옥에 갇혔던 바울과 실라는 그 속에서 하나님을 찬송했으며, 그럴 때 간수와 그의 가족이 구원을 받았다(행 16:25). 또 범사에 감사할 수 있다(살전 5:18). 왜냐하면 자신은 지금 자기 능력이 아니라 다른 사람들의 도우심, 특히 주님의 도우심으로 살고 있음을 알고, 주님 안에서 모든 것이 합력하여 선을 이룰 것을 믿기 때문이다(롬 8:28).

더 나아가 '그리스도를 경외함으로' 서로에게 복종해야 한다(21절). 예수님께서는 십자가에서 죽기까지 아버지 하나님께 복종하셨으며, 그 결과 우리가 구원을 받았다. 이런 복종의 삶은 부부간에서 먼저 나타나야 하는데(22절 이하), 그런 모습을 자녀들이 배우고 또 그들이 세상에 나가 서로 복종하는 삶을 살게 되기 때문이다.

> "아내들이여 자기 남편에게 복종하기를 주께 하듯 하라 남편들아 아내 사랑하기를 그리스도께서 교회를 사랑하시고 그 교회를 위하여 자신을 주심 같이 하라" (22, 25절)

에베소서
6장

믿음 생활, 마귀와의 끈질긴 싸움

마귀의 간계를 능히 대적하기 위하여 하나님의 전신 갑주를 입으라 우리의 싸움은 혈과 육을 상대하는 것이 아니요 ~ 악의 영들을 상대하는 것이라(6:11, 12)

성도들의 인생은 놀이터가 아니라 대적들과의 전쟁터이다. 그들의 대장은 마귀(사탄)인데, 지금도 성도들을 무너뜨리기 위해 우는 사자처럼 공격하고 있다(벧전 5:8). 그런데 그 마귀는 타락한 천사들의 대장으로서 21일 동안 천사가 오는 것을 막았으며(단 10:13), 하룻밤에 앗수르 대군 십팔만 오천 명을 죽일 정도의 강력한 힘을 지니고 있다(왕하 19:35).

그러나 마귀 역시 한갓 피조물에 지나지 않기에 하나님처럼 전지전능하거나 영원하지는 않으며, 정해진 때에 영원히 유황 불못에 던져질 것이다(계 20:10). 그러기에 우리는 항상 깨어는 있되, 결코 마귀를 두려워할 필요는 없다.

또 우리의 대적은 하나의 큰 세력인데, 그 세력은 대장인 마귀, 이 세상 그리고 우리의 죄성(罪性)이다. 즉 사탄은 외적으로는 세상을 그리고 내적으로는 우리의 죄성을 이용해 우리를 공격한다.

> "이는 세상에 있는 모든 것이 육신의 정욕과 안목의 정욕과 이생의 자랑이니 다 아버지께로부터 온 것이 아니요 세상으로부터 온 것이라" (요일 2:16)

우리는 이런 영적 세력들과 싸우기 위해서는 적합한 전투 장비를 갖춰야 하는데, 그 장비는 곧 하나님의 전신갑주(全身甲胄, the full armor of God)이다.

사도 바울은 전신갑주를 당시 로마 병사의 복장을 들어 설명한다. 그것들은 진리의 허리 띠, 의의 호심경, 평안의 복음이 준비한 신, 믿음의 방패, 구원의 투구 그리고 성령의 검(하나님의 말씀)인데, 우리는 갑옷을 입고, 무기를 들고, 사탄과 싸워야 하는 것이다.

나아가 성도들은 그리스도께서 사탄을 이미 정복하셨으며, 또 우리에게 싸울 수 있는 영적 갑옷과 무기를 주셨음을 알아야 한다. 그리고 '믿음으로' 이 사실을 받아들이고, 나가서 사탄의 세력들과 싸워야 한다. 그럴 때 우리는 반드시 승리하게 되어있는데, 아무리 때가 악하고 대적 또한 악하지만, 하나님이 우리를 위하시는데, 누가 감히 우리 성도들을 대적할 수 있겠는가?(롬 8:31)

그렇다. 마귀 등 대적들과의 싸움은 우리가 혼자 싸워서 이겨야 하거나, 지면 구원에서 탈락하는 것이 아니다. 이 싸움은 예수님께서 십자가로 이미 이기신 싸움이며, 승리는 창세전에 택함 받은 모든 자에게 거저 주어지는 것이기 때문이다. 그러나 성도들은 이 싸움을 통하여 죄(하나님을 떠나는 것)가 얼마나 무서운지를 배우고, 오직 주님을 사랑하고 이웃(지체)을 내 몸같이 사랑하는 자로 지어져가야 한다. 주님께서 그런 목적으로 우리에게 인생과 이 싸움을 허락하셨기 때문이다.

> "이것을 너희에게 이르는 것은 너희로 내 안에서 평안을 누리게 하려 함이라 세상에서는 너희가 환난을 당하나 담대하라 내가 세상을 이기었노라" (요 16:33)

> "그런즉 너희는 하나님께 복종할지어다 마귀를 대적하라 그리하면 너희를 피하리라" (약 4:7)

빌립보서

PHILIPPIANS

빌립보서
1장

감옥에서 보낸 기쁨의 편지

그러면 무엇이냐 겉치레로 하나 참으로 하나 무슨 방도로 하든지 전파되는 것은 그리스도니 이로써 나는 기뻐하고 또한 기뻐하리라(1:18)

기쁨은 성령이 맺으시는 열매 가운데 하나이다(갈 5:22, 喜樂). 성도들은 믿음을 통해 자신이 처한 상황과 관계없이 기쁨을 맛볼 수 있다는 뜻인데, 실제로 바울과 실라는 빌립보 감옥에 갇혀서도 주님께 기쁨과 감사의 찬송을 드렸다(행 16:25).

지금 바울 사도는 로마 감옥에 갇혀있으며, 네로 황제의 반기독교 정책으로 인해 언제라도 사형이 집행될 수 있는 상황이다. 그런데도 그의 서신에는 기쁨이 넘쳐흐른다. 비록 자신은 갇혀있지만 그리스도의 복음은 결코 매이지 않았으며, 오히려 그의 매임으로 인해 그를 지키고 있는 시위대원들과 면회자들에게 복음이 전해지고 있었기 때문이다(13절). 바울의 관심은 언제나 복음 전파와(18절), 죽든지 살든지 그리스도가 존귀하게 되게 하는 것에 있었던 것이다.

> "~ 전과 같이 온전히 담대하여 살든지 죽든지 내 몸에서 그리스도가 존귀하게 되게 하려 하나니 이는 내게 사는 것이 그리스도니 죽는 것도 유익함이라" (20, 21절)

그가 기뻐할 수 있는 또 다른 이유는, 빌립보 교회 성도들이 믿음 위에 굳게 서서 복음을 위한 일에 참여하고 있으며(5절), 감옥에 갇혀 있는 자신을 염려하여 에바브로 디도를 보내고, 또 함께 기도하고 있음을 알았기 때문이다(7절).

한편 바울은 감옥에서 풀려나 성도들을 다시 볼 수 있기를 원했다. 물론 그는 셋째 하늘(낙원)에 이끌려갔던 사람으로서, 이 세상을 떠나 그리스도와 함께 있는 것이 더 낫다는 것을 잘 알았다(23절). 그러나 그는 그리스도 안에서 아비의 마음을 가졌기에 어린 자녀들 같은 성도들을 위로하고 믿음을 굳건히 해주고 싶었던 것이다(25, 26절).

살아가는 동안 우리도 바울처럼 복음으로 인해 고난에 처할 때가 많다. 그럴 때 우리는 복음에 합당하게 살아야 한다. 왜냐하면 성도들은 비록 지금 이 세상에 살고 있지만 하늘의 시민권을 가진 자들이기 때문이다(3:20). 하나님은 그러한 목적, 즉 한 뜻으로 믿음을 위하여 협력하고, 서로를 위해 기도하며, 두려워하지 않도록 우리에게 교회를 주셨다(27, 28절).

기쁨(희락)은 성령께서 영적 싸움을 위해 성도들에게 주시는 것이다. 그러기에 바울처럼 오직 주님만을 위해 살아갈 때 주님께서는 우리에게 성령 충만을 허락하시고, 그럴 때 우리는 고난 가운데서도 기뻐할 수 있다.

> "오히려 너희가 그리스도의 고난에 참예하는 것으로 즐거워하라 이는 그의 영광을 나타내실 때에 너희로 즐거워하고 기뻐하게 하려 함이라" (벧전 4:13)

빌립보서
2장

그리스도의 마음을 가지라

너희 안에 이 마음을 품으라 곧 그리스도 예수의 마음이니 그는 근본 하나님의 본체시나 하나님과 동등됨을 취할 것으로 여기지 아니하시고(2:5, 6)

인간은 혼자서는 살 수 없다. 그러기에 창조 후 하나님이 보시기에 모든 것이 좋았지만, 오직 한 가지 아담이 혼자 사는 것을 좋지 않게 여기셨고(창 2:18), 그래서 돕는 배필로 하와를 창조하셨다(창 2:20 이하).

여기서 아담은 예수 그리스도를 그리고 하와는 교회를 비유한 것인데, 홀로 서도 완전하신 하나님께서 그의 신부인 교회가 없이는 완전하지 않기로 결정하셨다는 뜻이다.
그러나 인간은 곧 타락하였으며, 그 결과 하나님에게서 끊어져 버렸다. 그리고 그렇게 하나님과의 관계가 끊어짐으로 모든 질서가 무너지고, 인간관계 또한 단절되고 말았다. 서로 한 몸을 이루어야 할 존재들이 이제 서로 다투며 죽이는 일이 벌어지기 시작한 것이다(가인과 아벨 사건).

하나님께서 이런 상황을 그대로 보고 계실 수 없어 회복하는 방법을 내셨으니, 그것이 곧 예수님의 십자가였다. 죄로 인해 이미 죽어버린 신부(교회)는 스스로 살아날 수 없기에, 죄 없으신 신랑 예수께서 죽으심으로 죄의 값을 치르시고, 또 부활하심으로 사망권세를 깨뜨리신 것이다(골 2:15). 그리고 주님이 부활하실 때 그분과 함께 성도들이 다시 살아났는데(union Christ), 모든 성도들(교회)은 그분의 지체이기 때문이다.

> "허물로 죽은 우리를 그리스도와 함께 살리셨고 또 함께 일으키사 그리스도 예수 안에서 함께 하늘에 앉히시니" (엡 2:5, 6)

그러므로 그분의 은혜로 구원받은 성도들은 당연히 그분의 마음을 가져야 하는데, 그 대표적인 것이 겸손이다(3절). 예수님께서 친히 그 본을 보이셨는데,

그분은 하나님의 본체시나 자기를 비워 종의 형체를 가지사 인간이 되셨으며, 십자가에 죽기까지 낮아지심으로 우리를 구원하셨던 것이다(6~11절).

그렇다. 세상의 모든 다툼은 자기를 드러내려는 이기적인 마음과 교만에서 생긴다(창 3:5, 하나님과 같이 되어~). 이와 반대로 나귀 새끼를 타고 예루살렘에 입성하시고, 최후의 만찬 석상에서 제자들의 발을 직접 닦아주신 예수님처럼 겸손하게 행할 때, 그곳에는 평안이 있게 된다.

그러나 이런 마음은 노력한다고 되는 것이 아니라 성령 받은 자들에게서만 나올 수 있다. 자신이 얼마나 큰 죄인이며 또 어떻게 그런 사망의 자리에서 구원받았는지를 아는 사람만이 진정으로 겸손해질 수 있는데, 오직 성령을 받은 자들만이 그런 자들인 것이다. 왜냐하면 하나님은 이렇게 성령을 받은 자들 안에 거하시며, 자기의 기쁘신 뜻을 친히 이루어가시기 때문이다.

> "너희 안에서 행하시는 이는 하나님이시니 자기의 기쁘신 뜻을 위하여 너희로 소원을 두고 행하게 하시나니" (13절)

한편 모든 참 그리스도인들은 창세전에 이미 택함을 받았으며, 하나님의 뜻은 반드시 이루어지기에 영적으로 그들은 이미 구원을 받았다.

그러나 성도들이 이 땅에 보내진 이유는, 구원의 삶을 실제로 살아냄으로써 다시는 죄를 짓지 않는 자가 되어지기 위함이다. 그러기에 오늘도 우리는 두렵고 떨림으로 구원을 이루어 나가야 한다. 그 삶은 곧 예수님처럼 자신보다 먼저 이웃을 생각하고, 남을 나보다 낫게 여기며, 그들을 위해 나를 희생하는 십자가의 삶을 사는 것이다.

> "아무 일에든지 다툼이나 허영으로 하지 말고 오직 겸손한 마음으로 각각 자기보다 남을 낫게 여기고 각각 자기 일을 돌아볼 뿐더러 또한 각각 다른 사람들의 일을 돌아보아 나의 기쁨을 충만케 하라" (3, 4절)

빌립보서
3장

푯대를 향하여 달려가라

그리스도 예수 안에서, 하나님께서 위로부터 부르신 그 부르심의 상을 받으려고, 목표를 향하여 달려가고 있습니다(3:14, 표준 새번역)

모든 일에 있어서 가장 중요한 것은 올바른 목표다. 만약 목표가 잘못되었다면, 거기에 쏟은 모든 노력이나 열심은 헛된 것이 될 것이기 때문이다.

그렇다면 그리스도인의 목표(goal)는 무엇인가? 바울은 하나님께서 위로부터 부르신 부름의 상 곧 구원을 위해 힘써야 한다고 말한다(14절).

유대인들은 할례나 정결의식 등 겉으로 드러나는 율법을 지키는데 열심이었다. 바울이 그 대표적인 사람이었는데, 그런 열심으로 그들은 많은 그리스도인들을 핍박하고 또 죽였다.

그러나 다메섹 도상에서 부활하신 예수님을 만난 후 바울은 그런 열심이 얼마나 허망한 것인지를 깨닫게 되었다. 그러기에 그는 율법을 지킴으로 스스로 구원을 얻어 보겠다는 율법주의자들(=인본주의자들)을 '그리스도의 십자가의 원수'라 부른다(18절). 그들은 하나님을 섬기는 척하며 오직 자신의 배를 채우는 자들로서 땅의 일만을 생각하는데, 그들은 끝내 멸망당하게 될 것이다(19절).

이와는 달리 그리스도인들은 하나님 나라의 시민권을 가진 자들로서 장차 새 하늘과 새 땅에서 그리스도와 함께 영원히 살 자들이다. 그러기에 당시 빌립보 시민들이 비록 이방 땅에 살고 있지만 로마 시민권을 가진 로마인답게 살았던 것처럼, 그리스도인들도 이 세상에 살고 있지만 '하나님 나라의 시민답게' 살아야 한다는 뜻이다.

이런 면에서 교회는 하늘 시민권자들로 구성된 이 세상에 있는 식민지이다.

즉 이들은 성령으로 봉사하며(예배하며), 자신이 아니라 그리스도 예수를 영화롭게 하며, 육체(flesh)가 아니라 하나님만을 신뢰하는 사람들이다(3절). 바울은 이들이야말로 진정한 할례파, 즉 자기를 부인하고 십자가만을 의지하는 사람들이라 부른다.

그렇다. 불신자들은 이 땅 위의 것들에 집착하며, 자기 뜻을 좇아 자기 힘으로 살아간다. 자신이 피조물임을 망각한 채 자신의 내재된 자원으로 자신의 뜻을 좇아 구원을 얻으려 하는 것이다. 그러나 이는 나무에서 잘려 나온 가지가 곧 말라 죽는 것처럼 곧 죽음(멸망)에 이르게 된다.

한편 부활하신 예수님을 만났던 바울은 육신의 죽음이 끝이 아니며, 죽음 후에 부활이 있음을 믿게 된다. 그러기에 그는 영원히 살기 위해서는 죄로 물든 자신의 옛사람이 먼저 죽어야 한다는 것을 깨닫고, 그동안 세상에서 유익하다고 생각했던 모든 것들을 배설물로 여기게 된다. 육신의 몸이 죽을 때 이 땅에 있는 것은 아무것도 가지고 갈 수 없으며, 오히려 그것들을 추구하는 것이 해(害)가 된다는 것을 깨닫게 된 것이다(8절).

그러기에 무릇 하늘의 시민권을 가진 자들인 성도들은 이전 것들을 잊어버리고, 부르심에 합당한 삶을 살아내는 데 열심을 다해야 한다. 그렇게 부르심의 상(賞)인 구원을 향해 두렵고 떨림으로 달려갈 때, 주님이 다시 오시는 그날 우리의 썩어질 몸이 하나님의 은혜로 예수님의 영광스런 몸과 같이 변하게 될 것이다. 할렐루야!

> "그는 만물을 자기에게 복종하게 하실 수 있는 자의 역사로 우리의 낮은 몸을 자기 영광의 몸의 형체와 같이 변하게 하시리라" (21절)

빌립보서
4장

주 안에서 항상 기뻐하라

주 안에서 항상 기뻐하라 내가 다시 말하노니 기뻐하라(4:4)

사도 바울은 지금 로마 감옥에 갇혀서 곧 사형당할 처지에 있다. 게다가 빌립보 교회는 외부로부터의 박해와 내분으로 위기에 처해있다. 그런데 그는 그 빌립보 성도들에게 '기뻐하라'고 강하게 권면하고 있다.

그들이 기뻐할 수 있는 근거는 먼저 '주 안에서'이다. 비록 상황이 어렵지만 그 모든 상황을 주관하고 계신 분이 주님이시기에, 성도들은 기뻐할 수 있는 것이다. 그분은 모든 것이 合力하여 우리를 위해 선(善, 구원)을 이루어가시는 분이시기 때문이다(롬 8:28).

성도들이 기뻐할 수 있는 또 다른 이유는, 주께서 가까이 계시기 때문이다(5절). 물론 주님은 지금 높은 하늘 보좌에 앉아계시며, 영(靈)이시기에 눈으로 볼 수는 없다. 그러나 그분은 지금 가까이 계시는 정도가 아니라 성령(=그리스도의 영)으로 우리 안에 거하고 계신다(고전 3:16, 성령이 너희 안에 계시는 것을 알지 못하느냐).

더 나아가 주님이 오실 날이 가까워졌다. 물론 언제 오실지 그 정확한 시간을 알 수는 없다. 그러나 주님은 '내가 진실로 속히 오리라'는 약속을 하셨으며(계 22:20), 또 우리 숨이 끊어지는 그 즉시 우리는 주님을 만나게 되기 때문이다.

그러기에 많은 환란 가운데 성도들은 아무것도 염려하지 말고 기도하며 간구함으로써 필요한 것을 하나님께 아뢰어야 한다(6절). 물론 하나님은 우리가 기도하지 않아도 우리의 필요를 이미 알고 계신다. 그러나 아버지 하나님께 아뢸 때 우리는, 지금 내가 하나님 뜻대로 구하고 있는지를 생각해 보게 되고, 하나님이 어떤 분인지를 생각할 때 감사하게 되며, 혹시 내가 원하는 대로 응답되지 않더라도 그것이 가장 좋은 응답임을 깨닫게 되기 때문이다.

사도 바울에게는 가시(사탄의 사자)라고 할 정도로 괴로웠던 질병이 있었다. 그래서 그 병을 낫게 해달라고 간절히 기도했지만, '내 은혜가 네게 족하도다'라는 주님의 말씀을 듣고는 더 이상 그것을 위해 기도하지 않았다(고후 12:7~9). 그 질병까지도 자신의 유익을 위해 허락하고 계심을 깨달았던 것이다.

그렇다. 우리가 염려하지 않고 감사함으로 아뢰면, 하나님은 상황이 아니라 우리 마음과 생각을 지켜주신다(7절). 그리고 그 결과 우리는 어떤 형편에서든지 자족(自足)할 수 있는 비결, 즉 비천에도 또 풍부에도 처할 줄 아는 능력을 갖게 된다. 그렇게 사도 바울도 죽음과 같은 환난을 넉넉히 감당할 수 있었으며(고후 4:11, 우리 살아있는 자가 항상 예수를 위하여 죽음에 넘겨짐은), 항상 기뻐할 수 있었던 것이다.

우리가 겪는 모든 환난은 주님께서도 받으신 것이다(히 2:18). 그리고 모든 믿음의 선진들 역시 받았는데, 그들은 이것들을 넉넉히 감당했다. 이런 환난들은 모든 상황을 주관하고 계신 주님이 성도들의 믿음의 성숙을 위해 허락하시는 것이며, 성도들은 이미 승리한 사람들이라는 것을 알았기 때문이다. 그 주님께서 지금도 살아계시며, 우리와 함께 계신다. 이 사실을 알기에 우리는 처해진 모든 상황 가운데 주님 안에서 기뻐할 수 있으며, 또 기뻐해야 한다.

> "믿음의 주요 또 온전하게 하시는 이인 예수를 바라보자 그는 그 앞에 있는 기쁨을 위하여 십자가를 참으사 부끄러움을 개의치 아니하시더니 하나님 보좌 우편에 앉으셨느니라" (히 12:2)

골로새서

COLOSSIANS

골로새서
1장

그리스도의 우월성

그는 ~ 하나님의 형상이시요 모든 피조물보다 먼저 나신 이시니 만물이 그에게서 창조되되 ~ 만물이 다 그로 말미암고 그를 위하여 창조되었고(1:15, 16)

골로새는 동서 교역의 중심지로서 온갖 철학이 난무했으며, 이단들이 자리잡기 좋은 곳이었다. 그러기에 이제 막 복음을 들은 그리스도인들은 이런 이단 사설(異端 邪說)에 넘어가기 쉬웠고, 실제로도 많은 문제가 발생했다. 이런 문제를 해결하기 위해 골로새 교회의 지도자였던 에바브라가 로마 감옥에 갇혀있는 바울을 방문했던 것이다.

가장 큰 문제는 할례와 정결의식을 강조하는 유대 율법주의와 거짓 교훈들 그리고 그리스도에 대한 잘못된 가르침이었다. 이에 사도 바울은 각각의 문제에 대해 공격하기보다는 복음 곧 그리스도 예수와 그분이 하신 사역을 선포한다. 한마디로 '그리스도로 충분하다'는 것인데, 그리스도는 하나님의 충만이시며, 온 우주만물의 창조주(the Creator)이시고, 우리를 죄와 사망에서 건지신 구속주이시기 때문이다(the Savior).

> "그는 몸인 교회의 머리시라 그가 근본이시요 죽은 자들 가운데서 먼저 나신 이시니 이는 친히 만물의 으뜸이 되려 하심이요" (18절)

죄의 근원은 피조물이 '하나님과 같이 되려는' 것이다(창 3:5). 그러기에 바울은 그리스도가 창조주이시며, 모든 만물이 그에게서 창조되었으며, 그를 위하여 창조되었음을 선포한다. 모든 피조물은 그분을 위해 창조되었기에 그분의 말씀을 듣고 순종해야 마땅한 것이다. 그런데 타락한 인간들은 마치 하나님이 존재하지 않거나, 존재하더라도 자신들을 위해 존재하시는 것으로 착각하고 있다.

그분은 또한 그의 몸인 교회를 구속(救贖)하신 구속주이시다. 모든 인간은 타락하고 죄를 범했기에, 하나님의 진노를 받아 멸망 받아야 마땅하다. 그런데 예수께서 십자가의 피로 성도들의 죗값을 치르시고, 그들을 구원하셨다. 그러기에 그의 몸 된 교회는 머리이신 그리스도의 말씀에 순종하는 것이 마땅하다(18절).

그러나 하나님의 목적은 성도들의 구원에만 있는 것이 아니라 그리스도로 만물의 으뜸이 되고, 그분 안에서 만물이 통일되게 하시는 것이다(엡 1:10). 그러기에 구원받은 성도들은 그리스도의 동역자로서 그 일에 함께 참여해야 한다.

그러나 그에 필요한 모든 것들은 오직 만물을 충만케 하실 수 있는 하나님으로부터 나와야 한다. 그러기에 바울은 온 교회를 위해 기도하는 것이다(9절). 먼저 바울은 신령한 지혜와 총명을 통해 하나님의 뜻을 알게 하시길 기도한다. 또 하나님께 합당하고 그분을 기쁘시게 할 수 있는 삶을 살도록 기도하는데, 그런 삶은 모든 선한 일에 열매를 맺고, 하나님을 아는 지식이 자라고, 오래 참고 견딜 수 있는 힘을 주시며, 빛의 나라에서 基業을 받게 해주신 하나님께 감사할 수 있는 삶을 말한다(9~12절).

그렇다. 모든 만물은 하나님께서 주시는 것으로 살며, 기동하며 존재한다(행 17:28). 그러나 타락으로 말미암아 인간은 마치 자기 힘으로 사는 것으로 착각하고 있으며, 이로 말미암아 모든 피조물들이 탄식하며 함께 고통을 겪고 있다(롬 8:22).

그러므로 성도들은 이 모든 것을 회복하고 또 십자가의 피로 하나님과 화평케 하신 그리스도를 믿고 감사하며, 그분이 가신 길을 걸어감으로써 이 땅에 주님의 뜻이 이루어지도록 최선을 다해야 한다.

> "나는 이제 너희를 위하여 받는 괴로움을 기뻐하고 그리스도의 남은 고난을 그의 몸된 교회를 위하여 내 육체에 채우노라" (24절)

골로새서
2장

그리스도 예수 안에서 사십시오

그러므로 여러분은 그리스도 예수를 주님으로 받아들였으니 계속 그분 안에서 사십시오. 그분 안에 뿌리를 박고 그분을 기초로 여러분의 인생을 건설하며 ~(2:6, 7, 현대인의 성경)

그리스도께서는 지금 하나님 우편에서 우리를 위해 중보하시며, 성령을 보내 우리를 하나님의 자녀로 지으시기 위해 애쓰고 계시다. 그러므로 우리는 어떤 상황 가운데서도 결코 좌절하거나 포기해서는 안 되며 또 포기할 수도 없는데, 주님께서 우리를 꽉 붙잡고 계시기 때문이다(롬 8:39).

바울 역시 감옥에 갇혀서도 골로새 및 라오디게아 등 다른 곳에 있는 성도들을 위해 애쓰고 있다. 비록 몸은 갇혀있지만 하나님께 기도하고, 또 편지를 쓰는 등의 방법을 통해 그들을 바로 세우려 노력하고 있는 것이다.

먼저 바울은 그들이 그리스도가 누구신지를 깨닫게 하려 한다. 그분은 하나님의 비밀이시며, 그분 안에는 지혜와 지식의 모든 보화가 감추어져 있기 때문이다. 그분 안에는 신성(神性)의 모든 충만이 육체로 거하시며, 그분은 모든 천사들의 머리이시다(10절, 통치자들과 권세의 머리). 당시에는 예수는 사람이기에 영적 존재인 천사들보다 못하다는 천사숭배 사상이 있었는데, 이를 정면으로 부인하고 있는 것이다(18절). 왜냐하면 예수님은 창조주이시고 천사들은 한갓 피조물에 지나지 않기에, 애당초 비교 대상이 될 수가 없기 때문이다.

> "통치자들과 권세들을 무력화하여 드러내어 구경거리로 삼으시고 십자가로 그들을 이기셨느니라" (15절)

또한 당시에는 할례와 더불어 음식 규례 그리고 각종 절기와 안식일을 지켜야 한다는 율법주의적 주장이 많았는데(11, 13, 16절), 이런 것들은 실체

(reality)이신 그리스도를 가리키는 그림자에 불과했음을 강조한다(17절). 이런 것들은 장차 오실 예수님을 설명했던 그림자로서, 실체이신 그리스도가 오신 후에는 마땅히 폐기되어야 한다는 뜻이다.

그러므로 만약 율법을 근거로 이런 것들을 지켜야 한다는 자들이 있다면, 그들은 그리스도가 아니라 사람의 전통과 세상의 초등학문을 따르는 자들이므로 마땅히 배격해야 한다. 이런 뜻에서 바울은 이런 것들을 붙잡거나 맛보거나 만지지도 말라고 강력히 권고하고 있는 것이다(21절).

율법의 요구는 그리스도 안에서 '이미 그리고 완전히' 이루어졌다(롬 8:3, 4). 예수님께서 성도들에게 불리한 채무 증서를 십자가에 못 박아 없애버리셨기 때문이다(14절). 그러므로 우리는 세상에 난무하는 철학과 헛된 속임수에 넘어가지 말고, 구원을 위한 유일한 계시인 성경을 통해 그리스도를 알고자 애쓰며, 그분 안에서 살도록 힘써야 한다.

> " ~ 확실한 이해의 모든 풍성함과 하나님의 비밀인 그리스도를 깨닫게 하려 함이니 그 안에는 지혜와 지식의 모든 보화가 감추어져 있느니라" (2, 3절)

골로새서
3장

무엇을 하든지 주 예수의 이름으로 하라

또 무엇을 하든지 말에나 일에나 다 주 예수의 이름으로 하고 그를 힘입어 하나님 아버지께 감사하라(3:17)

이름은 사람의 전 인격을 대표하기에 매우 중요하다. 그래서 구약 시대에는 하나님께서 어떤 중요한 경험이나 새로운 발전을 나타내기 위해 이름을 바꿔주기도 하셨다(아브람을 아브라함, 야곱을 이스라엘로).

성도들 또한 각자의 이름이 있기는 하지만 그리스도인(christian)이라는 이름으로 불리는 사람들이다. 그들은 주인이 자기 자신에서 그리스도(Christ)로 바뀌었으며, 그리스도 안에서 죽고 그와 함께 다시 살리심을 받았으며, 장차 그리스도께서 나타나실 때에 그와 함께 나타날 것이기 때문이다(1~4절).

한편 그리스도라는 이름은 곧 권위를 의미한다. 법안에 사인된 대통령의 이름은 곧 법이 되는 것과 마찬가지다. 그러기에 그리스도 예수라는 이름을 가진 성도들은 천지 만물의 주재이신 하나님께 직접 기도할 수 있다(요 14:13, 14). 예수 그리스도는 신이시며 우리를 위해 죽으셨기에, 그리스도인들은 그 이름의 권위를 갖게 되었기 때문이다.

그러나 예수라는 이름을 갖는 것은 특권임과 동시에 크나큰 책임이 따른다. 사람들이 우리를 통해 그리스도를 보게 되기 때문이다. 그러기에 우리는 위의 것을 생각하고 땅의 것을 생각하지 말아야 한다. 우리의 진짜 생명은 그리스도와 함께 위에 계신 하나님 안에 감추어져 있기 때문인데, 그리스도 안에 있는 생명은 그 누구도 빼앗아갈 수 없다는 뜻이다(롬 8:31~39).

이런 영적인 신분은 실제 삶으로도 나타나야 하는데, 그러기 위해서는 분함과 악의와 비방, 거짓말 등의 '옛 사람'과 그 행위를 벗어버려야 한다. 그리고 이제는 하나님 형상을 따라 참된 지식에 이르도록 새롭게 된 '새 사람(the new self)'을 입어야 하는데, 그런 사람에게서는 긍휼과 자비와 겸손과 온유와 오래 참음 그리고 사랑이 나오게 되어 있다(12~14절). 왜냐하면 그리스도는 모든 것 그 자체이며, 모든 것 안에 계시기 때문이다.

이런 그리스도의 성품은 성령의 열매이기도 하다(갈 5:22). 성령은 그리스도의 영으로서 지금 그리스도인 안에 거하시며, 그들로 하여금 그 뜻대로 행하게 하시기 때문이다(빌 2:13). 또 그리스도는 말씀으로 우리와 함께하시며, 우리를 인도하신다(요 1:1, 벧전 1:22~2:3). 그러기에 우리는 말씀이 우리 안에 풍성히 거하시도록 말씀을 읽고, 공부하며 기억하는 데 힘을 써야 한다. 우리 안에 말씀이 풍성히 거할 때, 그 말씀이 우리를 변화시키기 때문이다.

그리고 그런 새 사람으로서의 삶은 가정에서부터 시작해서 사회생활 전반에 나타나야 한다. 그러기 위해서 성도들은 항상 주 안에서 생각하고 행동하며, 누구에게든지 주님께 하듯 해야 한다.

> "무슨 일을 하든지 마음을 다하여 주께 하듯 하고 사람에게 하듯 하지 말라 이는 기업의 상을 주께 받을 줄 아나니 너희는 주 그리스도를 섬기느니라" (23, 24절)

골로새서
4장

계속해서 기도에 힘쓰라

기도를 계속하고 기도에 감사함으로 깨어 있으라(4:2)

은혜란 받을 자격이 없는 자들에게 무상으로 주어지는 것으로, 영원히 죽을 수밖에 없는 자들에게 부어진 복음의 다른 명칭이기도 하다. 그리고 은혜를 부어주시는 목적은 창세전에 택한 자기 백성들을 하나님의 자녀 즉 하나님과 이웃을 사랑하는 자들로 만드시기 위한 것이다. 또 모든 만물들 특히 성도들은 은혜 없이는 한 시도 살아갈 수 없다.

한편 은혜는 하나님께서 일방적으로 주시는 것이지만, 은혜를 받을 수 있는 통로가 있는데, 말씀과 기도와 성례전(=보이는 말씀, 세례와 성찬)이다. 그러므로 믿음을 지키고 자라게 하기 위해서 성도들은 위 세 가지를 항상 그리고 열심히 해야 한다.

오늘 본문에서 바울은 기도에 대해 강조한다. 기도는 아버지 하나님 앞에 나아가 그분의 뜻을 묻고, 그 뜻에 순종할 수 있는 은혜를 얻는 통로이기 때문이다.

> "그러므로 우리는 긍휼하심을 받고 때를 따라 돕는 은혜를 얻기 위하여 은혜의 보좌 앞에 담대히 나아갈 것이니라" (히 4:16)

기도할 때 우리는 정신을 차리고 또 감사하는 마음으로 해야 한다. 먼저 우리는 깨어있어야 한다. 믿음생활 자체가 영적인 싸움이기에, 깨어있지 않으면 사탄의 방해로 인해 올바른 기도를 할 수가 없기 때문이다(단 10:13). 또 항상 감사해야 하는데, 하나님 뜻대로 하는 모든 기도는 반드시 응답되며(요일 5:14), 혹시 거절되더라도 그 또한 기도에 대한 우리의 구원을 위한 응답이기 때문이다(고후 12:9, 육체의 가시).

더 나아가 우리 모두가 복음의 통로가 되어 그리스도의 비밀을 잘 선포할 수 있도록 기도해야 한다. 하나님께서 전도라는 미련한(?) 방법으로 복음이 전파되어 믿는 자들을 구원하시기를 기뻐하시고(고전 1:21), 그 일에 성도들이 쓰임 받도록 부르셨기 때문이다.

이를 위해 우리는 특히 언어생활에 주의해야 하는데, 말은 우리의 성품을 가장 먼저 그리고 가장 잘 드러내기 때문이다. 그러기에 바울은 말을 할 때 '주 예수의 이름으로' 하고, 항상 은혜 가운데서 소금으로 맛을 냄과 같이 하라 권한다(6절). 말은 마음속에 있는 것이 나오는 것이며(막 7:21), 또 상대에 따라 말하는 방법을 바꾸기가 쉽지 않다. 그러기에 우리는 항상 은혜 가운데 거하도록 해야 하며, 그럴 때 누구에게나 합당하게 대답할 수 있다(6절).

하나님의 일은 홀로 할 수도 없으며 또 홀로 해서도 안 된다. 우리는 그리스도의 몸으로 부름받은 지체들이기에, 각자 자기 자리에서 머리 되신 '주님의 뜻대로' 움직여야 하는 것이다. 그러기 위해서는 바울처럼 모든 교회(성도들)를 위해 항상 기도해야 한다. 기도를 통해 머리 되신 주님의 뜻을 알게 되고, 또 다른 지체들의 사정을 알고 그들을 위해 간구할 수 있게 되기 때문이다(3절, 1:3).

> "우리가 너희를 위하여 기도할 때마다 하나님께 감사하노라 ~ 또한 우리를 위하여 기도하되 하나님이 전도할 문을 우리에게 열어주사" (1:3, 4:3)

데살로니가전후서

1, 2 THESSALONIANS

데살로니가전서 1장

구원 = 변화된 삶

너희의 믿음의 역사와 사랑의 수고와 우리 주 예수 그리스도에 대한 소망의 인내를 우리 하나님 아버지 앞에서 끊임없이 기억함이니(1:3)

본 서신서는 바울이 가장 먼저 쓴 편지로 알려져 있다. 데살로니가 교회 성도들은 다른 초대 교회 성도들과 마찬가지로 유대인들과 로마로부터 많은 질투와 핍박을 받았다. 그리고 바울도 유대인들이 일으킨 소동으로 인해 베뢰아로 도피할 수밖에 없었다(행 17장).

한편 바울은 이들을 마치 친자녀처럼 대했으며(2:7, 11), 그들에게 경제적인 부담을 주지 않기 위해 스스로 밤낮으로 일하면서 복음을 전했다. 그리고 성도들 역시 바울 일행이 전한 말씀을 '하나님의 말씀'으로 듣고 받아들였다. 이후 아테네로 떠나면서 디모데와 실라로 하여금 데살로니가 교회를 돌보도록 했는데, 그들로부터 성도들이 많은 환난 가운데서도 굳건히 서 있다는 소식을 듣고 매우 기뻐한다. 그러기에 바울은 기쁜 마음으로 이 편지를 쓰고 있는 것이다.

바울은 기도하면서 그들의 믿음의 역사(役事, work)와 사랑의 수고와 주 예수 그리스도에 대한 소망의 인내를 기억한다. 그들이 복음으로 인해 변했기 때문이다(9, 10절). 만약 주님께 택함을 받았다고 하면서도 삶이 바뀌지 않는다면, 그 사람은 스스로 속고 있는 것이다.

그렇다. 믿음과 소망과 사랑은 믿음 생활의 핵심 가치이며, 구원받은 증거이기도 하다(고전 13:13). 먼저 믿음에는 반드시 행함이 따르게 되어있다(약 2:14~26). 그러기에 그들은 그동안 섬기던 우상들(자기 자신을 포함)을 버렸던 것이며, 우리 또한 버려야 한다.

사랑 역시 구원받은 증거이다. 하나님의 사랑은 성령으로 말미암아 구원받은 자들의 마음에 부어진 것이기 때문이다(롬 5:5). 그러기에 하나님은 우리에게 '서로 사랑하라' 말씀하신다. 우리는 무엇인가 얻어내기 위해서가 아니라 주님을 사랑하기에 그분을 섬기는데, 그것이 곧 사랑의 수고이다.

> "너희가 나를 사랑하면 나의 계명을 지키리라" (요 14:15)

예수 그리스도의 재림을 간절히 기다리는 소망(所望, hope) 역시 구원의 증거이다. 불신자들은 주님의 재림에 관심이 없는데, 그 결과 주님이 다시 오실 때 놀라게 되고, 영원한 멸망에 처해질 것이다.

우리는 우리의 공로나 일로 구원받은 것이 아니다. 그러나 올바른 믿음에는 반드시 우상으로부터 돌아서는 일이 있어야 한다. 또 사랑은 입으로 하는 것이 아니라 하나님을 섬기고 이웃을 사랑하는 수고가 따르게 되어있다. 그리고 재림을 소망하는 데는 '항상 깨어있어야 하는' 인내가 필요하다. 주님께서는 도둑같이 예상치 못할 때 오시기에 언제 오실지 정확한 시간을 알 수 없으며, 그래서 인내하며 기다려야 하는 것이다.

> "또 죽은 자들 가운데서 다시 살리신 그의 아들이 하늘로부터 강림하실 것을 너희가 어떻게 기다리는지를 말하니 이는 장래의 노하심에서 우리를 건지시는 예수시니라" (10절)

데살로니가전서 2장

오직 하나님을 기쁘시게 하려 함이라

오직 하나님께 옳게 여기심을 입어 복음을 위탁받았으니 우리가 이와 같이 말함은 ~ 오직 우리 마음을 감찰하시는 하나님을 기쁘시게 하려 함이라(2:4)

'Man on Fire'라는 영화가 있다. 납치된 한 여자아이를 구하기 위해, 주인공은 뻔히 죽임당할 것을 알면서도 그 아이와의 맞교환을 위해 자신을 기꺼이 갱단에게 넘긴다. 그렇게 할 수 있었던 것은, 그가 그 아이를 자기 생명보다 더 사랑했기 때문이다.

사도 바울의 마음이 그랬다. 그는 성도들에게 하나님의 복음을 전했을 뿐 아니라 필요하다면 목숨까지도 내어주려 했다(8절). 그만큼 성도들을 사랑했기 때문인데, 그는 예수의 십자가 사랑 곧 십자가에서의 죽으심을 통해 받은 구원이 얼마나 귀한 것인가를 알았고, 또 그 은혜가 너무나 감사했기 때문이다. 그리고 그 복음에 모든 죄인을 살리는 능력이 있음을 알았기에(롬 1:16), 목숨을 버려가면서까지 전하려 했던 것이다.

실제로 그는 살 소망까지 끊어질 정도의 고난과 능욕을 당하면서도 복음을 전했다(고후 1:8). 물론 농부에게 추수할 권리가 있는 것처럼 그도 사도로서 사례를 받으며, 일하지 않고 사역할 수도 있었다. 그러나 혹시라도 복음 전파에 방해가 될까 염려하여 스스로 밤낮으로 일하며 복음을 전했다(9절). 왜냐하면 그는 사람이 아니라 우리 마음을 감찰하시는 하나님을 기쁘시게 하고, 또 젖을 먹이는 어미의 마음으로 복음을 전했기 때문이다.

더 나아가 그는 성도들이 하나님을 기쁘게 할 수 있도록 아버지가 자녀에게 하듯이 권면하고 위로하고 경계했다(11절). 왜냐하면 하나님께서 성도들을 그의 나라와 영광에 이르게 하기 위해 부르셨기에, 친히 거룩하고 옳고 흠 없는 삶의 본을 보이며, 그들을 가르쳤던 것이다.

우리도 바울과 같은 누군가가 전해준 하나님의 복음을 듣고 믿음으로써 구원을 받았다. 그러므로 비록 멀리까지 가지는 못하고 또 때론 고난을 당한다 할지라도, 우리 입술과 삶을 통해 이웃들에게 복음을 전해야 한다. 그러나 이때 우리는 어떤 잘못이나 불순한 동기 혹은 속임수로 해서는 안 된다. 더 나아가 아첨하는 말이나 개인적인 탐욕을 위해서가 아니라 오직 복음을 위탁받은 자로서 하나님을 기쁘시게 하려는 마음으로 해야 한다.

모든 성도들은 조만간 새 하늘과 새 땅에서 반드시 만나게 되어 있으며, 그곳에서 영원히 함께 살게 된다. 그럴 때 그곳에서 내가 전한 복음을 믿고 구원받은 성도들을 만나게 된다면, 얼마나 기쁘겠는가? 그것이 우리 성도들이 궁극적으로 기대해야 할 소망과 기쁨 그리고 면류관이다.

> "우리의 소망이나 기쁨이나 자랑의 면류관이 무엇이냐 그가 강림하실 때 우리 주 예수 앞에 너희가 아니냐 너희는 진실로 우리의 영광이요 기쁨이니라" (19, 20절)

데살로니가전서
3장

주 안에 굳게 서라

그러므로 너희가 주 안에 굳게 선즉 우리가 이제는 살리라(3:8)

바울은 교회를 세운 후 마치 부모가 어린 자녀를 돌보듯 새 신자들을 돌보려 노력했다. 어머니가 자녀를 돌보듯 유순하게 대했으며, 아버지처럼 권면하고 위로하고 또 경계(警戒)하기도 했다. 왜냐하면 새 신자들은 어린아이들처럼 아직 영적으로 성숙하지 못하기 때문에, 그들의 성숙을 위해서는 무엇이 잘못되었는지를 가르쳐주고 고쳐줘야 할 필요도 있기 때문이다.

지금 바울은 유대인들의 소동을 피해 아테네에 쫓겨 와 있다. 그러나 그는 주님을 닮은 선한 목자이며 성도들을 사랑했기에, 마냥 손을 놓고 기다릴 수만은 없었다. 그래서 그들을 굳건히 세울 세 가지 방법을 강구했는데, 가장 먼저 복음 사역의 동역자인 디모데를 보냈다. 디모데는 바울이 아들이라고 부를 정도로 바울과 가까이 지냈으며, 동시에 문제 해결사 노릇을 잘 수행했다. 그는 독실한 신자였을 뿐 아니라 목회자로서의 자질을 갖추고 있었으며, 동역하기에 적합한 사람이었던 것이다. 그리고 그의 이런 성품은 환난 중에 있는 성도들을 위로하고 격려하기에 적합했던 것이다.

또 그는 직접 가지 못해서 편지를 보냈는데, 데살로니가에 보낸 두 편지는 영감 된 하나님의 말씀인 성경의 일부가 되었으며, 그들을 굳게 세우는 데 큰 역할을 했다. 이렇게 하나님 말씀은 성도들을 굳게 세우는 가장 좋은 방법 중의 하나이다. 그러기에 바울은 당시 성도들에게 '굳건하게 서서 말로나 우리 편지로 가르침을 받은 전통을 지키라' 권면했던 것이다(고후 2:15).

세 번째로 그는 그들을 위해 밤낮으로 전심을 다해 간절히 기도했다(10절). 말씀 사역과 기도는 함께 가야 한다. 그러기에 예수님께서도 사역 전후에 항상 기도하셨던 것이며, 하나님의 선지자들과 사도들도 마찬가지였다(행 6:4,

우리는 오로지 기도하는 일과 말씀 사역에 힘쓰리라).

바울은 어떤 기도를 했을까? 그는 그들의 믿음이 온전해지도록 기도했다(10절). 물론 우리 믿음이 완전에 이를 수는 없다. 그러나 항상 조정하고 자라날 필요가 있다. 우리는 믿음에서 믿음으로 나아가기 때문이다(롬 1:17). 믿음의 조상 아브라함이 그 좋은 예로, 하나님께서 여러 상황을 통해 믿음을 키워 가심으로써 마침내 오직 주님만을 믿고 의지하는 자로 자라게 하셨던 것이다.

또 그들의 사랑이 더욱 많아 넘칠 정도까지 되도록 기도했다(12절). 환난이 닥칠 때 어떤 사람들은 외부로부터 자신을 차단하고, 어떤 사람들은 하나님께 그리고 성도들에게 더 가까이 나아가는 기회로 삼는다. 바울은 이럴 때 더욱 사랑하는 자가 되도록 기도했는데, 이런 그의 기도에 대한 응답이 실제로 일어나 그들의 믿음이 더욱 자라고, 각기 서로 사랑함이 풍성해졌던 것이다(살후 1:3). 더 나아가 그리스도인들의 사랑은 성도들뿐 아니라 모든 사람들, 심지어 불신자들과 원수에게까지 넘쳐야 한다.

그는 또 성도들이 마음을 굳게 하여 거룩함에 흠이 없게 하시기를 기도했다(13절). 성도들의 궁극적인 목표는 거룩이기 때문이다(4:3, 하나님의 뜻은 이것이니 너희의 거룩함이라). 성령께서는 이 일을 위해 우리에게 오셨으며, 주님이 다시 오실 때 흠이 없는 자로 설 수 있도록 도와주신다.

누군가를 주님께 인도하는 일은 중요하다. 그러나 더 나아가 그들을 굳건히 세워야 한다. 그렇지 않으면 환난이 닥칠 때 넘어지기 쉽기 때문이다. 그러기에 우리는 그들을 위로하고 그들이 굳건히 설 수 있도록 도와야 하는데, 이를 위해 말씀을 나누고, 또 그들을 위해 전심으로 기도해야 한다.

> "하나님의 일꾼인 디모데를 보내노니 이는 너희를 굳건하게 하고 너희 믿음에 대하여 위로함으로 아무도 이 여러 환난 중에 흔들리지 않게 하려 함이라 우리가 이것을 위하여 세움 받은 줄을 너희가 친히 알리라" (2, 3절)

어떻게 하나님을 기쁘시게 할까

그러므로 형제들아 주 예수 안에서 권면하노니 너희가 마땅히 어떻게 행하며 하나님을 기쁘시게 할 수 있는지를 우리에게 배웠으니 ~ 더욱 많이 힘쓰라(4:1)

많은 사람들은 자신을 기쁘게 하려는 목적으로 세상을 살아간다. 이와 달리 그리스도인들은 하나님을 기쁘시게 하는 삶을 살아야 한다(고후 5:9). 예수님도 이 땅에서 오직 아버지 하나님이 기뻐하시는 일만 하셨다(요 8:29). 바울도 마찬가지였는데, 모든 일을 사람이 아니라 '하나님을 기쁘시게 하려고 한다' 고백했던 것이다(2:4, 갈 1:10).

하나님을 기쁘시게 하는 삶은, 먼저 거룩한 삶을 사는 것이다(3절, 하나님의 뜻은 이것이니 너희의 거룩함이라). 하나님께서 온 땅에 흩어지라 명하셨지만, 타락한 인간은 오히려 함께 모여 바벨탑을 쌓았다. 이는 오늘날의 급격한 도시화라 볼 수 있는데, 이로 인해 죄악이 더욱 횡행하고 흉포화되었다. 당시 대도시 중의 하나였던 데살로니가도 다르지 않았는데, 특히 심했던 것이 성적 음란이었다.

하나님께서는 성(性, sex)을 선물로 주셨다. 그러나 그것은 하나님께서 짝지어 주신 부부간에만 허락된 것이다. 음행을 범하지 않는 것은 마치 결혼 생활을 위한 담장과 같은 것으로, 부부 관계를 감옥이 아닌 안전하고 아름다운 정원으로 만들기 위한 것임을 알아야 한다. 더 나아가 음행은 곧 신랑이신 예수님을 버리고 우상을 섬기는 것을 상징하기에, 엄격히 금하신 것이다.

형제 사랑 또한 하나님을 기쁘시게 하는 일 중의 하나인데, 사랑은 곧 율법의 완성이기 때문이다(롬 13:10). 더 나아가 그리스도인들은 믿는 형제들뿐 아니라 불신자들에게도 좋은 영향을 미치고, 그리스도의 증인으로서의 삶을 살아야 한다. 이를 위해 각자 두신 자리에서 충성을 다하며, 이웃들에게 문제를 일으키지 않고, 오히려 그들을 도우며 살도록 해야 한다.

한편 이들은 주님의 재림을 간절히 기다리는 가운데, 먼저 세상을 떠난 성도들은 어떻게 되는지에 대해 의문이 있었다. 이에 대해 바울은 주님이 오실 때에는 죽은 자들이 먼저 부활하고, 그때까지 살아있는 자들과 함께 주님을 맞이하게 될 것이라 말한다(16, 17절). 즉 성도들은 하늘로부터 다시 오시는 주님을 영접하여, 그분과 함께 영원히 살게 될 것이다.

한편 어떤 종말론자들이나 이단들이 주장하는 휴거(携擧, 끌어올려지다)라는 단어나, 재림 때 성도들이 하늘로 들려 올려져 환난을 피하게 될 것이라는 약속은, 성경 어디에도 없다(계 13:10). 그러나 주님께서는 언제나 성도들과 함께 계시기에, 우리는 모든 환난을 넉넉히 이기게 된다(요 16:33).

> "하나님이 우리를 부르심은 ~ 거룩하게 하심이니 그러므로 저버리는 자는 사람을 저버림이 아니요 너희에게 그의 성령을 주신 하나님을 저버림이니라" (7, 8절)

데살로니가전서
5장

오직 깨어 정신을 차릴지라

다른 이들과 같이 자지 말고 오직 깨어 정신을 차릴지라 우리는 낮에 속하였으니 정신을 차리고 믿음과 사랑의 호심경을 붙이고 구원의 소망의 투구를 쓰자 (5:6, 8)

사람들은 주님이 언제 오실지(예수님의 재림)에 관심이 많다. 불신자들은 그날이 이르기 전에 실컷 즐기길 원하고, 신자들은 자신의 부끄러운 모습을 들키지 않길 원하기 때문일 것이다.

그러나 문제는 주님이 언제 오실지 아무도 모르며, 마치 도적처럼, 마치 여자에게 해산의 고통이 이름같이 오신다는 것이다. 이 말은 곧 언제든지 그리고 아무도 예측하지 못하는 때에 갑자기 오신다는 뜻이다.

그렇다면 우리는 어떻게 해야 하는가?
먼저 항상 깨어있어야 한다. 물론 우리는 빛의 아들(낮의 자녀)이며, 빛 되신 주님이 우리와 함께 계시기에 영원히 잠들 수는 없다. 그러나 사탄은 도적처럼 그리고 사자처럼 항상 우리를 넘어뜨리려 빈틈을 노린다(벧전 5:8). 그러기에 우리는 언제나 믿음과 사랑의 호심경을 붙이고, 구원의 소망의 투구를 쓰고 깨어있어야 한다(엡 6:13~15, 전신갑주).

둘째로 세상이라는 술에 취하지 말아야 한다(7절). 성도는 하나님 나라 백성들이기에, 비록 이 세상에 살고 있지만 세상의 삶의 방식(요일 2:16, 육신의 정욕, 안목의 정욕, 이생의 자랑)이나 세상의 사조를 따라가지 말라는 뜻이다. 세상 사람들은 오순절 때 성령 충만을 받은 성도들을 '새 술에 취했다'고 조롱했다(행 2:13). 지금도 참된 성도들은 세상으로부터 이런 평가를 받아야 한다.

셋째로 피차 권면하고 서로 덕을 세우기를 힘써야 한다(11절). 우리는 그리스도의 몸인 교회의 지체로 구원을 받은 것이다. 그러기에 나 혼자 잘하는 것으로 끝나는 것이 아니라 형제가 올바른 믿음생활을 할 수 있도록 서로 권면하고 도와야 한다. 교회는 유기체이기에, 형제의 영적 건강이 내 건강을 좌우하기 때문이다.

그리고 어떤 상황에 처하더라도 아무것도 염려할 필요가 없다. 우리를 부르신 분은 전지전능하시고 미쁘시며(faithful), 계획하거나 약속하신 것을 반드시 이루시는 분이시기 때문이다(24절).

결론적으로 우리는 항상 기뻐할 수 있다. 성도들에게는 핍박과 환난 등 모든 것이 합력하여 선을 이루기 때문이다(롬 8:28). 그리고 쉬지 말고 기도해야 한다. 기도를 통해서 우리는 주님이 우리를 사랑하고 계심을 확인할 수 있기 때문이다. 나아가 모든 일에 감사해야 한다. 우리의 승리 곧 구원은 우리가 애써서 쟁취하는 것이 아니라 창세전에 이미 확정된 것이기 때문이다. 할렐루야!

> "항상 기뻐하라 쉬지 말고 기도하라 범사에 감사하라 이것이 그리스도 예수 안에서 너희를 향하신 하나님의 뜻이니라" (16~18절)

데살로니가후서
1장

환난, 하나님의 공의로운 심판의 표

이는 하나님의 공의로운 심판의 표요 너희로 하여금 하나님의 나라에 합당한 자로 여김을 받게 하려 함이니 그 나라를 위하여 너희가 또한 고난을 받느니라(1:5)

사도 바울은 첫 편지에서 다루었던 문제를 다시 한번 다룬다. 그 문제는 예수님의 재림, 영적 성장 그리고 게으른 자들에 대한 것인데, 아직도 성도들이 이 문제들에 대해 확신을 갖고 있지 못했기 때문이다.

물론 믿음은 은혜로 단번에 주어지는 것이기는 하다(엡 2:8). 그러나 믿음은 계속 자라가야 하는데, 하룻밤에 갑자기 자랄 수 있는 것이 아니다. 그러기에 우리는 말씀이라는 양식을 꾸준히 먹어야 하며(벧전 2:2), 젖을 떼고 단단한 음식도 먹을 수 있는 데까지 자라나야 한다(히 5:12).

먼저 바울은 성도들이 당하고 있는 박해와 환난은 하나님의 공의로운 심판의 증거이며, 성도들로 하여금 하나님 나라에 합당한 자로 여김을 받게 하기 위해 꼭 필요한 것이라 말한다. 100% 순금이 되기 위해서는 뜨거운 용광로를 통과해야 하듯이, 하나님 나라에 들어가기 위해서는 반드시 고난을 통과해야 한다는 것이다(5절).

뿐만 아니라 '장차 하나님께서는 지금 성도들에게 환난을 가하고 있는 자들에게는 환난으로 갚으시고, 환난을 당하고 있는 성도들에게는 안식으로 갚아 주신다' 말한다. 왜냐하면 하나님은 언제나 모든 상황을 바라보고 계시며, 장차 공의로 판단하실 것이기 때문이다.

그렇다. 하나님을 모르는 자들과 복음에 복종하지 않는 자들은 이미 심판을 받았다. 왜냐하면 하나님의 독생자의 이름을 믿지 않기 때문이다(요 3:18). 더 나아가 그들은 장차 무서운 형벌을 받게 되는데, 그 형벌이란 생명이며 만복의 근원이신 하나님에게서 떨어져 영원히 고통을 당하게 됨을 말한다. 그러므로 성도들은 믿음으로 인해 박해와 환난이 닥칠 때 낙심하거나 좌절하지 말고, 죄인인 나를 하나님 나라에 합당한 자로 여겨주심을 감사하며, 믿음으로 인내해 나가야 한다. 오래 참음은 성령의 열매 중 하나인데, 고난을 통하지 않고는 그런 열매를 맺을 수 없기 때문이다.

> "~ 우리가 환난 중에도 즐거워하나니 환난은 인내를, 인내는 연단을, 연단은 소망을 이루는 줄 앎이라" (롬 5:3, 4)

동시에 서로를 위해 기도하되, 하나님께서 모든 선한 목적과 믿음의 일을 그분의 능력으로 이루어주시길 기도해야 한다. 그렇게 할 때 하나님과 우리 주님의 은혜로 우리 주 예수의 이름이 우리 안에서 영광을 받으시고, 우리 또한 그분 안에서 영광을 받게 될 것이다(12절).

> "우리 하나님과 주 예수 그리스도의 은혜대로 우리 주 예수의 이름이 너희 가운데서 영광을 받으시고 너희도 그 안에서 영광을 받게 하려 함이라" (1:12)

데살로니가후서
2장

굳건하게 서라(Stand firm)

그러므로 형제들아 굳건하게 서서 말로나 우리의 편지로 가르침을 받은 전통을 지키라(2:15)

사탄은 천지창조 이전부터 활동하고 있었으며, 인류의 타락 이후에도 계속해서 하나님의 선하신 목적하에 활동하고 있다. 그러나 그의 머리는 이미 하나님의 언약대로 예수님의 십자가에서 박살이 났다. 더 나아가 그는 지금 쇠사슬에 묶여 있기 때문에(계 20:2), 자기 마음대로 활동할 수도 없다(7절).

그럼에도 불구하고 사탄(대적하는 자)은 지금도 온갖 가짜 기적과 표적 그리고 기사(奇事)를 통해 불신자들과 그리고 할 수만 있다면 택함 받은 백성들까지도 미혹하려 한다(9절, 막 13:22). 심지어 이들은 불이 하늘로부터 땅에 내려오게 하는 기적까지 행할 수 있다. 그러므로 성도들은 눈에 보이는 기적을 좇지 말아야 한다. 믿음은 보이는 어떤 것이 아니라, 보이지 않는 약속을 믿는 것이기 때문이다(히 11:1, 믿음은 ~ 보이지 않는 것들의 증거니).

데살로니가 성도들은 핍박과 박해가 계속되고, 거짓 선지자들이 나타나 바울의 이름을 팔면서 '주님이 이미 오셨다'는 말을 하자 흔들리게 되고, 심지어 아무 일도 하지 않고 무위도식하는 자들까지 나타나게 된다(3:11). 이에 바울은 다시 한번 가르침을 반복한다.

그들처럼 지금 우리도 말세(末世, 예수님의 초림과 재림 사이)를 살고 있다. 그리고 주님은 아무도 예기치 못한 때에 다시 오실 것이다. 그러기에 우리는 재림의 시기에 관심을 가질 것이 아니라, 항상 깨어있어야 한다(눅 12:37).

한편 주님이 다시 오실 때까지 불법의 사람(멸망의 아들)이 활동할 것인데, 그와 그를 따르는 세력의 특징은 스스로 자기를 높이며 스스로를 하나님이라 부른다는 것이다(4절). 이는 문명의 급속한 발달로 인해 마치 인간이 모든 것을 다 할 수 있을 것처럼 생각하고 스스로 하나님이 된 것 같은 착각에 빠져있는 요즘 상황과 너무나 유사하다. 그러나 그런 자들은 주 예수께서 나타나실 때에 영원히 멸망당할 것이다(계 20:10, ~ 마귀가 불과 유황 못에 던져지니).

주님은 '반드시 그리고 속히' 다시 오실 것이다. 지금까지 하나님의 모든 약속이 이루어진 것처럼, '내가 진실로 속히 오리라'(계 22:20)라는 주님의 약속도 이루어질 것이기 때문이다.

그러나 예수님은 이미 성령(그리스도의 영)으로 오셔서 지금도 우리와 함께 계시다(임마누엘 = 하나님이 우리와 함께 계시다). 그러므로 우리는 재림의 시기에 관심을 갖지 말고, 항상 하나님의 계시인 성경을 통해 하나님의 뜻을 분별하고, 그 뜻에 순종하는 삶을 살아야 한다. 그렇게 에녹처럼 하나님과 동행하는 성도들은 이 세상에서도 천국을 맛볼 수 있으며, 이제 곧 주님을 얼굴과 얼굴로 마주 보게 될 것이다.

> "우리 주 예수 그리스도와 ~ 하나님 우리 아버지께서 너희 마음을 위로하시고 모든 선한 일과 말에 굳건하게 하시기를 원하노라"(16, 17절)

데살로니가후서
3장

주의 말씀이 속히 퍼져나가기를

주님의 말씀이 여러 분 가운데서와 같이 급속히 퍼져나가 사람들이 경건하게 받아들일 수 있도록 기도해 주십시오(3:1, 현대인의 성경)

세상만사를 주관하시는 분은 하나님이시다. 우리 인생 또한 예외가 아니어서 우리 발걸음 하나하나를 인도하시는 분도 하나님이시다. 그러기에 우리는 항상 주님께 기도해야 한다.

한편 주님께서 주관하신다는 뜻은 우리를 마치 로보트처럼 기계적으로 움직이게 하신다는 뜻이 아니다. 제한된 자유 의지를 허락하시되, 비록 실패한 것으로 보이는 일들까지도 사용하셔서 우리를 반드시 구원해 내신다는 뜻이다(롬 8:28, 부르심을 입은 자들에게는 모든 것이 합력하여 선을 이루느니라).

그러므로 우리는 모든 것을 주님이 주관하신다는 사실을 믿고 한 걸음 한 걸음 나아가야 한다. 결과는 주님께서 책임지실 것이기 때문이다(눅 19장 므나의 비유).

바울의 삶은 전적으로 복음(주의 말씀)을 전하는 일에 쓰였다. 자신이 그 복음으로 구원받았기에 그 기쁜 소식을 형제들에게 전하고 싶었던 것이다. 그러기에 그의 마지막 기도 요청 또한 주의 말씀이 속히 퍼져 나가고, 또 영광스럽게 되는 것이었다(1절). 그리고 그 일이 방해받지 않기를 위해 기도해달라고 요청한다. 왜냐하면 믿음은 모든 사람의 것이 아니며, 믿지 않는 자들은 수단과 방법을 가리지 않고 전도자를 핍박하고 방해하기 때문이다(2절).

그러나 이런 수많은 방해에도 불구하고 바울은 전혀 낙심하거나 복음 전도를 쉬지 않았다. 주님은 신실하시기 때문에 모든 믿는 자를 구원하실 것이며, 그 때까지 전도자들을 지켜주실 것을 믿었기 때문이다(3절).

끝으로 바울은 다시 한번 게으른 자들에 대해 경고를 전한다. 당시 주님이 이미 재림하셨다거나 곧 오시리라는 잘못된 교훈을 듣고, 아무것도 하지 않으며 믿음의 형제들에게 폐만 끼치는 자들이 있었기 때문이다.

물론 우리는 주님이 언제라도 오실 수 있다는 사실을 믿고 항상 깨어있어야 한다. 그러나 깨어있다는 뜻은 종교적인 일에만 몰두하라는 의미가 아니라, 세상에 묶이지 말라는 뜻이다. 그러므로 깨어있는 사람은 오히려 세상에서 자기가 맡은 일에 더 충실해야 한다. 각 사람이 있는 자리는 성도들의 훈련을 위해 하나님께서 두신 자리이며, 하나님은 게으른 자들이 아니라 충성된 자를 찾으시기 때문이다(충성은 성령의 열매 중 하나, 고전 4:2, 맡은 자들에게 찾을 것은 충성이니라).

전도의 주관자도 하나님이시다. 그러나 주님은 택함 받은 백성들의 유익을 위해 전도의 미련한 것을 통해 믿는 자들을 구원하신다. 그러므로 주님의 말씀을 통해 구원받은 우리도 그 말씀을 전하는 데 열심을 내야 한다. 그럴 때 주님께서 그런 우리에게 하나님의 사랑을 부어주시고, 인내할 수 있는 힘을 주실 것이다.

> "주께서 너희 마음을 인도하여 하나님의 사랑과 그리스도의 인내에 들어가게 하시기를 원하노라" (5절)

디모데전후서

1, 2 TIMOTHY

디모데전서
1장

성도, 죄인 중에 괴수들

미쁘다 모든 사람이 받을 만한 이 말이여 그리스도 예수께서 죄인을 구원하시려고 세상에 임하셨다 하였도다 죄인 중에 내가 괴수니라(1:15)

사도 바울은 자신이 '죄인 중에 괴수'라 고백한다. 물론 그는 유대인들이 스데반 집사를 돌로 쳐 죽일 때 현장에 책임자로 있었던 자였다. 그러나 그 사건 하나를 빼고는 스스로 '율법의 의로는 흠이 없는 자'라 할 정도로 율법을 열심히 지킨 사람이었다(빌 3:6).

그런데 그런 그가 무슨 큰 죄를 또 다시 지었기에 스스로를 죄인 중에 괴수라 부르는 것일까? 빛이요 거룩 그 자체이신 예수 그리스도를 알면 알수록 자신이 얼마나 큰 죄인인지 더욱더 깨닫게 되기 때문이다. 이전에는 자신이 빛이며 의로운 자인 줄 알았는데, 알고 보니 자신은 빛을 알지도 못했으며, 더 나아가 참 빛(예수)을 꺼버린 어둠이었던 것이다(요 1:5, 빛이 어둠에 비치되 어둠이 깨닫지 못하더라).

오늘날도 회심하기 전의 바울처럼 율법이나 양심에 근거한 올바른 행위로 의롭다 함을 받으려는 자들이 많다. 물론 율법은 적법하게만 쓰면, 즉 율법을 통해 '스스로는 율법을 완전히 지킬 수 없는 자임을 깨닫고 예수 그리스도를 믿으면', 율법은 선한 것이다.

그러나 율법을 지키려는 자들은 끊임없이 자신의 의로운(?) 행위를 다른 사람과 비교한다. 그 결과 자신보다 더 의로워 보이는 자들을 시기 질투하며, 자신보다 부족해 보이는 자들을 멸시하고 정죄한다. 그런데 그렇게 남들 위에 군림하고자 하는 그 자체가 죄(罪)다. 약간의 정도의 차이만 있을 뿐 모든 인간이 죄인인데, 누가 누구를 정죄할 수 있단 말인가?

한편 우리는 한 사람도 빠짐없이 모두 죄인 중에 괴수들이다. 그런데 그런 우리를 살리기 위해 우리 대신 예수님께서 죄인 중에 괴수가 되셔서 십자가에 달려 돌아가셨다(15절). 그러니 어찌 그 은혜에 감사하지 않을 수 있겠으며, 그분을 사랑하지 않을 수 있겠는가?

주님은 사람의 겉으로 드러난 행위가 아니라 믿음을 보시며, 알지 못하고 행한 것에 대해서는 책임을 묻지 않으신다. 그러기에 인자(人子)를 거역하는 자는 용서받을 수 있지만, 성령을 거역하는 자는 용서받지 못한다(마 12:32). 왜냐하면 성령은 우리에게 죄와 의와 심판에 대하여 알려주시기 위해 오신 분이기 때문이다.

이제 우리는 죄인인 우리가 어떻게 구원받게 되었는지를 알게 되었다. 그리고 택함 받은 우리 모두에게는 주의 은혜와 그리스도 예수 안에 있는 믿음과 사랑이 풍성히 부어졌다. 바울은 죄인 중에 괴수인 자기를 구원하신 것은 믿는 자들에게 그리스도의 오래 참으심을 보이시기 위한 것이라 말한다(16절).

그리스도 예수는 죄인들, 즉 '자신이 죄인임을 인정하는 죄인들'을 구원하기 위해 이 세상에 오셨다. 그러므로 바울이 모든 삶을 그리스도 예수를 전하는 데 쓴 것처럼, 우리 성도들 또한 자신의 삶의 전부를 그분을 알리고 나타내는 데 써야 한다.

> "그러므로 형제들아 내가 하나님의 모든 자비하심으로 너희를 권하노니 너희 몸을 하나님이 기뻐하시는 거룩한 산 제물로 드리라 이는 너희가 드릴 영적 예배니라" (롬 12:1)

디모데전서 2장

모든 사람을 위해 기도하라

그러므로 내가 첫째로 권하노니 모든 사람을 위하여 간구와 기도와 도고와 감사를 하되(2:1)

디모데에게 에베소 교회의 지도자로서 '선한 싸움을 싸우라'고 권면한 바울은 이를 위해 먼저 하나님께 기도하라고 말한다. 온 세상의 주관자는 하나님이시기 때문이다.

특히 공적 예배 중 드리는 기도에 대해 가르치고 있는데, 교회는 본질적으로 예배하며 기도하는 공동체이기 때문이다. 물론 전도도 중요하다. 그러나 첫째 계명인 하나님 사랑의 기본인 온전한 예배(기도)가 드려졌을 때, 비로소 이웃 사랑인 전도가 이루어질 수 있는 것이다.

간구와 기도 그리고 도고는 거의 동의어로서 그 뜻을 명확히 구분하기가 어렵다. 굳이 구분하자면 간구(懇求)는 특정한 필요를 아뢰는 것, 기도는 하나님과 함께 교통하며 기원하는 모든 행위를 그리고 도고(禱告)는 다른 사람을 위해 기도한다는 뜻으로 볼 수 있다. 그러나 기도하는 내용 또는 그에 대한 응답여부에 관계없이 '미리 하는 감사'야말로 기도의 절정이다. 하나님께 대한 진정한 믿음 없이는 진정한 감사가 나올 수 없기 때문이다(살전 5:18, 범사에 감사하라).

한편 기도에 있어 중요한 것은 '모든 사람을 위하여' 해야 한다는 것이다. 왜냐하면 하나님도 한 분이시며 중보자도 예수님 한 분이신데, 하나님께서는 모든 사람이 구원을 받으며 진리를 아는 데 이르기를 원하시기 때문이다.

그렇다. 우리는 흔히 가깝게 지내거나 아는 사람 그리고 마음에 드는 사람을 위해서만 기도하는 경우가 많다. 그러나 하나님께서는 모든 사람 특히 임금들과 높은 지위에 있는 사람을 위해 기도하라 권하신다. 왜냐하면 이들이 잘 다스려야 성도들이 평화로운 가운데 경건하고 거룩한 생활을 할 수 있기 때문이다(2절). 바울이 이 서신을 쓸 때의 로마 황제가 그리스도인을 심하게 핍박했던 네로였다는 사실은 오늘날 우리에게 시사하는 바가 크다.

한편 창조 질서와 인류 최초의 범죄를 예로 들며 여자들이 공적 예배 시 취해야 할 태도와 복장에 대해 언급하고 있다(13, 14절). 여자는 소박함과 정절 그리고 선행으로 단장하고, 일체 순종함으로 조용히 배우라는 것이다. 이는 당시 에베소 교회에만 적용되는 내용일 수도 있다. 그러나 성경에서 많은 경우 남자는 예수 그리스도를 그리고 여자는 성도를 의미한다고 볼 때(엡 5:32), 성도들이 하나님 말씀에 조용히 순종해야 함을 말하는 것으로 볼 수 있다. 성도들은 자기 부인(否認)과 및 십자가라는 해산의 고통과 같은 과정을 통과해야만 비로소 구원을 얻을 수 있기 때문이다.

> "여자들이 만일 정숙함으로써 믿음과 사랑과 거룩함에 거하면 그의 해산함으로 구원을 얻으리라" (15절)

디모데전서
3장

교회, 하나님의 집이며 진리의 기둥과 터

~ 교회는 살아계신 하나님의 집이며 진리의 기둥과 터입니다(3:15, 현대인의 성경)

교회(ecclesia)는 하나님의 집(household)이다. 하나님을 아버지로 둔 한 가족인 것이다. 그러므로 그곳에는 사랑이 넘쳐야 하며, 무엇보다 질서가 있어야 한다. 그러기에 사도 바울은 교회의 직분에 대해 가르치고 있다.

여기서 감독(overseer)이란 장로(elders)와 같은 의미인데, 이에 대한 10가지 자격이 열거되고 있다.

먼저 장로는 한 아내에게 신실해야 한다. 십계명의 첫 계명이 '나 외에는 다른 신을 네게 두지 말라'라는 말씀인 것에서 알 수 있듯이, 간음과 음행이야말로 가장 큰 죄악이기 때문이다. 또 장로는 돈을 사랑하지 말아야 하는데, 돈을 사랑하는 것은 일만 악의 뿌리이며, 또 다른 우상(Mammon)을 사랑하는 것이기 때문이다.

더 나아가 장로는 자기 집을 잘 다스려야 한다. 가정은 가장 작은 교회이고 모든 사회의 기초이기 때문이며, 또 자신의 가족을 잘 다스릴 수 있는 사람만이 하나님의 가족인 교회를 잘 다스릴 수 있기 때문이다(5절). 한국 목회자의 경우 교회에 대해 너무 책임감이 앞서기에 가정생활을 등한히 하는 경우가 많은데, 이는 잘못된 것이다.

또 교회 안에서뿐 아니라 대외적으로도 선한 증거를 얻은 자라야 하는데, 장로는 교회의 대표이기 때문이다. 한편 마귀는 교회를 무너뜨리기 위해 장로를 비롯한 교회의 리더들을 끊임없이 공격하기에(7절), 성도들은 이들을 위해 계속 기도해야 한다.

집사(deacon)는 실제적인 행정과 사역을 전문으로 하는 자로 볼 수 있는데(행 6장), 가르치는 일도 담당한 것으로 보아 감독(장로)의 사역을 돕는 자로 이해할 수 있다. 이들의 자격 또한 장로와 대동소이하며, 성령의 열매인 절제가 중요하다. 또한 시험을 거쳐 책망할 것이 없어야 하는데, 품성, 믿음, 은사 등을 면밀히 살핀 후 집사의 직분을 맡겨야 한다.

한편 베드로는 예수님을 '우리 영혼의 목자와 감독'이라 불렀으며, 예수님은 당신 자신을 '섬기는 자(집사, 눅 22:27 나는 섬기는 자로 너희 중에 있느니라)'라 말씀하셨다. 이런 면에서 장로와 집사는 무엇보다 먼저 예수 그리스도를 본받아야 하며, 그러기 위해서는 성령을 받은 자여야 함을 알 수 있다.

교회는 그리스도의 몸이며 하나님의 가족이기에, 그곳에는 언제나 사랑이 넘쳐야 한다. 또 교회는 진리의 기둥과 터인데(15절), 진리이신 예수 그리스도의 터 위에 세워진 집이며 유기체이기 때문이다. 그러므로 성도들은 마땅히 삶과 입술을 통해 진리이신 그리스도를 증거해야 한다. 그리고 그런 우리의 모습은 교회 안팎에서 섬기는 삶으로 나타나야 한다.

> "인자가 온 것은 섬김을 받으려 함이 아니라 도리어 섬기려 하고 자기 목숨을 많은 사람의 대속물로 주려 함이니라" (막 10:45)

디모데전서
4장

네 자신을 연단하라

망령되고 허탄한 신화를 버리고 경건에 이르도록 네 자신을 연단하라 ~ 경건은 범사에 유익하니 금생과 내생에 약속이 있느니라(4:7, 8)

디모데는 사도 바울이 복음으로 낳은 아들이다. 그러나 그는 교회의 리더가 되기에는 외적으로 부족한 점이 많았다. 육체적으로 연약하고 성격적으로는 소심했으며, 출신적으로도 헬라인 아버지와 유대인 어머니를 두었으며, 나이 또한 많지 않았기 때문이다(12절, 약 30세).

그럼에도 불구하고 바울은 그를 에베소 교회의 목회자로 세웠다. 그는 올바른 믿음을 가지고 있었으며(딤후 1:5), 교회의 장로들에게 인정을 받은 자였기 때문이다(14절). 또 우리의 약함을 통해 하나님의 능력이 드러나기 때문이기도 하다. 그리고 우리 중 그 누구도 완전한 자는 없기에 우리 역시 계속해서 자신을 연단해 나가야 한다.

뛰어난 운동선수들이나 연주자들은 모든 것을 스스로 자제하며, 보통 사람들이 상상할 수 없을 정도로 열심히 훈련한다(육체의 연단). 이럴진대 하물며 모든 것에 유익하며 금생(今生)과 내생(來生, the life to come)에 약속이 있는 경건을 위한 훈련을 어떻게 하지 않을 수 있겠는가?

그렇다. 하나님은 사람의 손으로 만든 우상처럼 죽은 자가 아니시며, 지금도 살아계셔서 우리 인생과 역사를 주관하고 계시다. 그리고 그분의 영인 성령을 우리에게 보내셔서 우리의 거룩과 믿음의 성숙을 돕고 계시다.

그러므로 우리는 주님 안에서 말과 행실, 사랑과 믿음 그리고 정절(정결)에 있어서 서로에게 본이 되도록 해야 한다. 비록 리더의 자리에 있지 않더라도 모든 성도들은 그리스도의 몸인 교회의 지체이며, 모두 왕 같은 제사장들이기 때문이다(벧전 2:9).

특히 종말이 가까워질수록 거짓 선지자들이 많이 나타날 텐데(2절), 이들은 주로 교회 안에서 활동한다. 왜냐하면 교회 밖 곧 세상은 이미 그들이 다스리고 있기 때문이다. 그리고 이들은 광명한 천사의 모습과 의(義)의 일꾼의 모습으로 나타나기에, 우리는 더욱더 깨어있어야 한다(고후 11:14).

> "사랑하는 자들아 영을 다 믿지 말고 오직 영들이 하나님께 속하였나 분별하라 많은 거짓 선지자가 세상에 나왔음이라" (요일 4:1)

그러므로 성도들은 거짓과 진리를 분별하기 위해 말씀을 읽고 기도하는 일에 전력을 다해야 한다. 우리는 주님의 은혜 없이는 사탄과의 싸움에서 이길 수 없기 때문인데, 은혜는 오직 하나님 말씀과 기도 그리고 성례전(세례와 성찬식 = 보이는 말씀)을 통해서만 주어지기 때문이다.

> "이 모든 일에 전심전력하여 너의 성숙함을 모든 사람에게 나타나게 하라 네가 네 자신과 가르침을 살펴 이 일을 계속하라 이것을 행함으로 네 자신과 네게 듣는 자를 구원하리라" (15, 16절)

디모데전서 5장

성도를 대하는 태도

하나님과 그리스도 예수와 택하심을 받은 천사들 앞에서 내가 엄히 명하노니 너는 편견이 없이 이것들을 지켜 아무 일도 불공평하게 하지 말며(5:21)

교회는 이 땅에 있는 천국의 모형이며, 하나님의 집(가족, household)이다. 그러기에 아버지 하나님을 중심으로 여러 남녀노소로 구성되어 있다. 그러므로 나이 드신 어른들을 아버지와 어머니에게 하듯 대하고, 젊은 청년들에게는 형제나 자매처럼 대해야 한다.

> "이르시되 누가 내 어머니이며 내 동생들이냐 하시고, 누구든지 하늘에 계신 내 아버지의 뜻대로 하는 자가 내 형제요 자매요 어머니이니라 하시더라" (마 12:48, 50)

한편 성경에서는 약한 자의 대표로 과부와 고아 그리고 나그네를 꼽고 있다. 왜냐하면, 당시 이들은 사실상 경제 활동을 할 수가 없어 생존이 위협받았기 때문이다. 이 중에서 과부에 대해 말씀하고 있는데, 교회에 의지하기 전에 먼저 과부의 가족들이 도와야 한다고 강하게 명한다. 가족은 이웃 사랑을 실천해야 하는 일차적 대상이기 때문이다(십계명 제5계명).

> "누구든지 자기 친족 특히 자기 가족을 돌보지 아니하면 믿음을 배반한 자요 불신자보다 더 악한 자니라" (8절)

부득이 교회에서 도와야 할 경우에는 성도들에게 본이 될 만한 사람만 명부에 올리도록 했는데, 교회는 단순한 구제기관이 아니며, 영적 유익을 고려해야 하기 때문이다.

나아가 장로들의 보수와 징계 그리고 안수 문제를 거론한다. 장로들은 교회를 다스리는 사람들로서, 그들의 주요 사역은 설교와 가르침이었다. 그러기에 그들에게는 영예와 합당한 사례(謝禮)가 주어지는 것이 마땅하다. 이와 관련하여 그는 '곡식을 떠는 소에게 망을 씌우지 말라'는 말씀(신 25:4)과 '일꾼이 그 삯을 받는 것이 마땅하다'는 주님의 말씀을 인용하고 있다(눅 10:7).

더 나아가 장로들에 대한 송사는 반드시 두 세 사람의 증인이 있어야 했는데, 사탄은 지도자들에 대한 공격을 통해 교회를 흔들기 때문이다. 물론 범죄가 드러나면 마땅히 처벌해야 하지만, 회중 앞에서의 책망은 신중을 기해야 한다. 또 혹시 새로운 리더를 세울 때도 편견 없이 공평하게 평가한 후 신중하게 안수해야 한다. 신중해야 하는 이유는 사람들의 죄와 선행 그리고 그 사람의 됨됨이는 시간이 지나면 자연히 드러나게 마련이기 때문이다(24, 25절).

> "잘 다스리는 장로들은 배나 존경할 자로 알되 말씀과 가르침에 수고하는 이들에게는 더욱 그리할 것이니라" (17절)

디모데전서
6장

너 하나님의 사람아!

너 하나님의 사람아 ~ 믿음의 선한 싸움을 싸우라 영생을 취하라 이를 위하여 네가 부르심을 받았고 많은 증인 앞에서 선한 증언을 하였도다(6:11, 12)

사도 바울은 영적 아들 디모데(=모든 성도들)에게 피해야 할 것과 싸워야 할 것 그리고 취할 것을 부탁한다.

먼저 피해야 할 것은 '경건(종교 생활)을 이익의 방도(方道)로 생각하는 것'이다. 이스라엘의 대제사장을 예로 들 것도 없이, 유사 이래 많은 사람들이 종교라는 이름으로 자신들의 이익을 챙겼다. 그러기에 역사학자들은 종교인들이 많이 늘어나는 현상을 각 시대 종말의 증거로 삼는다. 세상이 어렵고 힘들어지면 사람들은 종교를 더 찾게 되고, 그러면 경건을 이익의 수단으로 삼는 자들이 무섭게 늘어난다는 것이다.

기독교 초기에도 돈을 벌기 위한 목적으로 활동하는 거짓 선지자들이 많았고, 사람은 그런 유혹에 빠지기 쉽기에 사도 바울은 '이것들을 피하라' 명령하고 있는 것이다. 돈은 세상의 모든 힘의 상징인데, 모든 것을 돈으로 평가하고 해결하려는 요즘은 더 말할 것도 없다.

> "돈을 사랑함이 일만 악의 뿌리가 되나니 이것을 탐내는 자들은 미혹을 받아 믿음에서 떠나 많은 근심으로써 자기를 찔렀도다" (10절)

우리는 왜 교회에 출석하며, 왜 예수 이름을 부르는가? 혹시 세상적인 부(富)를 추구하기 위한 목적은 아닌가? 그렇다면 그 끝은 파멸과 멸망이다(9절). 그러므로 하나님의 사람들인 성도들은 가진 것으로 만족해야 한다(6절; 自足하는 마음이 있으면 경건은 큰 이익이 되느니라). 왜냐하면 우리 아버지이신 하나님께서는 우리가 이 세상에서 하나님의 자녀로 훈련받기 위해 필요한 모든 것들을 아시고, 지금도 공급해 주고 계시기 때문이다.

> "공중의 새를 보라 심지도 않고 거두지도 않고 창고에 모아들이지도 아니하되 너희 하늘 아버지께서 기르시나니 너희는 이것들보다 귀하지 아니하냐" (마 6:26)

물론 성도들은 각자 주님이 두신 곳에서 주어진 일에 최선을 다해야 한다. 그리고 그럴 때 때론 하나님께서 세상적인 것들을 많이 이루게도 하신다. 그러나 세상적인 부(힘)를 쌓는 것 자체가 목적이 되어서는 안 된다는 것이다. 그렇게 하면 그 끝은 파멸과 멸망이기 때문이다.

그렇다. 성도들은 창세전에 택함을 받고, 하나님의 십자가 사랑을 배우기 위해 잠시 이 세상에 보냄을 받은 자들이다. 그러기에 우리는 정함이 없는 재물이 아니라, 모든 것을 후하게 주시는 하나님께 소망을 둬야 한다(17절).

나아가 하나님의 사람으로서 선을 행하고 선한 사업을 많이 하고, 하나님의 청지기로서 우리에게 맡기신 것들을 이웃에게 나누어 주는 삶을 살아야 한다. 콩 심은 데 콩이 나듯이 하나님의 자녀인 성도들에게서는 이런 열매가 '자연스럽게' 열리게 되어 있다. 왜냐하면 주님께서 성령을 보내 우리로 하여금 그 일을 할 수 있도록 우리 안에 소원을 두고 행하게 하시기 때문이다. 할렐루야!

> "너희 안에서 행하시는 이는 하나님이시니 자기의 기쁘신 뜻을 위하여 너희에게 소원을 두고 행하게 하시나니" (빌 2:13)

디모데후서
1장

나처럼 복음을 위해 고난을 받으라

그러므로 너는 우리 주님을 증거하는 일과 내가 주님을 위해 갇힌 것을 부끄러워하지 말고 오히려 하나님의 능력으로 나처럼 복음을 위해 고난을 받으라(1:8)

사도 바울은 지금 로마 감옥에 갇혀 있다. 그러나 그는 갇힌 것을 조금도 부끄러워하지 않았으며, 오히려 그가 갇힘으로 인해 복음이 널리 퍼지게 된 것을 기뻐하고 있다(빌 1:12 이하).

더 나아가 자기 아들과 같은 디모데에게 '나처럼 복음 전파를 위해 고난을 받으라' 권면하고 있다. 왜냐하면 우리가 하나님의 자녀로 그리고 전도자로 부름을 받은 것은 하나님께서 자기 뜻과 은혜대로 하신 것이기 때문이다.

> "내가 또 이 고난을 받되 부끄러워하지 아니함은 내가 믿는 자를 내가 알고 또한 내가 의탁한 것을 그날까지 그가 능히 지키실 것을 확신함이라" (12절)

그분께서 맡기셨기에 그분이 친히 은혜와 능력을 주시며, 끝까지 그 일을 할 수 있도록 지켜주실 것을 알았으며, 또 굳게 믿고 있는 것이다.

그렇다. 복음을 믿고 또 전하는 데는 고난이 있을 수밖에 없다. 우리가 거룩한 성도가 되어 복음을 전하기 위해서는 먼저 고난을 통해 우리 죄가 낱낱이 드러나고, 예수의 피로 깨끗이 씻겨야 하기 때문이다. 심지어 복음(말씀) 그 자체이신 예수님도 이 땅에서 인간이 겪을 수 있는 모든 고난을 당하셨으며, 또 모든 사람에게 버림을 받고 십자가에 달려 돌아가셨다. 그리고 예수님께 사도로 부름받았던 바울 또한 온갖 환란과 핍박을 받는 가운데 복음을 전했지만 모두가 그의 곁을 떠나버리고, 그의 마지막 순간을 지켜본 사람은 누가 한 사람뿐이었던 것이다.

그러나 주님께서는 우리를 홀로 두지 않으시며, 오늘도 성령을 보내사 두려워하지 않고 담대할 수 있는 능력과 희생할 수 있는 사랑 그리고 세상 욕심에 끌리지 않는 영적 절제력을 주신다. 이렇게 모든 것은 우리 안에 계신 주님께서 친히 행하시는 것이기에 우리는 실패해도 낙심하지 않을 수 있으며, 성공해도 교만해지지 않을 수 있는 것이다.

더 나아가 우리는 부활하신 예수님을 통해 그분이 사망을 폐하시고 생명을 주시는 분이시며, 썩지 아니함을 주시는 분이심을 알게 되었다(10절). 하나님의 은혜로 인간이 가장 두려워하는 죽음을 이긴 성도들에게 두려울 것이 무엇이 있겠는가?

그러므로 성도로 부름받은 우리는 바울처럼 담대히 복음을 전하는 삶을 살아야 하며, 그런 가운데 받는 고난을 부끄러워하지 말아야 한다. 복음을 위하여 받는 그 고난은 오히려 우리의 영광의 표시가 될 것이며, 마지막 날에 상(賞, 구원)을 받게 될 것이기 때문이다.

> "또 누구든지 제자의 이름으로 이 작은 자 중 하나에게 냉수 한 그릇이라도 주는 자는 내가 진실로 너희에게 이르노니 그 사람이 결단코 상을 잃지 아니하리라 하시니라" (마 10:42)

디모데후서
2장

예수 안에 있는 은혜로 굳세어지라

그러므로 나의 아들이여, 그리스도 예수 안에 있는 은혜로 굳세어지십시오(2:1, 표준새번역)

믿음 생활이란 영적인 싸움이며, 성도는 그리스도 예수의 병사이다. 그런데 이 싸움은 눈에 보이지 않는 존재와의 싸움이기에 육체로 싸울 수 없으며, 그래서 하나님의 전신갑주를 입어야 한다(엡 6:13절 이하). 그리고 이 싸움에서의 승리는 반드시 세상적인 승리로 나타나는 것도 아니다. 최후의 승리는 구원 곧 영생이기 때문이다.

그런데 이 싸움은 결코 쉽지 않으며, 반드시 고난을 통과해야 한다. 그러기에 바울은 계속해서 '고난을 받으라' 말하고 있는 것이다(1:8, 3절). 일부러 고난을 받으라는 뜻이 아니라 고난을 받을 때 이상하게 생각하지 말고, 예수 안에 있는 은혜로 이겨 나가라는 뜻이다.

> "사랑하는 자들아 너희를 연단하려고 오는 불 시험을 이상한 일 당하는 것같이 이상히 여기지 말고" (벧전 4:12)

그러나 그 고난의 싸움 뒤에는 반드시 구원과 영광이라는 상급이 있다. 병사가 세상적인 일을 잊고 열심히 싸우는 것은 모집한 자를 기쁘게 하려는 것이며, 운동선수가 자신을 쳐가며 훈련하고 경기에 임하는 것은 챔피언이 되기 위한 것이고, 또 농부가 땀 흘려 일하는 이유는 풍성한 수확을 거두기 위함이다. 이렇게 세상적인 노력과 분투에도 대가가 있는데, 어찌 영적인 싸움에 상급이 없겠는가?

> "그러므로 내가 택함 받은 자들을 위하여 모든 것을 참음은 그들도 그리스도 예수 안에 있는 구원을 영원한 영광과 함께 받게 하려 함이라" (10절)

사람들은 사소한 것들이나 겉으로 드러난 것들을 가지고 서로 비교하며 다투곤 한다. 교회도 마찬가지인데, 이런 일로 인해 분란이 생기는 경우가 많다. 그러나 큰 집에 귀하게 쓰이거나 천하게 쓰이는 그릇이 모두 있는 것처럼, 교회에도 연약한 자들도 또 강한 자들도 있다. 이처럼 성도들은 주님께서 구원을 위해 정하신 각자의 길을 가고 있는 것이기에 서로 비교할 필요가 없으며, 다만 온갖 불의로부터 자신을 깨끗하게 하는 일이 필요할 뿐이다(21절).

한편 성도들은 이미 예수의 십자가 보혈로 깨끗게 되었기에 또다시 깨끗게 할 필요가 없다. 그러나 우리는 이 사실을 기억하고 감사해야 하며, 또 거룩하고 주인이 쓰시기에 합당하며 모든 선한 일에 쓰일 수 있도록 준비되기 위해 계속해서 죄와 싸워야 한다.

나아가 복음은 '미련해 보이는 전도'를 통해 전해지는 것이기에, 우리의 입술과 삶을 통해 다른 사람에게 복음을 전하고 가르쳐야 한다.

> "그대가 많은 증인 앞에서 나에게서 들은 것을 믿음직한 사람들에게 전하십시오. 그러면 그들이 다른 사람들을 또한 가르칠 수 있을 것입니다." (2절, 표준새번역)

디모데후서 3장

성경, 믿음을 통해 구원에 이르는 지혜

성경은 능히 너로 하여금 그리스도 예수 안에 있는 믿음으로 말미암아 구원에 이르는 지혜가 있게 하느니라(3:15)

종말이 가까워지면 질수록 세상은 점점 더 혼란스러워지고, 죄와 악은 점점 강해질 것이다. 왜냐하면 사탄은 자신의 마지막이 가까워진 것을 알고 더욱 발악할 것이기 때문이다.

한편 율법의 완성은 하나님 사랑과 이웃 사랑이다. 이런 면에서 모든 악과 고통의 근원은 '자기 사랑'이라 할 수 있다.

> "너는 이것을 알라 말세에 고통하는 때가 이르러 사람들이 자기를 사랑하며 돈을 사랑하며 자랑하며 ~" (1, 2절)

인간은 애당초 하나님 절대의존적인 존재로 창조되었다. 하나님 안에 있을 때, 부족함이 없이 만족한 상태로 지낼 수 있다는 뜻이다. 그런데 하나님 말씀을 어기고 선악과를 먹음으로 인해 하나님으로부터 분리되었으며, 혼자 힘으로 살 수밖에 없는 존재가 되었다. 그러기에 하나님이 아닌 다른 것으로 만족을 얻으려 하니 다른 사람을 비방하고 착취하며, 다른 존재를 파괴하는 악이 지속될 수밖에 없는 것이다.

결국 이런 자기 사랑은 개인주의, 권위의 무시, 몰인정한 죄악, 패역한 성질의 발동으로 나타나게 되었으며, 심지어 종교까지도 이익 추구의 수단이 되고 말았다.

> "~ 쾌락을 사랑하기를 하나님 사랑하는 것보다 더하며 경건의 모양은 있으나 경건의 능력은 부인하니" (4, 5절)

그러기에 사도 바울은 우리에게 '이런 자들과 그들의 행위로부터 돌아서라' 고 명령하고 있다. 왜냐하면 성도들은 아직 죄에 익숙한 육신을 입고 있기에, 언제든지 이런 악에 물들 수 있기 때문이다.

> "너희는 이 세대를 본받지 말고 오직 마음을 새롭게 함으로 변화를 받아 하나님의 선하시고 기뻐하시고 온전하신 뜻이 무엇인지 분별하도록 하라" (롬 12:2)

물론 이러한 구별된 삶을 사는 것은 결코 만만치 않다. 그러기에 바울은 '무릇 그리스도 예수 안에서 경건하게 살고자 하는 사람은 박해를 받으리라(12절)' 말하며, 자신이 당한 고난을 예로 들고 있다(11절). 주님께서는 우리가 환난이나 박해를 당하지 않도록 지켜주시는 것이 아니라 환난 속에서도 넉넉히 인내할 수 있는 믿음과 은혜를 주시기 때문이다.

그러기에 우리는 성경을 통해 믿음의 선조들이 어떻게 믿음으로 승리했는지를 배워야 한다. 성경은 우리에게 그리스도 예수 안에 있는 믿음으로 구원에 이르는 지혜를 주기 때문이다.

그러므로 우리는 매일 성경을 묵상함으로써 진리를 배우고, 책망을 통해 허물을 깨닫고 반성하며 고쳐나가야 하며, 의롭게 되도록 훈련을 받아야 한다. 그럴 때 성경의 저자인 성령께서 친히 우리를 하나님 나라에 합당한 자로 만들어 가실 것이다.

> "모든 성경은 하나님의 감동으로 된 것으로 교훈과 책망과 바르게 함과 의로 교육하기에 유익하니 이는 하나님의 사람으로 온전하게 하며 모든 선한 일을 행할 능력을 갖추게 하려 함이라" (16, 17절)

디모데후서 4장

바울의 유언 '너는 말씀을 전파하라'

하나님 앞과 살아 있는 자와 죽은 자를 심판하실 그리스도 예수 앞에서 그가 나타나실 것과 그의 나라를 두고 엄히 명하노니 너는 말씀을 전파하라(4:1, 2)

사도 바울의 인생은 싸움의 연속이었다. 자신의 이익을 위해서가 아니라 그를 부르신 예수님을 위한 사탄 세력과의 싸움, 말씀을 전하기 위한 싸움이었던 것이다. 그리고 그동안 그는 온갖 환난과 핍박을 다 받았으며, 살 소망이 끊어진 적이 얼마나 많았는지 모른다(고후 1:8).

그러나 이 세상 어느 누구도, 특히 부르심을 받은 성도들은 각자에게 주어진 사명을 마치기 전에는 절대로 죽을 수 없다. 우리가 살아서 주님을 도와드린다는 뜻이 아니라 각자가 이 땅에서 겪고 통과해야 할 성화의 과정이 있기 때문이다.

한편 두 번째로 로마 감옥에 갇힌 바울은 그의 마지막이 가까이 왔음을 알았다(6절, 나의 떠날 시각이 가까웠도다). 그러기에 사랑하는 아들 디모데에게 유언을 하고 있다.
그의 유언은 '때를 얻든지 못 얻든지 항상 말씀을 전하는 일에 힘쓰라'는 것이었다. 그는 다메섹 도상에서 말씀 자체이신 부활하신 예수님을 직접 만났다. 그리고 그 말씀에 이끌려 다니며, 그 말씀이 어떻게 수많은 사람들을 변화시키고 생명으로 이끄는지를 직접 경험했기 때문이다. 더 나아가 그는 그의 육신의 죽음이 끝이 아니요 또 다른 새로운 삶이 있음을 알았기 때문이다.

> "나는 선한 싸움을 싸우고 나의 달려갈 길을 마치고 믿음을 지켰으니 이제 후로는 나를 위하여 의의 면류관이 예비되었으므로" (7, 8절)

우리 성도들 또한 누군가가 전해준 말씀(복음)을 들음으로 예수 그리스도를 믿고 구원을 받게 된 사람들이다. 믿음은 그리스도의 말씀을 들음에서 생기는 것이기 때문이다(롬 10:17). 그러기에 우리 또한 바울처럼 말씀을 전하는 통로가 되어야 한다.

물론 사도 바울처럼 외국으로 나가 전하는 방법도 있을 것이다. 그러나 모든 사람이 선교사의 사명을 받은 것은 아니다. 어쩌면 우리에게 주어진 가장 중요한 선교지는 가정인지도 모른다. 왜냐하면 믿지 않는 가족은 원수나 마찬가지이기 때문이다(마 10:36, 사람의 원수가 자기 식구리라). 그러므로 우리는 원수를 사랑하라는 주님의 명령대로 이들을 예수님께 인도하기 위해 최선을 다해야 한다.

한편 전도란 단순히 입으로 설득하는 것이 아니라 삶의 향기로 전해져야 한다. 말은 금방 사라지지만 향기는 마음속에 오래 남아있기 때문이다.

> "항상 우리를 그리스도 안에서 이기게 하시고 우리로 말미암아 각처에서 그리스도를 아는 냄새를 나타내시는 하나님께 감사하노라" (고후 2:14)

한편 내 안에 계신 그리스도의 향기가 나타나기 위해서는 내가 깨어져야 한다. 곧 자기 부인(self denial)과 자기 십자가라는 열매가 삶속에 나타나야 사람들은 비로소 예수라는 생명의 향기를 맡게 된다는 것이다.

물론 이 일은 결코 쉬운 일은 아니다. 그러나 이 일을 위해 하나님께서는 우리에게 성령을 보내주셨다. 그러기에 진짜 성도에게는 성령이 내주하셔서 힘주시며, 끝까지 지켜주신다. 그리고 가지가 아닌 포도나무가 스스로 열매를 맺듯이(요 15:5), 성령께서 친히 전도의 열매를 맺어가실 것이다. 할렐루야!

> "주께서 내 곁에 서서 나에게 힘을 주심은 나로 말미암아 선포된 말씀이 온전히 전파되어 모든 이방인이 듣게 하려 하심이니 ~ 주께서 나를 모든 악한 일에서 건져내시고 또 그의 천국에 들어가도록 구원하시리니 그에게 영광이 세세무궁토록 있을지어다 아멘" (17, 18절)

디도서

TITUS

디도서 1장

영생(永生, eternal life)의 소망

영생의 소망을 위함이라 이 영생은 거짓이 없으신 하나님이 영원 전부터 약속하신 것인데(1:2)

바울(성도의 대표)은 '나는 택함 받은 성도들의 믿음과 경건에 이르는 진리의 지식을 위해 하나님의 종과 사도로 부름받았다'고 자신을 소개한다. 또한 그 믿음과 지식은 거짓이 없으신 하나님께서 창세전에 약속하시고 정하신 때에 전도를 통해 알려주신 영생의 소망에 근거한 것이라 말한다.

한편 이 세상에서의 성도들의 삶은 각기 다르지만, 일반적으로 불신자들의 인생보다는 더 힘든 것이 사실이다. 왜냐하면 예수님께서 '성도들은 이 세상에서 환난을 당할 것'이라 선언하셨으며(요 16:33), 하나님께서 성도들을 연단하실 목적으로 잠시 동안 사탄의 손에 넘기셨는데, 자신의 마지막이 가까운 것을 아는 사탄은 성도들을 여러 가지 방법으로 핍박하기 때문이다.

그러나 이런 환난에도 불구하고 성도들이 믿음을 잃지 않을 수 있는 이유는 반드시 영생이 주어질 것을 믿기 때문이다. 성도들은 장차 주님과 함께 누릴 영원한 복락(영생)에 비하면 이 땅에서 겪는 고난이 잠깐임을 아는 것이다(고후 4:18, 보이는 것은 잠깐이요 보이지 않는 것은 영원함이라).

이와는 달리 불신자들은 보이는 이 세상에만 관심을 두고, 세상의 것을 모아들이는 데 혈안이 되어 있다. 그러나 재물로 대표되는 그것들이 그들의 영생을 보장하지 못하기에(눅 12:20), 그들은 장차 영원한 고통에 처해지게 된다.

> "몸은 죽여도 영혼은 능히 죽이지 못하는 자들을 두려워하지 말고 오직 몸과 영혼을 능히 지옥에 멸하실 수 있는 이를 두려워하라" (마 10:28)

그러므로 성도들은 이 세상의 풍속을 따르지 말고 거룩한 삶을 살아야 한다.

특히 성도들을 잘 가르치고 이끌어야 할 지도자들(장로, 감독 등)은 모든 면에서 성도들의 본이 되어야 한다. 먼저 장로들(영적인 지도자들)은 거룩한 가정을 이루어야 하며, 무엇보다도 하나님의 청지기로서 주인이신 하나님의 뜻을 이루는 통로로서의 사명을 잘 감당해야 한다.

특히 중요한 것은 올바른 교리를 지키고 가르치며, 잘못된 교리를 전하는 자들을 책망하고 그들의 입을 막는 것이다(9절). 왜냐하면 거짓 선생들은 더러운 이익을 취하려고 마땅하지 않은 것들을 가르치는데, 이런 가르침을 따르게 되면 가정과 교회가 무너지기 때문이다. 한편 이런 거짓 선생들은 초대 교회 때부터도 있었는데, 주님의 재림이 가까운 요즘은 자신들의 멸망이 임박한 줄 알기에 더욱 발악을 하고 있다.

또 거짓 선생들은 더러운 이득을 탐하기 때문에 사람을 기쁘게 하려 한다. 그래서 바른 교훈을 전하기보다는 사람들이 듣고 싶어 하는 말을 한다. 그러나 그리스도의 몸인 교회의 지도자들은, 사람이 아니라 하나님을 기쁘시게 해야 한다(살전 2:4). 그리고 그러기 위해 바른 교훈(복음)으로 권면하고, 말씀을 거역하고 잘못된 길로 가는 자들은 책망해야 한다. 왜냐하면 책망받는 자들이 당장은 힘들어할 수 있으나, 참된 사랑은 그들이 영생을 얻을 수 있도록 돕는 것이기 때문이다.

> "내가 하나님의 아들의 이름을 믿는 너희에게 이것을 쓰는 것은 너희로 하여금 너희에게 영생이 있음을 알게 하려 함이라" (요일 5:13)

예수 그리스도, 구원을 주시는 하나님의 은혜

모든 사람에게 구원을 주시는 하나님의 은혜가 나타나 우리를 양육하시되 ~ 이 세상 정욕을 다 버리고 신중함과 의로움과 경건함으로 이 세상에 살고 ~(2:11, 12)

이 세상에 있는 모든 것들은 하나님께서 성도들을 하나님의 자녀로 훈련시키기 위해 허락하신 것들이다. 교회 또한 마찬가지인데, 교회는 하나님을 아버지로 모시는 또 다른 가정으로서, 그곳에는 남녀노소가 모두 있어야 하며, 서로에게 선한 영향을 주어야 한다. 이런 의미에서 특정한 나이 또는 자격(?)을 갖춘 자들만의 교회는 참된 교회라 부를 수 없다.

먼저 나이든 성도들은 교회나 가정에서 본을 보여야 한다. 바른 복음에 입각한 바른 행함은 말보다 영향력이 훨씬 크기 때문이다. 특히 모든 성도들에게 요구되는 것은 신중함(근신, self - controlled)인데, 이는 영적으로 깨어있어 사상과 감정의 조절이 잘 되는 있는 상태를 말한다(節制).

나아가 모든 성도들은 가정에 충실해야 한다. 가정은 또 다른 교회이며, 교회는 또 다른 가정이기 때문이다. 그러기에 만약 가정을 등한히 하면서 종교적인 일에만 몰두하는 것은 잘못된 것이며(5절, 집안 일을 하며), 이는 하나님의 말씀이 비방 받게 하는 일이기도 하다. 그러므로 성도들은 가정과 교회 그리고 사회에서 모두 충실해야 하는데, 그러기 위해서는 항상 부지런해야 하며, 시간을 아껴야 한다.

또한 성도들은 이 세상에서 살면서 동시에 하나님 나라를 살아내야 하는 사람들이다. 예수 그리스도의 초림으로 인해 이미 하나님 나라가 이 세상으로 뚫고 들어왔으며, 성도들의 시민권은 하늘에 있기 때문이다(빌 3:20).

그러기에 먼저 성도들은 경건하지 않은 것과 이 세상의 정욕을 다 버려야 한다(요일 2:15). 나아가 적극적으로는 신중함과 의로움과 경건함으로 이 세상을 살아내야 한다(12절). 하나님께서 이 목적을 위해 우리를 부르셨기 때문이다.

동시에 복스러운 소망 즉 하나님이시며 구세주이신 예수 그리스도의 영광스러운 재림을 기다려야 한다(13절). 그분은 그의 보혈로 성도들을 모든 불법에서 속량(贖良, redemption)하시고 깨끗게 하셨는데, 이는 우리로 하여금 선한 일을 열심히 하는 자기 백성을 삼으시기 위한 것이다.

그러므로 우리는 다시 오시는 주님을 만날 때 부끄럽지 않기 위하여 더 이상 죄의 종으로 살아서는 안 되며, 전적으로 주님께 헌신하는 삶을 살아야 한다(고후 6:14~7:1). 물론 지금도 주님은 성령으로 우리와 함께 계시다. 그러나 재림 때 우리는 그분을 얼굴과 얼굴을 대하여 보게 될 것이며, 그분께서 그동안 우리가 흘린 눈물을 닦아주시고, 영생으로 갚아주실 것이다.

> "모든 눈물을 그 눈에서 닦아 주시니 다시는 사망이 없고 애통하는 것이나 곡하는 것이나 아픈 것이 다시 있지 아니하리니 처음 것들이 다 지나갔음이러라" (계 21:4)

디도서 3장

구원, 오직 그의 긍휼하심을 따라 주어진 것

우리를 구원하시되 우리가 행한 바 의로운 행위로 말미암지 아니하고 오직 그의 긍휼하심을 따라 중생의 씻음과 성령의 새롭게 하심으로 하셨나니(3:5)

긍휼하심(mercy)은, 하나님의 언약에 따라 받을 자격이 없는 자들에게 그리스도로 말미암아 구원이 베풀어지는 것을 말한다.

모든 사람은 죄인으로 태어나며, 죄의 값은 사망이기에 반드시 영원한 죽음(멸망)에 처해져야 한다. 그런데 하나님께서는 창세전에 택한 백성들을 구원하시기로 언약하시고, 실제로 구원자 예수 그리스도를 보내 그를 믿는 자들을 '값없이' 구원해주셨다.

만약 구원이 우리의 의로운 행위에 의해 주어지는 것이라면, 우리는 주님 앞에 내 의(義)로 설 수 있을 것이며, 그 의를 자랑할 수 있을 것이다. 그러나 성경은 구원은 '하나님께서 값없이 주신 선물'이라고 선언하고 있다(엡 2:8, 9). 구원은 곧 죄와 사망에서 건져지는 것인데, 죄와 허물로 죽어있는 자들이 스스로 살아날 수는 없기 때문이다.

그렇다. 성도들은 예수님께서 부활승천하신 후 보내주신 성령으로 말미암아 다시 태어났으며(重生, rebirth), 새롭게 하심을 받았다. 성도들은 비록 아직도 죄로 물든 세상에서 죄인으로 살고 있지만, 이미 말씀(그리스도의 피)으로 모든 죄로부터 깨끗이 씻김을 받았고 '새로운 피조물'이 되었으며(고후 5:17), 나아가 그분의 상속자가 되었다(7절).

그러므로 성도들은 선한 일에 힘써야 한다(8절). 한편 여기서의 선한 일은 윤리도덕적으로 선한 일을 포함할 수는 있겠지만, 기본적으로 '하나님 뜻에 합당한 일'을 말한다. 비록 시민권은 하늘에 있지만 성도들에게는 이 세상에서도 한 시민으로서 살아내야 할 책임이 있다는 것이다.

그 책임 중에는 통치자들과 권세 잡은 자들에 대한 복종도 포함하고 있는데(1절), 그들은 하나님께서 세우신 자들이기 때문이다(롬 13:1). 그러므로 성도들은 최고 권위이신 하나님을 예배하는 일에 반대되는 경우를 제외하고 그들에게 복종해야 한다. 비록 그들이 일시적으로 잘못된 길로 갈지라도 정하신 때에 하나님께서 친히 그 책임을 물으실 것이기 때문이다(롬 12:19, 너희가 친히 원수를 갚지 말고 하나님의 진노하심에 맡기라).

또한 아무도 비방하거나 다투지 말며 관용하며 범사에 온유함을 나타내야 한다(2절). 왜냐하면 한때 불순종하며 악독과 투기를 일삼고 정욕과 행락의 종으로 살았기에 진작 멸망당했어야 할 우리들 역시 하나님의 오래 참으심과 자비와 사랑으로 구원받았기 때문이다.

이 세상에 스스로의 의로움으로 구원받을 수 있는 의인은 없으며, 하나님의 자비와 사랑으로 구원받지 못할 죄인 또한 없다. 그러기에 때를 얻든지 못 얻든지 우리는 우리의 삶과 입술을 통해 말씀(복음)을 전하는 일에 최선을 다해야 한다. 구원은 믿음에서 오는 것인데, 믿음은 들음에서 나며, 들음은 곧 그리스도의 말씀을 들음이기 때문이다(롬 10:17).

> "우리 구주 예수 그리스도로 말미암아 우리에게 그 성령을 풍성히 부어 주사 우리로 그의 은혜를 힘입어 의롭다 하심을 얻어 영생의 소망을 따라 상속자가 되게 하려 하심이라" (6, 7절)

빌레몬서
PHILEMON

빌레몬서 1장

성도, 생명을 빚진 자들

그가 만일 네게 불의를 하였거나 네게 빚진 것이 있으면 그것을 내 앞으로 계산하라 나 바울이 친필로 쓰노니 내가 갚으려니와(1:18, 19)

주인의 재산을 훔쳐 달아났던 노예 오네시모가 주인 빌레몬 앞에 나타났다. 당시 주인에게는 이런 노예를 죽일 권리가 있었다. 그런데 그 노예의 손에는 '이 노예는 갇힌 중에 복음으로 낳은 내 아들'이라는 바울의 편지가 들려있었다. 이를 본 주인은 그 노예를 어떻게 했을까?

성도들은 오네시모처럼 주인이신 하나님의 것을 강탈해 달아난 나쁜 종들이다. 그런데 그런 그들이 하나님 앞에 서 있는데, 그들 손에는 '이들을 용서해 달라'는 하나님의 아들 예수의 피로 쓴 편지가 들려있다. 야곱이 리브가가 입혀준 에서의 옷을 입고 아버지 이삭 앞에 서 있는 것처럼, 죄인들이 예수님의 피에 젖은 옷을 입고 있는 것이다.

한편 사도 바울은 이 편지를 통해 '오네시모가 빚진 것을 자기가 갚겠다'고 약속한다(18절). 그러나 예수님은 우리의 모든 빚을 자신의 피로 이미 갚으셨으며(롬 5:9, 엡 1:7), 그 결과 영원히 죽어야 할 우리가 살아났을 뿐 아니라 하나님의 자녀가 되었다(갈 4:5). 우리 성도들은 성자 예수님께서 십자가로 낳은 아들들인 것이다.

> "율법 아래에 있는 자들을 속량하시고 우리로 아들의 명분을 얻게 하려 하심이라 너희가 아들이므로"(갈 4:5)

그렇다. 우리는 종 정도가 아니라 죄와 허물로 죽었던 시체였다. 그런데 예수께서 그런 시체들에게 생수(성령)를 마시게 함으로 살리셨고, 지금도 생명의 떡으로 키워가고 계시다.

잠시 주인을 떠났던 종 오네시모가 바울에 의해 주인 빌레몬의 집으로 돌려 보내졌다. 그리고 이제 곧 우리도 주님의 은혜로 본향(하나님 나라)으로 돌아가 아버지 하나님 품에 안기게 될 것이다. 믿음의 조상 아브라함이 진짜 하늘의 본향이 있었기에 이 세상의 고향인 갈대아 우르로 돌아가지 않고 나그네로 살았던 것처럼 말이다(히 11:13 ~16). 그리고 애굽의 총리였던 요셉 또한 '자신의 뼈를 반드시 가나안 땅에 묻어달라'고 부탁했다(창 50:25). 애굽은 이 세상 그리고 가나안 땅은 하나님 나라의 상징이기 때문이다.

성도들 역시 하늘 아버지를 떠난 삶이 얼마나 괴로운 것인가를 경험하도록 잠시 이 세상에 보내져 사탄의 종으로 살고 있다. 그러므로 이 사실을 아는 성도들은 우리의 시민권이 하늘에 있음을 기억하고, 이 세상에서도 모든 일에 주께 하듯 충성을 다함과 동시에 위의 것을 찾는 일에 진력을 다해야 한다(골 3:1).

성도들은 죄로 말미암아 사망에게 빚진 자들이었다. 그런데 예수님께서 십자가에서 그 빚을 완전히 갚아주셨다. 우리는 주님께 생명을 빚진 자들인 것이다(마 18:24, 롬 8:12). 그러므로 이제는 더 이상 죄의 종으로 살지 말고, 하나님의 자녀로 살아야 한다. 우리가 믿음으로 살아갈 때, 주님께서 넉넉히 이길 수 있는 힘을 주실 것이다.

> "그러므로 너희는 죄가 너희 죽을 몸을 지배하지 못하게 하여 몸의 사욕에 순종하지 말고 ~ 오직 너희 자신을 죽은 자 가운데서 다시 살아난 자같이 하나님께 드리며 너희 지체를 의의 무기로 하나님께 드리라" (롬 6:12, 13)

히브리서

HEBREWS

히브리서
1장

말씀으로 오신 그리스도 예수

이 모든 날 마지막에는 아들을 통하여 우리에게 말씀하셨으니 이 아들을 만유의 상속자로 세우시고 또 그로 말미암아 모든 세계를 지으셨느니라(1:2)

하나님께서는 인간이 타락한 직후부터 죄인들을 구원하기 위해 율법과 제사 제도를 세우시고, 또 많은 선지자들을 보내주셨다. 그러나 이런 구약의 계시들은 불완전하거나 부분적인 것으로, 신약의 계시로 말미암아 완성될 계시였다. 그리고 마침내 모든 계시의 목표요 절정인 그리스도께서 오셨던 것이다. 그러므로 이제 구원을 위한 계시는 더 이상 없으며, 그럼에도 또 다른 계시를 주장하는 자들이 있다면 그들은 모두 이단이다.

한편 힘의 원리가 지배하는 이 세상에서 그리스도인으로 살아간다는 것은 예나 지금이나 힘든 일이다. 히브리서의 수신인들도 마찬가지였다. 그렇게 학수고대하던 메시아가 오셨다고 믿었지만, 그들에게는 오히려 더 큰 고난과 핍박이 덮쳤기 때문이다. 게다가 예수가 그리스도임을 부인하고 율법과 천사 숭배를 강조하는 거짓 교사나 거짓 선지자들이 많았기에, 이들 중에는 믿음이 흔들리거나 심지어 배교(背教)하는 자들이 생겨나기 시작했다.

물론 천사는 인간보다 힘이 센 영적인 존재이기는 하다. 천사는 하룻밤에 185,000명의 앗수르 군을 멸절시키기도 했고, 하나님의 말씀을 전하기도 한다. 그러나 이런 천사의 지위는 일시적으로 허락된 것이며, 그들은 어디까지나 하나님의 뜻에 따라 성도들을 섬기기 위해 보내진 존재일 뿐이다(14절).

더 나아가 천사는 피조물 중의 하나이기에, 창조주이시며 지금 하나님 우편에 앉아 만물을 주관하고 계신 그리스도와는 애당초 비교가 될 수 없는 존재이다(3절).

그렇다. 예수 그리스도는 하나님의 아들이시며(5절), 우리의 죄를 정결케 하시기 위해 잠시 천사보다 못한 모습으로 이 세상에 오셔서 십자가에 달려 돌아가신 하나님의 본체이시다. 더 나아가 지금은 부활 승천하셔서 하나님 우편에서 만물을 붙들고 계시며, 재림하실 때에 모든 천사들이 그분을 경배할 것이다.

모든 만물은 하나님을 드러내기 위해 잠시 지어진 것으로, 옷과 같이 낡아지다가 정해진 때가 되면 멸망하게 될 것이다. 인정하기 어렵겠지만 만물은 멸망당하기 위해 지어진 것이다(11절). 이와는 달리 주님은 영존(永存)하실 것이며, 여전하여 연대가 다함이 없으신 분이다.

그런데 그런 그분이 맏아들이 되셔서 죄인인 우리를 그분의 형제로 삼아주셨다(2:10). 한갓 피조물인 우리들이, 오직 주님의 은혜로 그분이 영존하시는 것처럼 영생을 누리는 존재가 된 것이다. 할렐루야!

그러기에 우리는 광야 같은 인생을 사는 동안 우리가 얼마나 큰 죄인인지 그리고 그런 우리를 주님께서 어떻게 구원해 주셨는지를 배우고, 그분과 그분의 지체들을 사랑하는 자로 지어져 가야 한다.

> "또 주여 태초에 주께서 땅의 기초를 두셨으며 하늘도 주의 손으로 지으신 바라 그것들은 멸망할 것이나 오직 주는 영존할 것이요 그것들은 다 옷과 같이 낡아지리니" (10, 11절)

히브리서
2장

예수의 죽음, 마귀(사망)를 멸하시는 죽음

자녀들은 혈과 육에 속하였으매 그도 또한 같은 모양으로 혈과 육을 함께 지니심은 죽음을 통하여 죽음의 세력을 잡은 자 곧 마귀를 멸하시며(2:14)

인간은 한평생 죽음을 두려워하여 죽음의 종노릇을 하며 산다. 참 주인이신 하나님을 부인하며 스스로 자신의 삶의 주인인 척하지만, 실은 그 상태가 죽음의 세력을 잡은 자인 마귀의 종(마귀의 자녀)으로 사는 삶인 것이다. 그러기에 예수님은, 스스로를 아브라함의 자손이라 여기며 진리이신 예수를 죽이려 하는 유대인들(=율법주의자들, 인본주의자들)에게 '너희는 너희 아비 마귀에게서 난 자'라 선언하셨던 것이다(요 8:44).

그렇다. 죄의 삯은 사망이기에, 죄가 없으신 예수님은 죽음을 맛보실 이유가 없었다. 그런데 예수님은 창세전에 택하신 아브라함의 자손 곧 성도들을 죽음으로부터 자유케 하기 위해, 혈과 육을 입고 오셔서 성도들 대신 십자가에 달려 돌아가셨다(15절). 그러기에 사도 바울은 '사망아 네가 쏘는 것이 어디 있느냐?'라며, 사망을 조롱했던 것이다.

예수님은 또 말씀으로 오셔서 '이 구원'을 말씀과 삶으로 증거하셨으며(복음서 참조), 주님으로부터 직접 말씀을 들은 자들이 이를 다시 확증하였으며, 하나님께서 표적과 기사와 여러 가지 능력 그리고 성령의 은사를 통해 증언하셨다(3, 4절).

그러므로 우리는 성경에 기록된 말씀을 통해 진리를 똑바로 알고, 절대로 거짓 가르침에 떠내려가서는 안 된다(1절). 왜냐하면 자신의 멸망이 아주 가까워진 것을 잘 아는 사탄은 온갖 수단과 방법을 다 동원해 성도들을 넘어뜨리려 하기 때문이다.

"여자(교회)의 뒤에서 뱀(=용, 사탄)이 그 입으로 물(거짓 복음)을 강같이 토

하여 여자를 물에 떠내려가게 하려 하되" (계 12:15)

하나님은 성도들(하나님의 아들들)을 영광에 들어가게 하시기 위해 맏아들이신 예수님을 이 세상에 보내 고난(십자가)을 받게 하심으로 그를 구원의 창시자(founder)로 세우셨다(10절). 십자가를 통해 우리의 구원을 완성하신 것이다.

이렇게 우리 구원자이신 그리스도는 시험을 통해 인간의 모든 고난을 친히 당해보셨기에, 시험받는 성도들을 능히 도우실 수 있다. 그분은 우리 성도들의 대표가 되시기 위해 성육신하셨지만 하나님의 본체이시며, 지금도 하나님 우편에 앉아 온 우주만물을 주관하고 계신 신실한 대제사장이시기 때문이다(17절).

"그가 시험을 받아 고난을 당하셨은즉 시험 받는 자들을 능히 도우실 수 있느니라" (18절)

히브리서
3장

예수를 깊이 생각하라(Fix your thoughts on Jesus)

그러므로 함께 하늘의 부르심을 받은 거룩한 형제들아 우리가 믿는 도리의 사도이시며 대제사장이신 예수를 깊이 생각하라(3:1)

성도들은 하나님이 허락하시는 기간 동안 이 세상에서 살아가게 되는데, 하나님께서는 성도들의 믿음을 연단하시기 위해 이 세상을 사탄의 손에 '잠시' 맡겨놓으셨다.

> "그때에 너희는 그 가운데서 행하여 이 세상 풍조를 따르고 공중의 권세 잡은 자를 따랐으니 곧 지금 불순종의 아들들 가운데서 역사하는 영이라" (엡 2:2)

그리고 그 사탄은 세상 풍조와 눈에 보이는 것들을 통해 죄를 범하도록(하나님에게서 떠나도록) 지속적으로 성도들을 유혹한다. 그러므로 성도는 광야라는 이 세상을 지날 때, 우리가 믿는 도리의 사도이시며 대제사장이신 예수를 깊이 생각해야 한다. 마음과 눈을 예수님께 고정하고, 한눈을 팔지 말아야 한다는 뜻이다.

출애굽한 이스라엘 백성들은 홍해가 갈라지는 광경을 비롯해, 광야를 지나는 동안 수많은 이적과 기사를 경험했다. 그러나 그들은 겉으로 드러난 현상만 보았을 뿐, 그것들을 믿음과 연결시키지 못하고 문제가 생길 때마다 불평을 했다. 하나님을 믿고 부르짖기만 하면 문제를 해결해 주셨을 텐데, 믿음이 없었기에 먼저 모세와 하나님을 원망했던 것이다. 그리고 그 결과, 광야에서 불순종했던 사람들은 그들의 믿음 없음으로 인해, 한 사람도 가나안 땅(안식)에 들어가지 못했다(19절).

물론 마지막 순간에 이들도 회개하기는 했다. 하나님께서 모세의 중보 기도를 들으시고, 열두 정탐꾼의 보고를 듣고 원망하던 백성들을 진멸하려던 계획을 보류하셨던 것이다. 이런 말을 전해 들은 백성들은 다음 날 아침 아말렉을 공격한다. 그러나 승리하기는커녕 큰 패배를 당하게 되었으며(민 14장), 여호수아와 갈렙을 제외한 모든 자들은 광야에서 소멸되고 말았다. 회개라고 하기는 했지만, 딱 하루가 늦었던 것이다.

그렇다. 우리는 우리에게 허락된 '오늘(today)'을 믿음으로 살아내야 한다. 내일은 너무 늦는데, 왜냐하면 우리 개인의 또는 세상의 종말이 내일 올지도 모르기 때문이다. 우리 이웃들의 운명도 마찬가지다. 그러기에 성도들은 내일이 아니라 '오늘' 생명의 복음을 전하기 위해 최선을 다해야 한다. 내일이면 늦을 수 있기 때문이다.

물론 진짜 성도는 절대로 하나님에게서 떨어질 수 없다. 내가 하나님을 붙잡고 있는 것이 아니라 하나님께서 그 크고 영원하신 팔로 나를 꽉 붙잡고 계시기 때문이다(롬 8:39). 그러나 항상 조심해야 하는데, 그렇지 않으면 죄의 유혹으로 인해 완고하게 되고, 이 세상에서 하나님의 자녀로서 누릴 수 있는 기쁨과 평안을 잃을 수 있기 때문이다.

그러므로 성도는 오늘(Today)이라 일컫는 동안에 하나님의 약속인 성경을 지속적으로 묵상하고 기도함으로써, 사도(=하나님께 보냄을 받으신 분)이시며 우리를 위해 중보하시는 대제사장이신 예수께 마음을 고정해야 한다.

> "오직 오늘이라 일컫는 동안에 매일 피차 권면하여 너희 중에 누구든지 죄의 유혹으로 완고하게 되지 않도록 하라" (13절)

히브리서
4장

오늘 안식에 들어가기를 힘쓰라

그러므로 우리가 저 안식에 들어가기를 힘쓸지니 이는 누구든지 저 순종하지 아니하는 본에 빠지지 않게 하려 함이라(4:11)

하나님께서는 6일간 천지를 창조하시고 제칠일에 안식하셨다. 여기서 안식(安息)이란 단순히 일을 쉰다는 차원이 아니라 '완성의 의미'이다. 전지전능하신 하나님은 피곤치 않으시기에 쉬실 필요가 없으며, 또 하나님의 뜻(계획)은 계획하신 그 즉시 완료되기 때문이다.

한편 초대 교회에는 '안식은 이미 가나안 정복으로 끝났기에, 자신들은 안식에 들어갈 수 없다'는 잘못된 주장이 있었다. 그러나 가나안 땅은 하늘에 있는 안식처에 대한 모형이요 그림자일 뿐이었다. 즉 다윗이 시편에서 말한 것처럼, 모든 믿는 자들에게는 아직 안식에 들어갈 기회가 있다(7절). 그러므로 우리는 '오늘' 안식에 들어가기를 힘써야 한다. 연약한 우리 인간은 '내일' 자신에게 어떤 일이 벌어질지 모르기에, 살아있는 '오늘' 안식에 들어가야 하는 것이다.

그러나 안식은 곧 구원을 의미하기에 이 세상에서는 잠시 맛볼 수는 있지만, 우리 힘으로 쟁취할 수 있는 것이 아니다.

그렇다면 어떻게 안식에 들어갈 수 있는가?

오직 믿음밖에 없다. 안식에 들어가지 못한 자들은 '순종하지 않은 자들'이었는데(3:18), 다른 말로 그들은 '믿지 아니하므로' 들어가지 못한 것이다(3:19). 또 그들은 복음을 들었으나 믿음과 결부시키지 못했기에(2절) 그리고 순종하지 아니함으로 안식에 들어가지 못했다(6절). 즉 그들은 순종하지 않아서, 믿음이 없어서 안식에 들어가지 못한 것이다.

그러므로 우리는 믿음(순종)을 통해 안식에 들어가기를 힘써야 한다. 왜냐하면 장차 모든 사람은 하나님 앞에 나아가 자신의 일생에 대해 결산을 해야 하는데, 그때 우리의 모든 행위와 생각과 뜻이 말씀에 의해 낱낱이 드러날 것이며(12, 13절), 완전한 인간은 하나도 없기에 누구나 무서운 심판을 받을 수밖에 없기 때문이다.

그러기에 우리는, '죄는 없지만 우리와 똑같은 시험을 받으셨기에 우리를 동정하실 수 있는 대제사장이신 하나님의 아들 예수님'의 은혜의 보좌 앞에 확신을 가지고 나아가야 한다. 그분만이 우리를 영원한 안식으로 인도하실 수 있는 유일한 분이시기 때문이다.

> "그러므로 우리는 긍휼하심을 받고 때를 따라 돕는 은혜를 얻기 위하여 은혜의 보좌 앞에 담대히 나아갈 것이니라" (16절)

히브리서 5장

구원의 근원이신 예수 그리스도

그가 아들이시면서도 받으신 고난으로 순종함을 배워서 온전하게 되셨은즉 자기에게 순종하는 모든 자에게 영원한 구원의 근원이 되시고(5:8, 9)

인간은 눈에 보이는 것에 이끌리기 쉽다. 히브리(유대인) 성도들이 그랬다. 지금 그들은 온갖 핍박과 유혹으로 인해 조상들의 율법주의로 돌아가려 하고 있다. 보이지 않는 주님을 믿기보다는 눈에 보이는 성전에서 제사를 드리는 의식을 따르려는 것이다.

그러기에 히브리서 기자는 구약 대제사장들의 연약함과 하나님 나라의 참된 대제사장이신 예수 그리스도를 서로 비교함으로써, 그들의 믿음을 굳건히 하고자 하고 있다.

먼저 예수님은 인간으로 이 세상에 오셨다. 인간을 대표해 하나님께 나아가기 위해 인성(人性)을 입으신 것이다. 그러나 그분은 죄가 없으시기에, 아론과 같은 인간 대제사장들과는 달리 자신을 위해 속죄제를 드릴 필요가 없으셨다(3절).

둘째로 그분은 사람이면서 동시에 하나님의 아들이시다. 그분은 비록 육신으로 오셨지만 육신이 아니라 성령으로 태어난 분이시며, 사망권세를 이기고 부활하신 하나님이시다(5절). 즉 그분은 레위의 후손인 아론이 아니라 멜기세덱의 반차(班次)를 따르는 대제사장이시다. 멜기세덱(義의 왕)은 살렘 왕으로서 시종(始終)을 알 수 없는 하나님의 제사장이었는데(창 14:8), 그는 예수님을 예표하는 인물이었던 것이다.

멜기세덱은 아브라함이 그돌라오멜 연합군과의 싸움에서 승리한 후 돌아올 때, 떡과 포도주를 가지고 마중 나와 아브라함을 축복했던 인물이다. 여기서 떡과 포도주는 예수 그리스도의 몸과 피를 의미하는데(막 14:22~24), 아브라함이 도저히 이길 수 없는 이 전쟁에서 이길 수 있었던 것은 오직 주님의 은혜였음을 보여주는 것이다. 그리고 아브라함 역시 이런 사실을 인정하고 멜기세덱(예수님의 예표)에게 전리품의 십일조를 드렸다.

한편 예수님은 이 세상에 오셔서 하나님 말씀에 순종하는 가운데 많은 고난을 받으셨으며, 심지어 죽기까지 하셨다. 그런 가운데 그는 하나님께 심한 통곡과 눈물로 간구와 소원을 올렸는데, 끝내 죽음을 이기고 부활하심으로 응답을 받았다(7절). 죽음을 면하게 해달라는 뜻이 아니라 죽음으로부터의 구원을 간구하셨으며, 부활하심으로 그 응답을 받았던 것이다.

성도들 또한 작은 예수로 그리고 왕 같은 제사장으로 살아야 하기에, 이 세상을 사는 동안 많은 고난을 받게 될 것이다. 그러나 우리 성도들은 우리가 당하는 모든 고난을 이미 당하시고 지금 하나님 우편에 앉아 만물을 다스리시는 그리스도 안에 있다(in Christ). 그러기에 그리스도 예수께서 승리하신 것처럼 반드시 승리하게 될 것이다. 할렐루야!

> "또 범죄와 육체의 무할례로 죽었던 너희를 하나님이 그와 함께 살리시고 우리의 모든 죄를 사하시고 ~ 통치자들과 권세들을 무력화하여 드러내어 구경거리로 삼으시고 십자가로 그들을 이기셨느니라" (골 2:13, 15)

히브리서
6장

완전한 데로 나아갈지니라

세례들과 안수와 죽은 자의 부활과 영원한 심판에 관한 교훈의 터를 다시 닦지 말고 완전한 데로 나아갈지니라(6:2)

성경은 창세전에 택함 받은 하나님의 백성들 즉 성도들을 위해 쓰여진 것이며, 오직 구세주 예수 그리스도에 대한 내용이 반복적으로 그리고 점층적으로 기록되어 있다. 각 시대마다 구원의 방법이 다른 것이 아니라, 구원을 위한 계시가 점진적으로 이루어져 왔다는 뜻이다. 성경은 하나님의 언약이 어떻게 그리스도 예수 안에서 이루어졌는지를 설명하고 있는 책인 것이다.

그러므로 모든 성경은 예수 그리스도로 결론이 나야 하며, 그렇지 못한 것은 그리스도의 도의 초보요 젖을 먹는 어린아이와 같은 수준인 것이다(5:12~14).

그런데 인간에게 가장 하기 쉬운 일은 무엇일까? 아이러니컬하게도 ''스스로 무엇인가를 해서 자기를 증명하는' 것이다. 선악과를 따 먹은 인간에게는 스스로를 나타내려는 죄성(罪性)이 있기 때문인데, 그 대표적인 사람들이 바리새인들이었다. 그렇다면 가장 하기 어려운 일은 무엇인가? 그것은 '자기를 부인하는 것' 즉 '나는 아무것도 할 수 없음을 인정하고 예수 그리스도를 믿는 것' 이다.

물론 우리는 인간의 연약함으로 인해 처음에는 행위를 강조하는 율법주의로 시작할 수는 있다. 그러나 거기에 머물지 말고 장성한 데 즉 믿음(복음)으로 나아가야 한다. 즉 아직도 행위나 종교 의식에 매여 있는 자들은 믿음에 있어서 어린아이이며, 이 모든 것이 예수 그리스도 안에서 완성되었음을 알고, 그 분을 믿는 믿음으로 사는 사람들은 장성한 자인 것이다.

그런데 히브리 성도들 중에 이런 진리를 떠나 다시 유대교(율법주의)로 돌아가려는 자들이 있었다. 그러기에 히브리서 기자는 그들에게 그 위험성을 경고하고 있는 것이다.

한편 진짜 성도는 일시적으로 시험에 빠질 수는 있겠지만 배교(背敎)할 수는 없다. 진짜 성도는 창세전에 택함 받은 하나님의 백성이며, 하나님께서 그를 굳게 붙잡고 계시기 때문이다. 같은 이치로 만약 누군가가 배교를 했다면, 그는 원래부터 구원받지 못한 자인 것이다(요일 2:19, 그들이 우리에게서 나갔으나 우리에게 속하지 아니하였나니). 그럼에도 배교를 경고하는 이유는 많은 핍박과 유혹에 흔들리지 말고 믿음을 굳게 하라는 격려인 것이다(3절, 하나님께서 허락하시면 우리가 이것을 하리라).

그렇다. 창세전에 택함 받은 백성들은 절대로 구원에서 탈락할 수가 없다(9절). 성도들의 구원은 묵시 곧 하나님의 뜻 안에서 이미 이루어진 것이기 때문이다(엡 1:4). 그렇지만 우리는 맛만 보지 말고, 완전한 데로 나아가야 한다. 그 완전함이란 율법의 행위가 완전함을 뜻하는 것이 아니라, 모든 것이 예수 그리스도의 은혜임을 믿는 '믿음으로' 나아가는 것을 말한다.

경쟁의 원리로 작동하는 이 세상에서 십자가만 의지한 채 오직 믿음으로 사는 일은 결코 쉽지 않다. 그러기에 우리에게는 오래 참음이 필요하다(12절). 한편 아브라함을 비롯한 믿음의 선진들 역시 오래 참음으로 하나님의 약속을 이미 받았으며(15절), 우리 또한 믿음과 소망으로 이런 변하지 않는 약속을 받았다. 그러므로 우리의 영원한 대제사장 예수께서 열고 먼저 들어가신 지성소에 우리도 들어갈 수 있으며, 또 들어가야 한다.

> "우리가 간절히 원하는 것은 너희 각 사람이 ~ 끝까지 소망의 풍성함에 이르러 게으르지 아니하고 믿음과 오래 참음으로 말미암아 약속들을 기업으로 받는 자들을 본받는 자 되게 하려는 것이니라" (11, 12절)

히브리서
7장

예수께서 단번에 드린 영원한 제사

그는(예수) 저 대제사장들이 먼저 자기 죄를 위하고 ~ 날마다 제사 드리는 것과 같이 할 필요가 없으니 이는 그가 단번에 자기를 드려 이루셨음이라(7:27)

인간은 모두 죄인이기에, 가만히 두면 자동적으로 은혜가 아닌 행위를 강조하는 인본(율법)주의로 가게 된다. 피조물이 조물주 하나님을 떠나 스스로 무언가를 해보겠다는 것이 선악과 사건이며, 그것이 죄이기 때문이다. 그러기에 초대 교회 때부터도 오직 은혜와 믿음만을 강조하는 기독교를 떠나, 옛 제사 제도로 대표되는 유대교로 돌아가려는 히브리 성도들이 많았던 것이다.

한편 제사 제도의 핵심은 제사장이다. 그러기에 히브리서 기자는 아론의 반차에 따른 대제사장들과 멜기세덱의 반차를 따르는 예수 그리스도를 자세히 비교하고 있다.

먼저 멜기세덱은 하나님의 제사장으로서 그 이름의 뜻은 '의(義)의 왕'이며 살렘(평강)의 왕이었는데, 그는 장차 오실 예수 그리스도를 예표하는 인물이었다(사 9:6). 한편 떡과 포도주(=예수님의 살과 피)를 가지고 나온 멜기세덱은 아브라함을 위해 복을 빌었다. 높은 자가 낮은 자를 축복하는 것이기에, 당연히 멜기세덱은 아브라함보다 높은 자임에 틀림이 없다(7절). 유대인들은 아브라함을 자신들의 조상으로 섬겼는데, 예수님은 그 아브라함보다 높으시고 그보다 먼저부터 계셨던 분인 것이다.

또한 아브라함은 멜기세덱에게 노략물의 십분의 일(십일조)을 드렸다. 십일조는 1/10이 아니라 '전부를 드린다'는 뜻인데, 이는 이 전쟁을 승리케 하신 분이 하나님(예수)이심을 인정한 것이다. 그리고 대제사장 아론(레위의 후손)이 아직 태어나지도 않았을 때, 그의 조상인 아브라함이 멜기세덱에게 십일조를 드렸다는 것은 인간 대제사장들이 참 대제사장이신 예수께 십일조를 드렸다는 의미이다.

한편 레위 계통의 대제사장들은 자기 죄 때문에 자신을 위해서도 제사를 드려야 했으며, 그들 역시 죽을 수밖에 없는 인간이었기에 계속해서 바뀌어야 했다. 그들과 달리 예수님은 죄가 없으시기에 자신을 위해 제사드릴 필요가 없으셨다. 그런데, 모든 인간을 위해 스스로 제물이 되셔서 '단번에(once for all)' 완전한 제사를 드리셨던 것이다(27절).

나아가 예수님은, 하나님께서 '너는 멜기세덱의 서열에 따라 영원한 제사장이라' 맹세하신 영원한 대제사장이시다(시 110:4). 신실하신 하나님께서 친히 이렇게 맹세하셨기에, 예수님의 대제사장직은 영원히 바뀔 수 없는 것이다.

또 만약 레위 계통의 제사장 직분으로 온전함을 얻을 수 있었다면, 멜기세덱의 반차를 좇는 또 다른 제사장을 세울 필요가 없었을 것이다. 그러나 그렇지 못했기에 또 다른 제사장이 오신 것이며, 같은 이유에서 율법도 바뀔 수밖에 없었다. 왜냐하면 율법 역시 아무것도 온전케 할 수 없기 때문이다(18, 19절). 그러기에 하나님께서는 영존하시는 하나님의 아들 예수를 대제사장으로 삼으셨으며, 예수님은 지금도 그를 믿는 자들을 위해 간구하심으로 그들을 구원하고 계시다(25절).

하나님의 영원한 대제사장이신 예수님께서는 '단번에' 자기를 드리심으로 구원을 위한 제사를 완성(완료)하셨다. 그러기에 우리는 더 이상 율법이 요구하는 제사를 드릴 필요가 없으며, 예수 그리스도의 이름으로 언제든지 하나님 앞에 나아갈 수 있다. 그러므로 이제 우리는 구약의 제사가 아니라 '영과 진리로' 예배를 드려야 하며(요 4:24), 예수님처럼 우리의 몸(삶의 전부)을 거룩한 산 제물로 드려야 한다.

> "~ 내가 하나님의 모든 자비하심으로 너희를 권하노니 너희 몸을 하나님이 기뻐하시는 거룩한 산 제물로 드리라 이는 너희가 드릴 영적 예배니라" (롬 12:1)

히브리서
8장

더 좋은 언약의 중보자 예수

~ 이제 그는 더 아름다운 직분을 얻으셨으니 그는 더 좋은 약속으로 세우신 더 좋은 언약의 중보자시라(8:6)

인간 이성의 한계로 인해 이해하기 쉽지는 않지만, 성경은 이 세상에 있는 모든 것이 하늘에 있는 것의 그림자라고 말한다(5절). 이 세상에 있는 것들은 하늘에 있는 것들을 설명하기 위한 모형(copy)이라는 것이다.

그러기에 영원할 것 같아 보이는 것들은 장차 하나님의 때에 모두 사라져 버리고 실체가 나타날 것이다(고후 4:18, 보이는 것은 잠깐이요 보이지 않는 것은 영원함이라).

성막, 구약의 각종 절기나 제사, 제사장 제도 역시 모형과 그림자였다. 그러므로 이 모든 것들은 실체이신 예수께서 나타나셨기에, 이제 모두 사라져야 하는 것이다.

언약 또한 마찬가지다. 구약은, 인간은 하나님과 맺은 언약을 도저히 지킬 수 없음을 드러냈다(9절). 피조물인 인간에게는 하나님과의 언약을 지킬 능력이 전혀 없는 것이다. 그러기에 하나님께서는 새 언약을 선포하셨는데, 이 언약은 하나님 홀로 모든 것을 이루시겠다는 것이다.

> "또 주께서 이르시되 그날 후에 내가 이스라엘 집과 맺을 언약은 이것이니 내 법을 그들의 생각에 두고 그들의 마음에 이것을 기록하리라 나는 그들에게 하나님이 되고 그들은 내게 백성이 되리라" (10절)

물론 하나님은 처음부터 인간이 언약을 지킬 수 없음을 알고 계셨다. 그러나 인간이 지킬 수 없음을 스스로 깨닫고 인정하도록 역사와 인생을 허락하신 것이다.

그리고 그 새 언약대로 예수께서 오셔서 십자가에 달리심으로 율법을 완성하셨다. 그리스도로 말미암아 더 이상 희생 제사를 드릴 필요가 없게 되었으며(10:11, 12), 또 약속하신 대로 성령을 보내주심으로 모든 성도들 마음에는 생명의 성령의 법이 새겨지게 되었다(롬 8:2).

그렇다. 진짜(reality)를 두고 모형(copy)을 택할 사람은 없다. 그러기에 우리는 모형과 그림자에 지나지 않는 옛 언약(율법)에 매이지 말고, 새 언약을 친히 이루시고 하나님 우편에 앉으신 새 언약의 중보자 예수 그리스도께 나아가야 한다. 그분은 우리보다 우리를 더 잘 아시며, 우리를 위해 친히 보혈을 흘려주신 하늘의 대제사장이시기 때문이다.

> "~ 그들이 작은 자로부터 큰 자까지 다 나를 앎이라 내가 그들의 불의를 긍휼히 여기고 그들의 죄를 다시 기억하지 아니하리라 하셨느니라" (11, 12절)

히브리서 9장

예수의 피로 단번에 이룬 영원한 속죄

그리스도께서는 좋은 일의 대제사장으로 오사 ~ 송아지의 피로 하지 아니하고 오직 자기의 피로 영원한 속죄를 이루사 단번에 성소에 들어가셨느니라(9:11, 12)

모든 인간은 생명의 주인이신 하나님에 의해 이 세상에 보내졌다. 그리고 모든 사람은 죽을 수밖에 없으며, 죽은 후에는 반드시 심판을 받게 되어 있다(27절, 한 번 죽는 것은 사람에게 정해진 것이요 그 후에는 심판이 있으리니).

즉 죽은 후에 하나님의 뜻대로 살았는지 아닌지의 여부를 심판하시는 것인데, 그 기준은 옳은 행위 즉 '예수 그리스도를 믿었는가의 여부'이다. 왜냐하면 하나님 나라는 행위가 아니라 그리스도 예수를 믿음으로 말미암아 주어지는 의의 옷을 입고 들어가는 곳이기 때문이다(마 22:11~14).

그렇다. 모든 사람은 선악과를 따먹은 아담의 후손으로 태어나기에, 죄를 가지고 태어난다(原罪). 그리고 죄의 값은 사망이기에 모두 죽임을 당할 수밖에 없다. 그런데 하나님께서 죄의 문제를 해결하기 위해 즉 죄인들을 살리기 위해 일시적으로 제사 제도를 주셨다. 죽어야 할 우리 대신에 염소와 송아지 같은 희생제물이 피를 흘리는 방법으로 죄 사함을 얻도록 하신 것이다. 율법에 의하면, 피 흘림이 없이는 죄 사함이 없기 때문이다(22절).

그러나 이런 희생제물(동물)들이 인간을 대표할 수는 없다. 즉 이런 제사와 예물은 육체의 예법일 뿐 죄인의 양심(마음)을 온전하게 할 수 없으며, 장차 오실 실체이신 예수 그리스도의 모형으로서 잠시 주어졌던 것들이다.

그리고 마침내 약속하신 대로 예수께서 오셔서 흠 없는 자기를 하나님께 드렸는데, 이 그리스도의 피는 우리 양심을 죽은 행실에서 깨끗하게 하고, 하나님을 섬기게 하는 것이다(14절). 만유를 지으신 하나님의 본체이신 예수께서 인간이 되셔서 대신 죄의 값을 치르셨기에, 그를 믿는 모든 사람들의 죄를 대속(代贖)하고도 남음이 있으며, 그러기에 더 이상 또 다른 제사를 드릴 필요가 없게 된 것이다(28절). 할렐루야!

그러므로 우리는 오늘날 우리가 드리는 예배는 구약의 제사가 아니며, 이미 죄 사함을 받은 자로서 감사함으로 드리는 것임을 알아야 한다. 더 나아가 하나님이신 예수 그리스도께서 우리를 위해 피를 흘리고 죽으셨음을 알진대, 우리 몸이 그분의 것임을 인정하고, 하나님을 기쁘시게 하고 이웃을 살리기 위해 우리 몸(인생)을 산 제물로 드리는 매일매일의 삶을 살아야 한다.

> "한번 죽는 것은 사람에게 정해진 것이요 그 후에는 심판이 있으리니 이와 같이 그리스도도 많은 사람의 죄를 담당하시려고 단번에 드리신 바 되셨고" (27, 28절)

히브리서
10장

우리가 믿는 도리의 소망을 굳게 잡자

약속하신 이는 미쁘시니 우리가 믿는 도리의 소망을 움직이지 말며 굳게 잡고 서로 돌아보아 사랑과 선행을 격려하며 ~(10:23, 24)

초대 교회 성도들은 '믿음 때문에' 소유를 빼앗기기도 하고 감옥에 갇히기도 하는 등 온갖 핍박을 받았는데, 그 대표적인 사람이 사도 바울이다(고후 11:23~27). 한편 그 핍박이 얼마나 심했는지, 그런 핍박과 환란을 당하는 가운데 뒤로 물러가려는 자들이 생겼다. 히브리서 기자는 이런 그들에게 '흔들리지 않는 소망이 있음'을 강조하며, '서로 격려함으로 이 위기를 견뎌나가자' 격려하고 있는 것이다.

> "우리는 뒤로 물러가 멸망할 자가 아니요 오직 영혼을 구원함에 이르는 믿음을 가진 자니라" (39절)

오늘날 믿음을 지키는 일은 이전보다 훨씬 더 어려워졌는지도 모른다. 아직도 믿음 때문에 살해 위협을 당하는 곳이 많을 뿐 아니라, 사탄이 행위를 강조하는 율법주의(인본주의) 같은 교묘한 방법으로 성도들을 믿음에서 떠나도록 부추기고 있기 때문이다(고후 11:14).

그러나 율법은 장차 올 일의 그림자일 뿐 제사 드리는 자들을 온전하게 할 수 없다(1절). 만약 그럴 수 있었다면, 굳이 실체이신 예수께서 이 세상에 오셔서 십자가를 지실 필요가 없지 않았겠는가?

즉 율법은 인간의 전적인 무능력을 보여줌으로써 또 다른 제사가 필요함을 보여줬을 뿐이며, 때가 이르자 예수께서 육신으로 오셔서 십자가에 달려 죽으심으로 '하나님께서 기뻐 받으시는 제사'를 단번에(once for all) 드렸던 것이다.

사실 하나님께서 기뻐 받으실 수 있는 제물은 피조물 중에는 없다. 그러기에 하나님께서 친히 한 제물을 준비하셨는데, 그 제물이 바로 하나님이시면서 동시에 인간을 대표할 수 있는 성육신하신 예수님이시다. 예수께서 '하나님의 뜻을 행하러' 이 땅에 오셔서 십자가를 지신 것이다(9절).

사람은 누구나 본능적으로 생명을 지키길 원한다. 그러기에 우리는 참된 생명을 얻기 위해 생명의 근원이시며, 생명 그 자체이신 하나님께 나아가야 한다. 그런데 죄로 오염된 인간은 거룩하신 그분 앞에 서는 순간 죽임을 당하기에, 감히 그분께 나갈 수 없다. 그런데 예수께서 자기 몸을 드리심으로, 성도들은 그 예수의 피를 힘입어 지성소에 들어가서 하나님을 만날 수 있게 되었다(19절). 왜냐하면 그리스도께서 죄를 위하여 한 영원한 제사를 드리심으로써, 성도들을 영원히 거룩하고 온전케 해주셨기 때문이다(10, 14절). 하나님은 죄로 더럽혀진 우리를 보시는 것이 아니라, 예수께서 우리에게 입혀주신 의의 옷 즉 '그분의 피가 뿌려진 우리'만을 보시는 것이다(창 27:27). 할렐루야!

그러므로 우리는 예수께서 자기 몸을 찢어 친히 열어놓으신 새로운 살 길을 통해 하나님께 나아가야 한다. 하나님은 믿음으로 자기를 찾는 자들에게 영생이라는 상을 주시는 분이시며(11:6), 잠시 잠깐 후면 오실 이(그리스도 예수)가 지체하지 않고 오실 것이기 때문이다(37절).

> "우리가 마음에 뿌림을 받아 악한 양심으로부터 벗어나고 몸은 맑은 물로 씻음을 받았으니 참 마음과 온전한 믿음으로 하나님께 나아가자" (22절)

히브리서
11장

오직 믿음으로(Only by faith)

믿음으로 모든 세계가 하나님의 말씀으로 지어진 줄을 우리가 아나니 보이는 것은 나타난 것으로 말미암아 된 것이 아니니라(11:3)

믿음은 내가 선택하는 것이 아니라 창세전에 택함을 받은 자들(성도)에게 일방적으로 주어지는 것이다. 왜냐하면 예수 그리스도가 바로 믿음의 주(主)요 그 믿음을 온전케 하시는 분이시기 때문이다(12:2). 그러기에 우리가 믿음으로 무엇인가를 하는 것이 아니라, 믿음이 우리를 주님이 원하시는 방향으로 끌고 간다. 믿음은 우리를 하나님의 자녀로 훈련시키기 위해 주어진 것이기 때문이다.

인간은 피조물이기에 모든 세계가 어떻게 창조되었는지 알 수가 없다. 그런데 불신자들은 마치 자신이 창조 시에 그곳에 있기라도 했던 것처럼 진화론을 주장한다. 하나님의 무(無)로부터의 창조를 부인하는 것이다.

그러나 성도들은 모든 세계가 하나님의 말씀으로 지어진 줄을 안다. 비록 창조의 현장에 있지는 않았지만, 믿음이 우리로 하여금 직접 보지 못한 것을 보게 하기 때문이다.

우리에게는 많은 믿음의 선진들이 있다. 그러나 그들은 자신의 믿음을 보여준 것이 아니며, 믿음이 그들을 사용해 믿음이 무엇인지를 보여줬을 뿐이다.

예를 들어 우리는 아브라함을 믿음의 조상이라고 부른다. 그러나, 그는 우리가 본받을 모범이 아니라 '믿음이 무엇인가 삶으로 보여준 사람'일 뿐이다. 다시 말해서 아브라함은, 믿음이 어떻게 우상 판매자였던 그를 모리아 산에서 독자 이삭을 바치는 사람으로 바꾸어갔는지를 보여주는 데 사용된 인물이었던 것이다.

모세도 마찬가지다. 그가 바로의 공주의 아들이라 칭함을 받기를 거절한 것이 아니라 애굽 사람을 쳐 죽이고 도망갔을 뿐이다. 그런데 그런 그를 믿음이 붙잡아 하나님의 사람으로, 이스라엘의 지도자로 만든 것이다.

다윗 또한 마찬가지다. 만약 우리가 그를 본받는다면 과연 무엇을 본받을 것인가? 충신 우리아의 아내 밧세바를 겁탈하고 남을 시켜 그를 몰래 살해한 것을 본받겠다는 것인가? 원래 다윗은 그런 사람이었는데, 믿음(다윗에 대한 하나님의 믿음)이 그를 하나님 마음에 합한 자로 만들어갔던 것이다.

그렇다. 성도들의 인생의 주인은 자신이 아니라 하나님이시다. 즉 우리 주인이신 주님께서는 우리에게 '믿음을 주셔서' 우리를 주님의 뜻대로 이끌어 가신다. 믿음이 부어진 그 순간부터 성도들은 수동태(by faith)의 삶을 살게 되는 것이다. 그러기에 수많은 믿음의 선진들이 죽지도 못한 채 그렇게 힘든 삶을 살아냈던 것이다(32~38절, 성도의 인내).

한편 구약 시대 성도들은 믿음으로 말미암아 증거를 받았으나 약속된 것을 받지 못했다. 믿음의 주이신 예수께서 아직 세상에 오시지 않았기 때문이다. 그러나 오늘날 성도인 우리들은 이미 약속의 실체이신 예수를 알며, 또 그분을 믿고 있다.

그리고 그 믿음이 반드시 우리를 믿음의 사람으로 만들어 갈 것이다. 그것이 주님께서 우리에게 인생을 허락하신 목적이기 때문이다. 할렐루야!

> "나의 의인은 믿음으로 말미암아 살리라 또한 뒤로 물러가면 내 마음이 그를 기뻐하지 아니하리라" (10:38)

히브리서 12장

믿음의 주(主)요 또 온전하게 하시는 이인 예수를 바라보자

믿음의 주요 또 온전하게 하시는 이인 예수를 바라보자 그는 그 앞에 있는 기쁨을 위하여 십자가를 참으사 ~ 하나님 보좌 우편에 앉으셨느니라(12:2)

성경은 믿음(faith)을 마라톤, 격투기 등과 같은 운동 경기에 비교하고 있다. 11장에는 그 경기를 마친 믿음의 증인들이 쭉 나열되어 있는데, 이들은 지금 하나님 나라에서 이 세상에서 믿음의 경주를 하고 있는 성도들을 열심히 응원하고 있다(1절).

그런데 이 경기에는 아무도 지는 사람이 없으며, 끝까지 완주한 모든 사람에게 상(賞)이 주어진다. 이 경기는 다른 사람들과의 경쟁이라기보다는 자기 자신과의 싸움이기 때문이다.

하지만 이 싸움은 결코 만만하지 않다. 많은 방해하는 것들과 우리를 얽매이게 하는 죄들이 있고, 또 육신의 아버지가 아들에게 하는 것처럼 하나님 아버지께서도 우리를 징계하고 채찍질하시기 때문이다(5~9절). 그러기에 이 경기를 끝까지 완주하기 위해서는 징계하시는 분과 그 징계의 목적을 잘 알아야 하며, 징계를 받는 동안 피곤하고 낙심할 수 있기에 인내가 필요하다(1절).

한편 징계를 가볍게 여기기도 하고 반대로 징계 받을 때에 낙심할 수도 있는데, 우리는 절대로 낙심하지 말아야 한다. 왜냐하면 징계는 누구나 다 받는 것이며(8절), 그런 징계로 연단 받은 자들은 마침내 의와 평강의 열매를 맺게 되기 때문이다(11절).

더 나아가 성도들이 믿음이라는 이 경기를 넉넉히 해나갈 수 있는 이유는, 십자가를 참으사 부끄러움을 개의치 아니하시고 마침내 하나님 우편에 앉으신 예수께서 계시기 때문이다(2절). 그분은 하나님의 본체이심에도 불구하고,

사람이 되셔서 성도들에게 어떻게 이 믿음의 경주에서 이길 수 있는지 친히 본을 보여주셨다.

뿐만 아니라 예수님은 믿음의 창시자(author)요 그 믿음을 온전케 하시는 분(perfecter)이시며, 더 나아가 구원의 창시자이시기도 하다(2:10). 그러므로 우리는 그분께 눈을 고정하고 앞으로 나아가기만 하면 된다. 십자가로 승리하신 그 주님께서 우리 대장이 되셔서 친히 이끌고 계시기에, 우리는 영원히 흔들리지 않는 나라인 '새 하늘과 새 땅'에 반드시 들어가게 될 것이기 때문이다. 할렐루야!

"그러므로 우리가 흔들리지 않는 나라를 받았은즉 은혜를 받자 이로 말미암아 경건함과 두려움으로 하나님을 기쁘시게 섬길지니 ~" (28절)

히브리서 13장

영문 밖으로 그(예수)에게 나아가자

예수도 자기 피로써 백성을 거룩하게 하려고 성문 밖에서 고난을 받으셨느니라 그런즉 우리도 그의 치욕을 짊어지고 영문 밖으로 그에게 나아가자(13:12, 13)

초대 교회 때 그리스도 예수를 믿는다는 것은 곧 핍박받음을 의미했으며, 심지어 감옥에 갇히거나 죽임을 당하기도 했다. 그러기에 서로를 위해 간절히 기도하지 않을 수 없었는데, 그것이 곧 은혜다. 타락한 인간은 타인을 위해 기도할 수 없는데, 오직 그리스도 예수를 믿는 그리스도인들만이 남들을 위해 기도할 수 있기 때문이다.

그렇다. 참된 믿음은 그리스도로 말미암아 세상이 나를 대하여 십자가에 못 박히고, 내가 또한 세상을 대하여 죽는 것이다(갈 6:14). 그러나 그동안 살아왔고 그래서 익숙한 세상에 대하여 죽는 것은 결코 쉬운 일이 아니다. 은혜 없이는 '이 세상은 영원하지 않으며 곧 멸망당할 곳'이라는 사실을 깨달을 수 없기 때문이다.

그런데 노아가 세상으로부터 온갖 조롱과 멸시를 당하며 120년간 방주를 지은 것처럼, 은혜가 임한 사람들은 눈에 보이는 흔들리고 곧 무너져버릴 이 세상이 아니라 장차 올 '영원한 도성(새 하늘과 새 땅)'을 바라보게 된다(14절).

예수님께서도 예루살렘 성(=율법주의, 인본주의를 상징) 밖 골고다에서 십자가에 달려 죽으셨다. 그런데 하나님께서 그분을 죽은 자 가운데서 이끌어 내셨다. 곧 십자가로 승리케 하셨던 것이다.

그러므로 그분을 믿는 성도들도 그분의 치욕 즉 십자가를 지고 그분께 나아가야 한다(13절). 물론 세상이 보기에 그런 삶은 치욕과 패배로 보일 수 있다. 그러나 우리의 큰 목자이신 예수께서 십자가로 승리하신 것처럼, 그것이 참된 승리임을 하나님께서 반드시 증명해 주실 것이다.

성도들은 예수 그리스도로 말미암아 '이미' 승리한 사람들이다. 예수께서 단 번에 자기 몸으로 하나님이 기뻐하시는 제사를 드렸기 때문이다. 그러기에 이제 우리는 더 이상 구약의 제사를 드릴 필요가 없다. 그 대신 항상 '그 이름을 증언하는 찬송의 제사'를 드려야 한다. 그분의 거룩하고 향기로운 이름을 만방에 선포해야 하는 것이다.

또한 함께 고난받는 형제들을 위해 기도하며, 선을 행하고, 서로 나누어 주기에 힘써야 한다. 어제나 오늘이나 동일하신 주님께서 우리와 동행하시며, 친히 이루실 것이다.

> "평강의 하나님이 모든 선한 일에 너희를 온전하게 하사 자기 뜻을 행하게 하시고 그 앞에 즐거운 것을 예수 그리스도로 말미암아 우리 가운데서 이루시기를 원하노라" (20, 21절)

야고보서

JAMES

야고보서
1장

시련, 믿음을 위한 성장통(成長痛)

내 형제들아 너희가 여러 가지 시험을 당하거든 온전히 기쁘게 여기라 이는 너희 믿음의 시련이 인내를 만들어 내는 줄 너희가 앎이라(1:2, 3)

믿음에는 반드시 시험(test)이 따른다. 이 시험은 믿음의 성장을 위해 반드시 통과해야 하는 과정으로서, 선택받은 자들을 믿음에 온전하고 구비하여 조금도 부족함이 없게 하기 위한 것이다(4절). 그리고 시험을 당하며 인내한 자에게는 마침내 생명의 면류관이 주어질 것이다. 이런 측면에서 시험을 당하지 않는 사람은 복 받은 사람이 아니라 오히려 사생자 곧 하나님의 자녀가 아닐 수도 있는 것이다(히 12:8).

심지어 믿음의 창시자이시며 완성자이신 예수께서도 그 앞에 있는 기쁨을 위하여 십자가를 참으사 부끄러움을 개의치 아니하셨으며, 마침내 하나님 보좌 우편에 앉으셨다(히 12:2). 그러므로 우리는 시험을 당할 때 낙심하지 말고, 오히려 하나님께 나아가 지혜를 구해야 한다. 그러면 주님은 고난을 포함한 모든 것이 합력하여 우리의 구원을 이루게 하시는 분이시기에, 반드시 필요한 응답을 주실 것이다(5절).

특히 믿음을 가진 자들은 비록 이 세상(바벨론, 예루살렘)에 살고 있지만, 영적으로는 이미 예수를 좇아 영문 밖으로 나온 자들이다(계 18:4). 그러기에 사탄이 다스리는 이 세상에서는 오히려 낮은 자리(사회적, 경제적으로)에 있게 될 가능성이 높다. 그러나 성도들은 이미 하나님의 자녀라는 높은 신분을 가졌기에 결코 비굴해지거나 낙심하지 말아야 한다.

이와 반대로 세상적으로 부유한 자들은 오히려 낮아짐을 자랑해야 하는데, 인생은 들꽃처럼 순식간에 사라져 버릴 것이기 때문이다(10절).

그러므로 우리는 탐욕을 부리지 말고, 먹을 것과 입을 것이 있는 것 곧 하나님이 허락하신 것으로 자족(自足)할 줄 알아야 한다(딤전 6:6). 왜냐하면 하나님은 시험(temptation)을 하시거나 시험을 당하지 않으시기에, 사람이 시험을 당하는 것은 욕심 때문이며, 욕심이 잉태한즉 죄를 낳고 죄가 장성한즉 사망을 낳기 때문이다.

더 나아가 고아와 과부 같은 사회적 약자를 잘 돌봐야 한다. 우리도 한때는 하나님 아버지가 없는 고아였으며, 예수라는 신랑 없이 살았던 과부였기 때문이다. 특히 그들을 물질로 돕는 것과 더불어 더 중요한 것은 그리스도의 복음을 전해주는 것이다. 왜냐하면 아무리 먹이고 입혀도 그들 역시 언젠가는 죽게 되는데, 만약 복음을 듣고 예수를 믿지 않는다면 그들은 지옥에서 영원히 고통을 당할 것이기 때문이다.

하나님께서는 '진리의 말씀으로' 성도들을 낳으셨다. 죄와 허물로 죽었던 우리들이 복음 곧 말씀으로 다시 태어난 것이다. 그런데 믿음은 곧 들음에서 난다. 그러므로 우리가 이웃을 진짜 사랑하는 방법은, 오직 진리의 말씀 곧 복음을 전하는 것이다.

> "그러므로 모든 더러운 것과 넘치는 악을 내버리고 너희 영혼을 능히 구원할 바 마음에 심어진 말씀을 온유함으로 받으라" (21절)

야고보서 2장

바른 믿음에서 나오는 행함

내 형제들아 만일 사람이 믿음이 있노라 하고 행함이 없으면 무슨 유익이 있으리요 그 믿음이 능히 자기를 구원하겠느냐(2:14)

사도 바울은 다메섹으로 가는 길에서 부활하신 예수님을 만난 후 평생 동안 '율법의 행위로 구원을 받을 수 있다'는 율법주의와 싸웠다.

"만일 아브라함이 행위로써 의롭다 하심을 받았으면 자랑할 것이 있으려니와 하나님 앞에서는 없느니라" (롬 4:2)

이와 달리 야고보는 마치 행위로 구원을 받을 수 있다고 주장하는 것처럼 보인다(24절, 사람이 행함으로 의롭다 하심을 받고 믿음으로만은 아니니라).

그러나 야고보는 지금 '이미 믿음을 가진 성도들에게' 이 편지를 쓰고 있다(1절, 우리 주 예수 그리스도에 대한 믿음을 너희가 가졌으니). 즉 행위로 구원받을 수 있음을 주장하는 것이 아니라, '이미 믿음으로 구원을 받았기에 행위는 아무 상관이 없다'고 주장하며, 자기 마음대로 살고 있던 무율법주의 자들과 싸우고 있는 것이다.

오직 믿음으로 구원을 받는 것은 진리이지만, 올바른 믿음에는 그에 따른 행위가 반드시 나와야 함을 강조하고 있는 것이다. 외견상 바울과 야고보 두 사람이 서로 다른 주장을 하고 있는 것처럼 보이지만, 실은 같은 말씀을 하고 있는 것이다. 왜냐하면 성경의 실제 저자는 바울이나 야고보가 아니라 성령 하나님이신데, 성령께서 서로 다른 말씀을 하실 수 없기 때문이다.

한편 지금도 마찬가지지만, 당시 가장 큰 문제는 사람을 외모(사회적 지위나 상태 등)로 판단하는 것이었다. 심지어 교회 내에서도 세상적인 것(돈이나 높은 지위 등)을 많이 가진 사람은 환영을 받고, 가지지 못한 자는 멸시와 천대를 받았다(2, 3절). 똑같이 주님의 은혜로 구원받았음에도 교회 안에 차별이 있었던 것이다. 사람들은 구세주 예수까지 그 외모로 판단하여 멸시하고 십자가에 못 박았으니, 어찌 이런 악행이 하루아침에 없어지겠는가?

> "그는 멸시를 받아 사람들에게 버림받았으며 간고를 많이 겪었으며 질고를 아는 자라 ~" (사 53:3)

우리 모두는 행위가 아니라 오직 은혜로 구원받았다(엡 2:8). 그러므로 성도들은 사람을 그 외모로 판단해서는 안 된다. 성경에 기록된 최고의 법(golden law)은 '네 이웃을 네 몸과 같이 사랑하라'는 말씀인데(마 22:39), 어찌 외모를 기준으로 성도를 판단할 수 있겠는가?

지금 하나님의 영광을 최우선 순위에 놓고 있는가, 아니면 세상의 기준에 따라 유불리를 따져서 행동하고 있는가? 예수님은 '내 나라는 이 세상에 속한 것이 아니다' 말씀하셨다(요 18:36). 그러기에 아직도 세상의 기준으로 생각하거나 판단하고 있다면, 나는 과연 참된 성도가 맞는지 심각하게 생각해 봐야 한다.

어린양 예수의 피로 구원받았음을 믿는 사람에게서는 자발적인 순종의 행위가 나오게 되어있다. 우리는 오직 믿음으로 구원을 받지만, 동시에 믿음은 선한 행함의 뿌리이기도 하다. 믿음으로 구원받은 성도들에게서는 이웃 사랑이라는 최고의 법을 지키는 행함이 자연스럽게 나온다는 것이다(8절).

우리는 예수의 십자가의 은혜로 이미 모든 심판과 정죄로부터 자유롭게 되었다(롬 8:1). 그러나 참된 자유에는 책임이 따른다. 심판을 면하기 위해서가 아니라 이미 심판에서 자유롭게 되었기에, 우리는 마치 장차 심판을 받을 자처럼 그렇게 자유의 율법을 지키며 살아야 한다.

> "너희는 자유의 율법대로 심판 받을 자처럼 말도 하고 행하기도 하라" (12절)

야고보서
3장

위로부터 난 지혜를 구하라

오직 위로부터 난 지혜는 첫째 성결하고 다음에 화평하고 관용하고 양순하며 긍휼과 선한 열매가 가득하고 편견과 거짓이 없나니(3:17)

콩 심은 데 콩 나고 팥 심은 데 팥이 나는 것처럼, 짠 샘에서는 짠 물이 나오고 단 샘에서는 단 물이 나오는 것은 너무나 당연하다. 만에 하나 혹시 짠 물과 단 물이 동시에 나온다 하더라도 결국 그 물은 짠 물일 수밖에 없다. 그만큼 근원이 중요하다는 말이다.

우리가 하는 말도 마찬가지다. 우리는 말에 실수가 없어야 한다. 그러기에 혀(말)를 조심해야 하지만, 말이란 그 근원인 마음에 들어있는 것이 그대로 나올 수밖에 없기에 마음이 바뀌기 전에는 말이 바뀔 수가 없다.

> "독사의 자식들아 너희는 악하니 어떻게 선한 말을 할 수 있느냐 이는 마음에 가득한 것을 입으로 말함이라" (마 12:34)

그렇다면 어떻게 마음을 바꿀 수 있는 것인가? 인간 스스로의 힘으로는 바꿀 수 없다. 원죄 가운데 태어나는 인간의 마음은 이미 죄로 물들어 있기에 아무리 좋은 말을 하려 해도 자연스럽게 악한 말이 나올 수밖에 없는 것이다(14~16절).

이렇게 스스로의 힘으로는 불가능하기에 하나님은 직접 '너희 마음을 바꿔주겠다' 약속하셨다(겔 36:26, 또 새 영을 너희 속에 두고 새 마음을 너희에게 주되 너희 육신에서 굳은 마음을 제거하고 부드러운 마음을 줄 것이며).

그리고 이 약속대로 죽음을 이기고 부활 승천하신 예수께서 오순절에 성령을 보내주셨다. 그리고 그때부터 성령을 받은 성도들은 새로운 말을 하기 시작했다(행 2:1~4). 이들은 하나님의 일방적인 은혜로 새 마음을 갖게 되었으며,

그 결과 하나님이 기뻐하시는 말을 하게 된 것이다.

그동안 이들은 사람을 해치고 죽이는 악한 말밖에는 할 수가 없었다(롬 3:13, 14, 그들의 목구멍은 열린 무덤이요 그 혀로는 속임을 일삼으며 그 입술에는 독사의 독이 있고 그 입에는 저주와 악독이 가득하고). 그랬던 그들의 입에서 드디어 사람을 살리는 말이 나오게 된 것이다.

그렇다. 성도란 성령을 받은 사람들을 말하는데, 그들은 이미 성령으로 말미암아 그리스도 안에서 새로운 피조물이 되었다(고후 5:17). 그러기에 그들에게서는 성령의 열매가 나올 수밖에 없는데, 이것이 곧 위로부터 난 지혜다. 그 지혜는 곧 성결하고 화평하며 긍휼과 선한 열매가 가득하고 편견과 거짓이 없다. 특히 화평(和平)이 중요한데, 죄인인 우리가 예수님의 십자가로 하나님과 화평케 되었기에, 우리는 마땅히 화평케 하는 자가 되어야 한다(마 5:9, 화평케 하는 자는 복이 있나니).

그러나 아직도 육신을 입고 있는 우리는 이 모든 일에 완전할 수는 없다(already not yet). 그러기에 우리는 지혜의 근원이신 주님과 지속적인 관계를 유지해야 한다. 주님과의 지속적인 관계를 통해서만 은혜가 주어지기 때문이다(4:8).

그리고 이를 위해 매순간 우리 속을 말씀으로 씻고 말씀으로 채워야 한다. 그럴 때 우리 안에 있는 말씀이 우리를 친히 이끌어 가실 것이다.

> "우리 주 예수 그리스도의 하나님, 영광의 아버지께서 지혜와 계시의 영을 너희에게 주사 하나님을 알게 하시고" (엡 1:17)

야고보서
4장

하나님을 가까이하라

하나님을 가까이하라 그리하면 너희를 가까이하시리라 죄인들아 손을 깨끗이 하라 두 마음을 품은 자들아 마음을 성결하게 하라(4:8)

교회는, 비록 믿음으로 의롭다 함을 받았지만 아직도 성화의 과정 중에 있는 온갖 죄인들로 구성되어 있다. 그러기에 싸움이나 다툼이 생기기 쉬운데, 이를 피하기 위해서는 무엇보다 서로 화평해야 한다(3:18, 화평하게 하는 자들은 화평으로 심어 의의 열매를 거두느니라).

그렇다면 왜 싸움이나 다툼이 생기는 것일까? 각자 자신의 정욕(잘못된 동기 또는 자신의 즐거움) 즉 자기 자신의 이익만을 위해 살아가기 때문이다(1절).

죄의 근본은 하나님을 위해 살도록 지어진 존재가 '스스로를 위해 사는 것'이다. 그러기에 심지어 설교, 심방, 봉사, 구제 등 종교 활동을 해도 자신의 이익을 위해서 할 때는 그것이 다툼의 빌미가 되기도 하는 것이다.

그러기에 성도는 하나님을 가까이해야 한다. 사람은 누구를 가까이하느냐에 따라 그 사람을 닮아가기 때문이다. 그리고 하나님과의 관계가 올바른 사람은 형제와도 바른 관계를 맺게 되기 때문이다.

하나님을 가까이하는 방법 중의 하나가 기도이다. 그런데 문제는, 그 기도조차도 정욕으로 쓰려고 잘못 구하기 때문에 응답을 받지 못하게 되는 경우가 비일비재하다는 것이다(3절).

물론 모든 기도는 선한 방향 즉 우리 믿음의 성숙을 위한 방향으로 반드시 응답이 된다. 그럼에도 우리는 정욕으로 구하는 기도를 하지 않도록 해야 한다. 정욕으로 구한다는 뜻은 세상적인 것을 구한다는 의미가 아니라, 그 기도가 응답되도록 자기 스스로는 아무런 노력도 하지 않고 하는 기도를 말한다. 누군가와 불화하다면 자신이 먼저 필요한 조치를 취해야 하는데, 모든 것을 하나님과 상대방에게 미루며 단순히 기도만 하는 것을 말한다. 믿음 생활의 목적은 '나 자신이 하나님 나라가 되는 것'이기에 이런 기도는 정욕으로 구하는 기도이며, 그러기에 응답이 없거나 늦어질 수밖에 없는 것이다.

또 하나님을 가까이하기 위해서는 세상과 벗이 되어서는 안 된다(4절). 예수님은 우리를 당신의 신부로 삼으려고 십자가를 지셨다. 그런데 우리가 하나님의 대적인 세상과 벗이 된다면 그것은 영적 간음이며, 하나님과 원수가 되는 것이다(요일 2:16).

그러므로 우리는 우리 안에 거하시는 성령을 의지해 마음을 성결케 하고, 또 세상을 사랑하는 우리 죄성과 죄를 부추기는 마귀와 대적해야 한다. 그리하면 마귀가 피하게 된다(7절). 삼위일체 하나님을 이길 수 있는 피조물은 없기 때문이다.

우리 인생의 주인은 우리 자신이 아니라 주님이심을 명심하고, 그분께 가까이 나아가 지혜를 구하고, 그분의 말씀에 순종하도록 하자. 성령께서 우리를 도와주실 것이다.

> "또 사람에게 말씀하셨도다 보라 주를 경외함이 지혜요 악을 떠남이 명철이니라" (욥 28:28)

야고보서 5장

아주 가까이 온 주님의 강림

너희도 길이 참고 마음을 굳건하게 하라 주의 강림이 가까우니라 ~ 서로 원망하지 말라 그리하여야 심판을 면하리라 보라 심판주가 문 밖에 서 계시니라(5:8, 9)

만약 주님이 심판하기 위해 지금 우리 집 문 앞에 서 계시다면, 우리는 과연 무엇을 할 것인가? 우리 마음속은 물론 우리의 일거수일투족을 모두 알고 계신 그분 앞에서 여전히 아침 안개와 같은 이 세상의 삶을 위해 달리기만 할 것인가?

> "내일 일을 너희가 알지 못하는도다 너희 생명이 무엇이냐 너희는 잠깐 보이다가 없어지는 안개니라" (4:14)

그럼에도 불구하고 많은 사람들이 돈(재물)으로 대표되는 세상의 부(富, riches)를 쌓는 데 정신이 팔려있다. 심지어 마땅히 지불해야 하는 임금(賃金)까지 주지 않으면서 말이다. 특히 소위 믿는다는 사람들의 이런 행위는 매우 가증스러운 일인데, 그들은 지금 하나님과 재물을 동시에 사랑하는 두 마음을 가진 자들이다.

성도들에게 있는 것들(건강, 재물, 가족 등)은 모두 주님의 것이며, 주님께서 주님의 뜻을 이루기 위해 잠시 우리에게 맡겨놓으신 것들이다. 그러므로 우리는 이것들을 그저 쌓아놓거나, 사치하고 방종하여 마음을 살찌게 하지 말고, 주님의 뜻대로 나눠야 한다. 모든 사람의 인생은 결국 하나님께 달린 것이며, 언제 불러 가실지 모르기 때문이다(눅 12:20, 어리석은 자여 오늘 밤에 네 영혼을 도로 찾으리니 그러면 네 준비한 것이 누구의 것이 되겠느냐).

한편 모든 성도들은 연약하며, 그리스도 안에서 한 몸(교회)으로 구원을 받았다. 그러기에 한 지체의 문제나 아픔은 곧 모든 구성원의 것이다. 그러므로 그들의 필요를 채워줘야 하며, 그들을 위해 기도해야 한다. 왜냐하면 의인의 간구는 역사하는 힘이 크기 때문이다(16절). 그러나 기도한다고 모든 문제가 해결되는 것은 아니다. 기도의 궁극적인 목적은 문제 해결이 아니라 '하나님과의 관계의 확인 및 회복'이기 때문이다.

오늘날 '내가 진실로 속히 오리라' 약속하신 주님의 강림(재림)이 매우 가까이 왔다. 그러므로 비록 고난과 핍박으로 인해 힘이 들지만, 농부들이 귀한 열매를 바라며 길이 참는 것처럼 우리는 믿음으로 인내해야 한다. 많은 믿음의 선진들과 선지자들이 그 길을 갔으며, 주님은 우리의 모든 것을 아시는 자비하고 긍휼한 분이시기에(11절), 반드시 영생(永生)으로 갚아주실 것이다.

> "그러므로 너희 죄를 서로 고백하며 병이 낫기를 위하여 서로 기도하라 의인의 간구는 역사하는 힘이 큼이니라" (16절)

베드로전후서

1, 2 PETER

베드로전서
1장

성도, 이 세상에서의 나그네

외모로 보시지 않고 각 사람의 행위대로 심판하시는 이를 너희가 아버지라 부른즉 너희가 나그네로 있을 때를 두려움으로 지내라(1:17)

사람들은 마치 이 세상이 모든 것인 양 세상 것에만 눈을 두고, 또 그것들에 매여서 살고 있다. 그러나 이 세상에서의 인간의 삶은 마치 안개와 같이 짧으며(약 4:14), 그 짧은 삶의 결과에 따라 각기 다른 곳에서 영원히 살게 된다. 즉 자신을 이 세상에 보내신 분이 하나님이심을 알고 그분을 믿고 그분의 뜻대로 산 사람은 천국에서, 그렇지 않은 사람은 지옥(하나님과 아무 관계없이 사는 곳)에서 영원히 살게 되는 것이다(요 5:29). 그러기에 우리는 하나님을 경외하며, 그분의 뜻에 따라 거룩한 자가 되어야 한다(15절). 왜냐하면 그분만이 인간의 몸과 영혼을 지옥에 멸하실 수 있는 분이시기 때문이다(마 10:28).

한편 성도들이 추구해야 하는 거룩이란 세상 사람들(불신자들)의 삶의 방식과 구별된 삶을 사는 것을 의미한다. 그러기에 성도들은 이 세상에서 나그네 취급 즉 온갖 시험(trials)을 받게 되고, 그 결과 때론 근심하게 된다. 그러나 그 잠깐의 근심을 통해 우리는 큰 기쁨을 얻게 된다(6절). 그런 시험과 환난을 통해 우리가 이 세상이 아닌 하나님 나라의 시민이며, 이제 곧 본향인 천국으로 돌아가게 된다는 산 소망을 갖게 되기 때문이다(3절).

주님께서 이미 예고하신 대로 사도 베드로는 이제 곧 성도들에게 큰 환난이 닥치게 될 것을 예감했다. 그러나 그는 결코 성도들에게 그 환난을 면하리라는 헛된 희망을 갖게 하지 않았으며, 오히려 환난은 주님께서 정금(精金)과 같은 믿음을 주시기 위해 허락하시는 것임을 알고 준비하도록 했다.

> "세상에서는 너희가 환난을 당하나 담대하라 내가(예수 그리스도) 세상을 이기었노라" (요 16:33)

그가 이렇게 판단하고 성도들을 권면할 수 있었던 이유는, 주님이 당하신 모든 고난과 그 결국을 직접 보았으며, 부활하신 주님께서 지금 하나님 우편에 앉아계심을 잘 알고 있었기 때문이다. 예수님께서 '몸소' 성도들이 장차 어떤 삶을 살고 또 그 결국은 어떻게 될 것인지를 미리 보여 주셨던 것이다(2:21). 할렐루야!

하나님께서는 우리를 불쌍히 여기사 부활하신 그리스도를 통해 우리에게 산 소망(living hope)을 갖게 하시고, 썩거나 더럽혀지거나 없어지지 않는 하늘에 간직한 유업을 받도록 하셨다(3, 4절). 그리고 주님이 다시 오실 때 칭찬과 영광과 존귀를 얻게 하실 것인데, 믿음의 결국(結局, goal)은 이 세상에서의 부귀영화가 아니라 영혼의 구원이기 때문이다(9절). 주님이 다시 오시는 그 날 우리는 그분과 함께 영원한 복락을 누리게 되는 것이다.

한편 죄인인 우리가 이렇게 거듭날 수 있었던 것은 살아있고 항상 있는 하나님의 말씀으로 된 것이다(23절). 그러므로 우리는 항상 말씀(성경)을 읽고 순종하는 가운데 함께 나그네 길을 가고 있는 성도들을 서로 뜨겁게 사랑해야 한다.

> "너희가 진리를 순종함으로 너희 영혼을 깨끗하게 하여 거짓이 없이 형제를 사랑하기에 이르렀으니 마음으로 뜨겁게 서로 사랑하라" (22절)

베드로전서
2장

보배로운 산 돌(living stone)이신 예수

사람에게는 버린 바가 되었으나 하나님께는 택하심을 입은 보배로운 산 돌이신 예수께 나아가 너희도 산 돌같이 신령한 집으로 세워지고(2:4, 5)

성경에는 돌(stone)과 반석(rock)이라는 단어가 많이 등장한다. 야곱은 베고 자던 돌로 여호와를 위한 돌단을 세웠으며, 다윗은 물맷돌로 골리앗을 죽였다. 이사야 선지자는 말씀에 불순종하는 자들이 돌에 걸려 넘어질 것을 예언했는데(사 8:14), 베드로는 그 일은 이미 그렇게 되도록 정해진 것이라 말한다(8절). 우리 인생과 세계 역사는 하나님께서 정하신 대로 이루어져 가고 있다는 뜻이다.

반석(rock)은 하나님과 예수 그리스도를 나타낸다. 이스라엘 백성들은 광야에서 반석에서 나오는 물을 먹고 살았는데, 이 반석은 예수 그리스도를 의미하는 것이다(고전 10:4). 또한 그들은 여호와를 반석이라 불렀다(시 18:2, 여호와는 나의 반석이시요 나의 요새이시니).

한편 성육신하신 예수님은 건축자들에게 버림받은 돌이셨다(시 118:22). 여기서 건축자들이란 '스스로의 힘으로 구원을 쟁취해 보겠다'는 율법주의자(인본주의자)들을 말한다. 그러나 하나님께서는 그 버려진 돌(예수)을 보배로운 머릿돌(cornerstone)로 삼아 그리스도인들로 이루어진 새로운 영적인 건물을 짓기로 결정하셨으며, 지금도 지어져 가고 있다(7절). 이 건물은 그리스도의 몸인 교회를 의미하는데, 묵시 속에서는 이미 완성되어 있으나, 역사 속에서는 지금도 지어져가고 있다.

그런데 놀라운 사실은 베드로가 성도들을 예수님처럼 '산 돌'로 부르고 있다는 것이다(5절). 성도들은 교회라는 신령한 건물의 건축에 쓰이는 작은 돌이지만, 산 돌(living stone)이기에 완성을 향해 계속 자라가야 하는 돌인 것이다. 그러므로 베드로는 성도들에게 '갓난아기들같이 순전하고 신령한 젖(말씀)을 사모하라' 권면하고 있다(2절). 구원은 처음부터 끝까지 하나님께서 친히 주관하시는 것이지만, 객체인 우리도 그 일에 자발적으로 참여해야 한다는 뜻이다.

말씀을 순종하지 않는 자들은 부딪치는 돌과 거치는 반석에 걸려 넘어지게 된다(8절). '구원의 반석'이신 예수님이 그들에게는 '거치는 반석'이 되기 때문이다. 이들과는 달리 성도들은 창세전에 이미 '택하신 족속이요 왕 같은 제사장들이요 거룩한 나라요 그의 소유가 된 백성들'이다(9절). 우리도 버림받은 자들과 똑같이 어둠에 살고 있었지만, 하나님의 크신 긍휼과 은혜로 인해 빛으로 부름을 받은 것이다. 그러므로 이런 값없는 은혜를 받은 성도들은 그분의 아름다운 덕을 '삶과 입술로' 증거해야 마땅하다(9절).

지금도 성도들은 이 세상에서 불신자들에 둘러싸인 채 살아가고 있다. 그러기에 우리는 당연히 불신자들이 보고 하나님께 영광을 돌릴 수 있는 선한 행실을 가져야 한다. 그럼에도 우리는 여전히 부당하게 고난을 당하게 될 터인데, 이렇게 선을 행함으로 고난을 받는 것은 하나님 앞에 아름다운 일이다. 우리의 주(主)요 그리스도이신 예수께서도 우리를 위하여 그리고 우리에게 본을 보여 따라오게 하시려고 친히 고난을 받으셨기 때문이다.

> "너희는 왕 같은 제사장들이요 거룩한 나라요 ~ 이는 너희를 어두운 데서 불러내어 그의 기이한 빛에 들어가게 하신 이의 아름다운 덕을 선포하게 하려 하심이라" (9절)

선을 행함으로 받는 고난

선을 행함으로 고난 받는 것이 하나님의 뜻일진대 악을 행함으로 고난 받는 것보다 나으니라(3:17)

베드로는 지금 예수를 믿는다는 이유로 고난을 당하고 있는 성도들에게 위로와 격려의 편지를 쓰고 있다. 그는 성도들에게 선한 양심을 가지라고 권한 후에(16절), 선한 양심으로 살게 되면 고난을 받게 되는 것이 하나님의 뜻이라 밝히고 있다. 선한 양심이란 잘못 생각하거나 잘못 행동할 때 책망하고, 의를 행할 때 인정하는 양심을 말한다. 한편 선한 양심을 강하고 정결하게 지키기 위해서는 영적 지식과 순종이 자랄 수 있도록 힘써야 한다(행 24:16).

한편 성도들은 고난을 두려워할 필요가 없다. 믿음의 주 예수께서 이미 승리하셨기 때문이다. 예수님은 이 세상에서 완전한 삶을 사셨지만 죄인들처럼 십자가에 달리셨다. 죄가 없으시며 유일한 의인이신 예수님이 이렇게 잔인하게 당하셨는데, 어떻게 불완전한 성도들이 고난을 피할 수 있겠는가? 그렇지만 우리는 우리의 불순종 때문이 아니라 선을 행함으로 고난을 받도록 힘써야 한다.

그러나 성도들은 이런 고난을 넉넉히 감당해낼 수 있다. 불의한 자들을 하나님 앞으로 인도하기 위해 십자가 지신 예수 그리스도의 영(성령)이 지금 우리와 함께하고 계시기 때문이다. 예수님께서는 성령을 노아에게 주셨고, 그를 통해 그 시대 사람들에게 복음을 전하셨다(19절). 그러나 겨우 여덟 명만 방주(ark, 方舟)에 들어와 구원을 받았으며, 말씀에 불순종한 자들은 지금 모두 지옥에 있다.

그러나 이런 자들과는 달리 성도들은 구원의 방주이신 예수 그리스도를 믿고 있기에 이미 구원을 받았으며, 그러기에 전혀 고난을 두려워할 필요가 없는 것이다. 또 우리를 핍박하는 세상을 전혀 두려워할 필요가 없다. 왜냐하면

'무릇 그리스도 예수 안에서 경건하게 살고자 하는 자는 박해를 받으리라' 예고하셨으며(딤후 3:12), 또 이미 세상을 이기신 예수님께서 성도들 편이시기 때문이다.

그렇다. 만약 우리가 하나님을 두려워한다면, 사람(세상)을 두려워할 필요가 없다. 선한 양심은 하나님을 경외(fear)함으로부터 오며, 하나님을 경외하는 성도들은 죄를 자백하게 되고, 죄를 자백하면 주님께서 우리 죄를 사하시고 모든 불의에서 깨끗하게 하실 것이기 때문이다(요일 1:9).

> "여호와는 내 편이시라 내가 두려워하지 아니하리니 사람이 내게 어찌할까" (시 118:6)

> "만일 우리가 우리 죄를 자백하면 그는 미쁘시고 의로우사 우리 죄를 사하시며 우리를 모든 불의에서 깨끗하게 하실 것이요" (요일 1:9)

베드로전서
4장

만물의 마지막이 가까이 왔으니

만물의 마지막이 가까이 왔으니 그러므로 너희는 정신을 차리고 근신하여 기도하라 무엇보다도 뜨겁게 서로 사랑할지니 사랑은 허다한 죄를 덮느니라(4:7, 8)

모든 것에는 끝(마지막)이 있다. 꽃이 피면 반드시 지게 되어 있고, 태어난 사람은 언젠가는 반드시 죽게 되어 있다. 그리고 죽기 전에 거의 모든 사람들이 후회하는 것은 바로 '그동안 사랑하지 못했다'는 것이라 한다. 이를 보건대 사람은 사랑하라고 이 세상에 보내진 것임을 알 수 있다.

그렇다. 본인 자신만 외면하거나 인식하지 못할 뿐, 우리 모두에게는 떠나야 할 시간이 이미 정해져 있다. 그러기에 우리는 매순간을 마지막으로 알고 최선을 다해 살아야 한다. 그렇다면 무엇을 해야 하는가?

먼저 기도할 수 있도록 마음을 깨끗이 하고 자제해야 한다(self controlled).

그리고 무엇보다도 서로 뜨겁게 사랑해야 한다. 믿음, 소망, 사랑은 언제나 있는 것이지만 그중의 제일은 사랑이며(고전 13:13), 하나님은 사랑이시고, 사랑은 모든 율법의 완성이기 때문이다(롬 13:10). 더 나아가 사랑은 허다한 죄를 덮는다. 하나님께서는 일만 달란트가 넘는 성도들의 빚(죄)을 탕감해 주셨다(마 18:24 이하). 그런데 그런 사랑을 받은 우리가 어찌 다른 사람들의 죄를 용서하지 않을 수 있겠는가?

더 나아가 육체의 남은 시간 동안 주님의 뜻을 분별하고, 그 뜻대로 살아야 한다(2절). 주님을 만나기 전까지 우리는 사탄의 자녀로 살면서 온갖 죄악을 범하며 살았으며(3절), 그것들이 주는 쓴 맛을 충분히 경험했다. 그러기에 이제는 주님의 자녀로서 그분의 뜻대로 살아야 한다. 그중의 하나는 서로 대접하는 것이다. 왜냐하면 우리 성도들은 이미 예수의 십자가 사랑으로 대접을 받은 자들이기 때문이다.

만물의 마지막이 가까워져 올수록 사탄은 자신의 마지막이 가까워졌음을 알고 더 발악하고, 그것이 성도들에게 고난으로 다가올 수 있다. 그러나 고난조차도 하나님의 허락 없이는 올 수 없기에, 성도들은 다가오는 불 시험(the fiery ordeal)을 이상하게 여길 필요가 없다. 오히려 그리스도의 고난에 참여하는 것으로 기뻐해야 하는데, 그분의 영광이 나타날 때에 성도들은 크게 기뻐하게 될 것이기 때문이다.

또한 모든 사람은 누구나 심판을 받게 되어 있는데, 하나님의 자녀들이 먼저 심판을 받게 된다(17절). 이렇게 성도들이 먼저 심판을 받는다면, 복음을 순종하지 않는 자들 곧 불신자들이 받는 심판(형벌)은 얼마나 무섭고 힘이 들겠는가?

> "만일 그리스도인으로 고난을 받으면 부끄러워하지 말고 도리어 그 이름으로 하나님께 영광을 돌리라" (16절)

베드로전서
5장

양 무리의 본이 되라

맡겨진 양떼를 지배하려 들지 말고 그들의 모범이 되십시오(5:3, 현대인의 성경)

장로(長老, elders)란 단순히 나이가 많은 사람들이 아니라 믿음의 연륜이 오래되고 영적인 권위가 있는 사람들을 말한다(딤전 3장). 자녀들이 부모의 영향을 많이 받는 것처럼 성도들도 장로들의 영향을 많이 받을 수밖에 없다. 그러기에 장로들은 모든 면에서 선한 영향력을 미치며 본을 보여야 하는 것이다.

먼저 예수님은 참 인간으로서 인간이 어떻게 살아야 하는지 직접 본을 보이셨다. 모든 인간은 하나님과 이웃을 사랑하며, 하나님 말씀에 순종하는 삶을 살아야 한다는 것이다. 예수님께서 십자가에 달리기까지 우리를 사랑하시고 하나님 말씀에 순종하신 것처럼 말이다.

물론 이 세상에서 그렇게 살다 보면 고난이 닥칠 수밖에 없다. 타락한 이 세상은 하나님 나라의 삶의 원리인 사랑이 아니라 약육강식(弱肉強食)이라는 정글의 법칙에 따라 움직여지고 있기 때문이다. 그러나 이런 상황 속에서도 성도들은 결코 포기하지 말고, 모든 염려를 주님께 맡기고, 그런 삶을 살아내야 한다(7절). 왜냐하면 성도들은 하나님을 떠난 삶이 어떤 것인지를 경험하기 위해 이 세상에 잠시 보내진 것이며, 하나님께서 그 모든 과정을 넉넉히 이길 수 있도록 우리를 돕고 계시기 때문이다(2:25).

특히 마지막 때가 될수록 우리 대적 마귀가 우는 사자처럼 삼킬 자를 찾아다닐 것이며, 그의 졸개들인 거짓 선지자들도 늑대처럼 양 같은 우리를 해치려 할 것이다(8절). 그러므로 성도들은 근신하고 깨어 있어야 하며, 믿음을 굳건히 하여 그들을 대적해야 한다. 그 누구도 선한 목자이신 주님에게서 우리를 빼앗을 자가 없음을 굳게 믿을 때, 우리는 반드시 승리하게 될 것이기 때문이다(요 10:28).

장로들이 본을 보여야 하는 것처럼 젊은 사람들 역시 겸손과 복종의 본(example)을 보여야 한다. 하나님께서 정하신 권위에 복종하지 못하는 사람은 말씀에도 순종할 수 없으며, 하나님께서는 교만한 자를 대적하시며 겸손한 자들에게 은혜를 주시기 때문이다(5절). 사실 모든 죄악과 다툼의 원인은 자기를 높이려는 교만에서 시작되는 것이기 때문이다.

예수님의 말씀(요 16:33)과 베드로의 말처럼, 고난은 모든 믿는 자들에게 약속된 것이다(9절). 그리고 고난을 당하는 그 사람에게는 매우 괴롭고 길게 느껴질 수 있다. 그러나 장차 우리에게 주어질 '영원한' 영광에 비하면 그 고난은 '잠깐' 이다. 그리고 우리가 고난을 당할 때, 은혜의 하나님께서 친히 우리를 온전하게 하시고 굳건하게 하시며 강하게 하시기에, 우리는 반드시 승리할 수 있음을 믿어야 한다. 할렐루야!

> "모든 은혜의 하나님이 ~ 잠깐 고난을 당한 너희를 친히 온전하게 하시며 굳건하게 하시며 강하게 하시며 터를 견고하게 하시리라" (10절)

베드로후서
1장

성경, 성령의 감동으로 쓰인 하나님 말씀

(성경의) 예언은 언제든지 사람의 뜻으로 낸 것이 아니요 오직 성령의 감동하심을 받은 사람들이 하나님께 받아 말한 것임이라(1:21)

사람이 죽을 때 가장 눈에 밟히는 것은 자녀들이라고 한다. 죽음이 임박한 베드로에게 있어서 자녀는 주님께서 맡기신 양 떼와 같은 성도들이었다. 주님께서 세 번씩이나 '내 양을 먹이라' 부탁하셨기 때문이다(요 21장). 그러기에 유언을 하는 심경으로 이 편지를 쓰고 있다.

먼저 그는 성도들에게 '올바른 지식을 가지고 자라가라' 부탁한다. 무릇 모든 생명 있는 것들은 자라가야 정상이기 때문이다. 그리스도인의 삶 역시 믿음으로 시작하는데, 그 보배로운 믿음은 영적으로 성장해야 한다(5절 이하, 믿음에 덕을, 덕에 지식을 ~ 형제 우애에 사랑을 더하라). 만약 자라지 않는다면 그것은 죽은 믿음인데, 그런 믿음은 구원에 이르는 믿음이 아니다(약 2:14~26). 이렇게 믿음은 성장해야 하고, 믿음의 성장은 성도들의 삶과 예배 속에 실질적인 열매를 맺게 하는데(8절), 이런 성도들은 변절한 거짓 교사들의 먹이가 되지 않는다.

더 나아가 그는 '말씀 위에 굳건히 서라' 고 권한다. 왜냐하면 구약 성경과 신약 성경에 기록된 모든 내용들은 인간이 교묘히 만든 이야기가 아니라, 선지자들과 사도들이 직접 보고 경험한 것들을 성령의 감동하심으로 기록한 것들이기 때문이다.

한편 당시 교회에는 주님의 재림이 늦어지는 것과 관련해 많은 문제가 있었다. 이에 베드로는 변화산에서 하나님의 음성을 직접 들었으며, 예수님의 변화된 모습을 직접 보았음을 강조한다(16~18절). 그곳에서 본 예수님의 영광스런 모습은 곧 재림시의 주님의 모습이었다. 그러기에 그는 성도들에게 '주님의 재림을 굳게 믿고 주 앞에서 점도 흠도 없이 평강 가운데 나타나기를 힘쓰라' 권하고 있다.

그렇다. 사람은 죽지만 하나님의 말씀은 영원하며, 경험은 사라지지만 말씀은 남는다. 그리고 세상은 점점 어두워지지만 예언(預言, prophecy)의 말씀은 더욱더 밝게 빛난다. 그리고 자신의 인생을 말씀 위에 세우고 주님의 재림을 기다리는 사람은 거짓 교사들의 꼬임에 넘어갈 가능성이 적다. 성령이 그를 가르치며, 확실한 말씀 위에 굳건히 뿌리박고 있기 때문이다. 그러기에 베드로는 '깨어 일어나라 그리고 기억하라'고 외친다. 잠자고 있는 교회는 마귀의 놀이터이며, 성도들이 잠자고 있을 때 대적들은 가리지를 뿌리기 때문이다(마 13:25 사람이 잘 때에 그 원수가 와서 곡식 가운데 가라지를 덧뿌리고 갔더니).

> "또 우리에게는 더 확실한 예언(성경)이 있어 어두운 데를 비추는 등불과 같으니 날이 새어 샛별이 너희 마음에 떠오르기까지 너희가 이것을 주의하는 것이 옳으니라" (19절)

베드로후서
2장

거짓 선생들을 경계하라

이들은 ~ 음심이 가득한 눈을 가지고 범죄 하기를 그치지 아니하고 굳세지 못한 영혼들을 유혹하며 탐욕에 연단된 마음을 가진 자들이니 저주의 자식이라(2:14)

주님께서도 '이 세상의 교회 안에 알곡(진짜 성도)과 가라지(가짜 성도들)가 있다' 말씀하셨다. 그리고 누가 가짜인지 아시지만 잠시 그냥 내버려두시는 이유는 진짜 성도들을 위한 것이며, 추수 때에 이들을 따로 묶어 불에 태우실 것이다(마 13:24 이하).

> "주께서 경건한 자는 시험에서 건지실 줄 아시고 불의한 자는 형벌 아래에 두어 심판 날까지 지키시며" (9절)

당연히 초대 교회에도 가짜들이 있었는데, 이들의 겉모습은 진짜와 다름이 없었지만 거짓 선생들(거짓 목회자)을 따랐다. 그때에도 많은 가짜들이 교회 공동체 안으로 말씀을 좇기 위해서가 아니라 자신의 세상적인 이익을 좇아 들어왔던 것이다(2절).

한편 거짓 선생들의 특징은, 교회 안으로 이단을 끌어들여 주님을 부인하고 호색을 일삼으며, 성경이 아니라 '지어낸 말로' 자신들의 이익을 위해 성도들을 이용한다는 것이다. 이런 자들은 창세 이래 쭉 있어 왔는데, 이런 자들은 장차 노아 때 믿지 않던 사람들과 소돔과 고모라 사람들처럼 완전히 멸망당할 것이다.

더 나아가 이들은 마치 이성 없는 짐승처럼 육체를 따라 더러운 정욕 가운데 행하며, 모든 주관자들을 멸시하며, 스스로를 높이고 믿는 자들을 비방한다. 이들은 특히 불의의 삯(the wages of wickedness)을 사랑하는데, 그 끝은 나귀에게까지 책망을 받았지만 끝내 욕심을 버리지 못하고 멸망당했던 발람과 같을 것이다(민 22:5, 7).

그러므로 우리는 주님의 품에 안기는 그날까지, 거짓 선생들(거짓 목사들)의 꼬임이나 속임수에 넘어가지 않도록 말씀 위에 튼튼히 서서 깨어 있어야 한다. 만약 이들의 유혹에 넘어가는 사람이 있다면, 개가 그 토하였던 것에 돌아가고, 돼지가 씻었다가 더러운 구덩이에 도로 누운 것처럼 그 나중 형편이 처음보다 더 심할 것이기 때문이다.

물론 진짜 성도들은 주님께서 끝까지 지키신다. 그러나 잠시 동안이라도 거짓 선생들에게 홀리면, 그만큼 성령을 근심시키는 일이며, 마땅히 누려야 할 평안과 기쁨과 은혜를 누리지 못하게 됨을 알아야 한다.

> "만일 그들이 우리 주 되신 구주 예수 그리스도를 앎으로 세상의 더러움을 피한 후에 다시 그중에 얽매이고 지면 그 나중 형편이 처음보다 더 심하리니" (20절)

베드로후서
3장

하나님의 날이 임하기를 사모하라

하나님의 날이 임하기를 바라보고 간절히 사모하라 그날에 하늘이 불에 타서 풀어지고 물질이 뜨거운 불에 녹아지려니와(3:12)

무릇 모든 성도들은 하나님의 날이 임하기를 바라보고 간절히 기다려야 한다. 그날은 하나님을 대적하는 자들에게는 심판과 멸망의 날이지만, 성도들에게는 신원(伸寃, 가슴에 맺힌 원한을 풀어버림)의 날이요 구원의 날이기 때문이다.

노아 때 세상 사람들은 120년간에 걸친 노아의 심판 경고를 조롱한 결과 멸절당했다. 소돔과 고모라 사람들 또한 의로운 롯(Lot)의 경고를 농담으로 여긴 결과 유황불로 완전히 진멸되었다(창 19:14). 선민이라는 이스라엘 또한 선지자들의 거듭된 심판 경고를 외면한 결과 바벨론에 멸망당하고 말았다.

믿지 않는 자들의 반응은 지금도 똑같다. 이렇게 하나님의 심판의 분명한 증거가 많이 있음에도 불구하고 그들은 '지금까지 한 번도 하나님의 심판은 없었으며, 앞으로도 없으리라' 조롱하고 있는 것이다(3~5절).

아니다. 하나님의 말씀은 진실 그 자체이다. 심판이 있다고 하시면 심판은 반드시 온다. 또 하나님의 말씀은 변하지 않는다. 하나님은 말씀으로 천지를 창조하시고, 지금도 보존하고 계신다. 그러기에 하나님께서는 동일한 말씀의 능력으로 원하시는 때에 원하시는 대로 심판하실 수 있다.

그럼에도 불구하고 최후의 심판이 늦춰지고 있는 이유는 오직 하나, 하나님이 창세전에 계획하신 성도 중 마지막 한 사람까지 구원의 과정을 모두 마쳐야 하기 때문이다. 하나님께서는 자녀로 택함 받은 사람 중 하나라도 멸망하지 않도록 오래 참고 계신 것이다(9절).

그렇다. 마지막 심판의 날은 아무도 예상하지 못한 시각에 도둑같이 순식간에 임할 것이다. 그러기에 우리는 항상 깨어 있어야 한다. 비록 육신은 아직 이 세상에 있으나 항상 하나님 나라 백성으로서의 삶을 살아내야 하는 것이다. 그리고 그때에는 지금 보이는 이 세상은 불에 타 완전히 없어지고(10절), 질적으로 완전히 변화된 새 하늘과 새 땅, 즉 의(義)로 가득 찬 세상이 될 것이다(13절).

그러므로 성도들은 먼저 거룩한 삶을 사는 데 힘써야 한다(11절). 주님께서는 우리를 거룩한 자로 만드시기 위해 택하셨기 때문이다(레 11:45 나는 너희의 하나님이 되려고 너희를 애굽 땅에서 인도하여 낸 여호와라 내가 거룩하니 너희도 거룩할지어다). 그리고 이웃의 구원을 위해 힘써야 한다. 주님은 지금 택하신 백성 중 아무도 멸망하지 아니하고 다 구원받을 수 있도록 오래 참으시며 심판을 늦추고 계시기 때문이다. 더 나아가 영적인 성장을 위해 힘써야 한다. 만약 영적 성장이 없으면 무법한 자의 미혹에 넘어갈 수 있으며, 지식으로만 풀다가 스스로 멸망당할 수 있기 때문이다.

> "오직 우리 주 곧 구주 예수 그리스도의 은혜와 그를 아는 지식에서 자라 가라 영광이 이제와 영원한 날까지 그에게 있을지어다" (18절)

요한일, 이, 삼서

1, 2, 3 JOHN

요한일서
1장

생명의 말씀과 영원한 빛 예수

그가 빛 가운데 계신 것 같이 우리도 빛 가운데 행하면 우리가 서로 사귐이 있고 그 아들 예수의 피가 우리를 모든 죄에서 깨끗하게 하실 것이요(1:7)

언어는 시간이 지남에 따라 변질되게 되어 있다. 교회에서 사용되는 단어들 또한 한 세기도 지나지 않은 시점에서 이미 원래의 의미가 오염되고 퇴색되고 있었다. 동일한 단어지만 전혀 새로운 의미나 뒤틀려진 의미로 쓰이고 있었던 것이다. 그러기에 사도 요한은 빛, 죄, 그리스도, 사랑, 믿음 등의 단어에 대해 원래의 의미를 설명하고 있다.

더 나아가 그는 믿음이 어떻게 우리의 삶을 변화시켜야 하는지를 설명한다. 하나님이 빛이시기 때문에 우리는 빛 가운데 행해야 하며, 하나님이 영이시기에 우리는 그분을 영으로 예배해야 하고, 또 하나님은 사랑이시기에 우리는 다른 사람들에게 그 사랑을 나타내야 하는 것이다.

먼저 당시 거짓 선생들은 그리스도께서 사람으로 오셨음(成肉身)을 부인하거나, 예수는 사람일 뿐 그리스도가 아니라 주장했다.

이에 대해 요한은 먼저 자신이 직접 그분을 눈으로 보았고 손으로 만졌음을 선언함으로써 그리스도의 인성(人性)을 설명한다(1절). 그분은 사람을 대표하기 위해 사람으로 오셔야만 했던 것이다(대표의 원리). 또한 예수님은 태초부터 하나님 아버지와 함께 계셨으며 생명의 말씀이심을 선포함으로써, 예수님이 하나님이심을 선언한다(2절, 요 1:1).

계속해서 요한은 하나님은 빛이시기에(5절) 그 빛을 받은 빛의 자녀인 성도들 또한 빛 가운데 행하고 죄를 짓지 말아야 함을 선포한다(7절). 왜냐하면 자녀가 부모를 닮는 것처럼, 빛 되신 하나님의 자녀 역시 빛 된 삶을 살아야 하는 것이다.

물론 우리는 아직 죄로 물든 육신을 입고 있으며, 죄악된 세상을 살고 있기에 죄를 짓지 않을 수는 없다. 그러나 십자가에서 흘리신 예수의 피가 우리의 과거, 현재 그리고 미래의 죄까지도 깨끗케 하신다. 그러기에 우리가 혹시 죄를 범했더라도 주 앞에 나가 자백하면 우리 죄를 사해주시며, 모든 불의에서 깨끗게 하실 것이다.

그러므로 우리는 성령의 도우심을 받아 죄를 멀리하되, 죄를 범했을 경우에는 즉시 회개해야 한다. 죄를 감추거나 범하지 않았다고 하면, 이는 하나님을 거짓말하는 이로 만드는 것이며(10절), 또한 회개하지 않으면 다윗처럼 뼈가 상하고 진액이 마름같이 되기 때문이다(시 32:3, 4 내가 입을 열지 아니할 때에 종일 신음하므로 내 뼈가 쇠하였도다 주의 손이 주야로 나를 누르시오니 내 진액이 빠져서 여름 가뭄에 마름같이 되었나이다). 이와 반대로 비록 죄를 범했을지라도 회개하는 자에게는 주님께서 그 상한 심령을 받으시고, 죄를 용서하심은 물론 기쁨을 회복시켜 주시기 때문이다. 할렐루야!

> "만일 우리가 우리 죄를 자백하면 그는 미쁘시고 의로우사 우리 죄를 사하시며 우리를 모든 불의에서 깨끗하게 하실 것이요" (9절)

요한일서 2장

이 세상이나 세상에 있는 것들을 사랑하지 말라

이 세상이나 세상에 있는 것들을 사랑하지 말라 누구든지 세상을 사랑하면 아버지의 사랑이 그 안에 있지 아니하니(2:15)

사도 요한이 이 서신을 쓴 목적은 성도들로 하여금 죄를 범하지 않게 하기 위함이다(1절). 그러나 새 성품을 받은 것이 곧 타고난 옛 성품을 완전히 제거된 것을 의미하지는 않으며, 이 두 성품은 우리 안에서 끊임없이 서로 싸운다. 이럴 때 우리는 성령을 의지해야 하는데(갈 5:16 이하), 성령만이 옛 성품을 죽이고, 성령의 열매를 맺을 수 있게 할 수 있기 때문이다(엡 5:22. 23).

이렇게 성도들도 이 세상에 사는 동안 죄를 범하지 않을 수 없는데(1:8), 이럴 때 우리는 죄를 회개하고 우리의 중보자요 대언자 되신 예수 그리스도께 나아가야 한다. 그분은 우리를 위해 친히 화목제물(십자가)이 되셨고, 하나님 앞에서 우릴 중보하시는 분이기 때문이다(2절).

그렇다. 참된 생명을 가진 자는 죄를 사랑하지 않는다. 즉 참 성도는 죄를 감추는 대신 죄를 자백하고, 말씀의 빛 가운데 행함으로 죄를 정복하려고 애쓴다. 즉 죄의 종이 아니라 하나님의 자녀로 살아가야 하는 것이다.

한편 집 하인이 동시에 두 주인을 섬길 수 없는 것처럼(눅 16:23), 돈으로 대표되는 세상을 사랑하면서 동시에 하나님을 사랑할 수는 없다. 그런데 요즘 교회에서는 온통 세상 것(돈, 권력, 건강 등)만을 구하고 있으며, 소위 선생(목사) 중에는 자기가 그것들을 줄 수 있다고 말하는 자들이 있는데, 그런 자들은 거짓 선생들이다. 당연히 이런 자들 안에는 아버지의 사랑이 없는데(15절), 하나님이 아니라 세상을 사랑하는 자들 안에는 사랑이신 아버지가 계시지 않기 때문이다.

18절 이하에서는 적(敵) 그리스도(anti Christ)에 대해 경고하고 있다. 적그리스도는 거짓말하는 자들인데, 그들은 예수께서 그리스도이심을, 그리고 아버지와 아들을 부인하는 자들이다(22절). 예수께서 하나님의 아들이심을 부인하는 자들에게는 당연히 하나님 아버지가 있을 수 없는데, 예수님은 아버지 하나님을 증거하기 위해 오신 분이시기 때문이다.

> "예수께서 이르시되 빌립아 ~ 나를 본 자는 아버지를 보았거늘 어찌하여 아버지를 보이라 하느냐" (요 14:9)

그러므로 모든 성도들은 적그리스도에게 속지 말고, 성령(기름 부음)을 의지해 그리스도 예수 안에 거해야 한다. 성령께서는 지금 우리 안에 거하시며, 모든 것(하나님과 그리스도를 아는 지식)을 가르쳐 주시기 때문이다(요 14:26, 성령 그가 너희에게 모든 것을 가르치고 내가 너희에게 말한 모든 것을 생각나게 하리라).

주님께서는 '서로 사랑하라' (요 13:34)라는 새 계명을 주셨는데, 이는 구약에서 이미 주어진 계명이다(레 19:18, 신 6:5). 문제는 이 계명을 누구도 지킬 수 없다는 것인데, 이제 예수께서 친히 지키시고 우리에게 지킬 수 있도록 성령을 보내주셨다. 그러므로 주님의 십자가 사랑과 성령을 받은 우리들은 세상을 사랑하지 말고, 같은 사랑을 받은 형제들을 뜨겁게 사랑해야 한다.

> "이는 세상에 있는 모든 것이 육신의 정욕과 안목의 정욕과 이생의 자랑이니 다 아버지께로부터 온 것이 아니요 세상으로부터 온 것이라" (16절)

요한일서
3장

사랑, 하나님의 유일한 계명

그의 계명은 이것이니 곧 그 아들 예수 그리스도의 이름을 믿고 그가 우리에게 주신 계명대로 서로 사랑할 것이니라(3:23)

성도들은 하나님의 자녀다. 하나님께서 예수라는 독생자를 십자가에 못 박으시고 우리를 자녀 삼으신 것이다. 물론 아직도 우리의 모습은 하나님의 부름을 받기에는 부족함이 너무 많다. 그러나 주님이 다시 나타나시면 우리가 그분의 모습과 같다는 것을 알게 될 것이다. 그러므로 우리는 비록 완벽할 수는 없겠지만, 그분이 깨끗하심과 같이 깨끗해지도록 애써야 한다(3절).

여기서 깨끗하다는 뜻은 죄를 짓지 않는 것을 말하는데, 예수님께서 오신 목적도 우리의 죄를 없애기 위한 것(마귀의 일을 멸하려 하심)이었다(5절). 여기서 죄란 곧 불법(lawlessness)을 행하는 것 곧 하나님의 법에 적극적으로 반역하는 것을 말한다. 한편 마귀는 처음부터 죄를 범했는데, 그러기에 죄를 짓는 자는 마귀에게 속한 자이다(8절).

> "너희는 너희 아비 마귀에게서 났으니 아비의 욕심대로 너희도 행하고자 하느니라 그는 처음부터 살인한 자요 ~ 거짓말쟁이요 거짓의 아비가 되었음이라" (요 8:44)

이와 반대로 하나님께로 난 자들은 때때로 죄에 빠질 수는 있지만, '습관적으로' 죄를 지을 수는 없다. 왜냐하면 그들 안에는 하나님의 씨(말씀과 성령으로 인한 새 생명)가 있기 때문이다(9절). 그러기에 요한 크리소스톰은 '죄를 짓는 것은 인간다운 것이다. 그러나 죄를 고집하는 것은 완전히 사탄다운 것' 이라 말했던 것이다. 이렇게 신분은 하나님 자녀로 이미 바뀌었지만 아직도 연약하기에, 성도들은 죄를 끊을 수 있는 지혜와 능력을 하나님께 계속 구해야 한다.

한편 하나님의 자녀가 된 사람에게서는 형제 사랑이라는 증거가 나타나야 한다. 주님이 우리를 위해 목숨을 버리신 것에서 참 사랑을 알 수 있는데, 우리도 형제를 위해 목숨을 버려야 마땅하다는 뜻이다(16절). 그러나 실제로 형제를 위해 목숨을 버려야 하는 경우는 흔치 않으며, 우리의 소유로 형제의 궁핍을 채워주는 것이 형제를 사랑하는 방법 중의 하나이다.

그렇다. 무릇 모든 성도들은 형제 사랑을 통해 사망에서 생명으로 들어갔음을 나타내야 한다. 구원받은 성도에게서는 형제 사랑이 구체적으로 나타나야 한다는 뜻이다. 그러기에 형제를 미워하는 사람은 누구나 살인자이다. 왜냐하면 그 사람 안에는 사랑이 없으며, 사랑이 없다는 것은 곧 그에게 영생이 없다는 뜻이기 때문이다(15절).

그리스도 예수는 포도나무요 성도는 그분에게 붙어있는 가지다(요 15:5). 그러기에 우리가 그 나무에 붙어있다면 - 우리가 그리스도 안에 거하고 주님이 우리 안에 거하신다면 - 당연히 사랑이라는 열매가 열릴 것이다. 왜냐하면 하나님은 사랑이시기 때문이다.

"자녀들아 우리가 말과 혀로만 사랑하지 말고 행함과 진실함으로 하자" (18절)

요한일서
4장

하나님은 사랑이심이라

사랑하는 자들아 우리가 서로 사랑하자 ~ 사랑하지 아니하는 자는 하나님을 알지 못하나니 이는 하나님은 사랑이심이라(4:7, 8)

지금도 그렇지만 사도 요한이 살아있을 때에도 이미 온갖 이단 사설들이 많았다. 그중의 하나가 영지주의(靈知主義, Gnosticism)인데, 특히 지성인들에게 인기가 있었다. 이들은 인간의 육신은 원래 악한 것이며, 그러기에 참 신(神)이라면 육신을 가질 수 없음을 주장함으로써 예수님의 성육신을 부인했다. 즉 이들은 신(God)이 잠시 인간처럼 보였을 뿐이라거나, 신이 세례 때 예수에게 잠시 임했다가 예수가 십자가에 죽기 전에 떠났다고 주장했다.

이에 대해 요한은 예수님은 환영(幻影)이거나 영(靈)이 아니며, 자신들이 직접 그분을 직접 보았고, 말씀을 들었으며, 만졌다고 말한다(1:1). 그리고 예수 그리스도께서 육신으로 오신 것을 시인하는 영은 하나님께 속한 것이요 인정하지 않는 영들은 적그리스도라고 선언한다(2, 3절). 예수 그리스도가 완전한 하나님이시면서 완전한 인간임을 부인하는 자들은 구원받을 수 없는 이단임을 선포한 것이다. 그런데 세상(불신자들)은 이단들의 말을 듣는다. 왜냐하면 그들이 하나님께 속하지 않고 마귀의 통치를 받는 세상에 속해 있기 때문이다(5절).

한편 하나님께 속한 자들의 표지는 사랑인데, 하나님은 사랑이시기 때문이다(8절). 사랑은 하나님의 가장 두드러진 성품인데, 그분은 우리 죄를 속하고 우리를 살리려 독생자를 세상에 보내심으로써 사랑을 보여주셨다. 우리가 죄와 허물로 죽어있을 때, 즉 사랑이 무엇인지도 모를 때, 먼저 우리에게 사랑을 베풀어 주신 것이다(19절).

그러므로 이런 하나님의 사랑을 먼저 받은 우리는 그 사랑의 하나님을 사랑해야 한다. 그분의 말씀에 순종하는 것 곧 그분의 계명을 지키는 것이 하나님을 사랑하는 일이다(5:3). 동시에 그 사랑을 똑같이 받은 형제들을 서로 사랑해야 한다(11절). 우리가 서로 사랑하면 하나님을 모르던 사람들이, 우리의 서로 사랑하는 모습을 보고 하나님을 알게 될 것이기 때문이다.

한편 모든 사람은 죽음을 두려워한다. 인간은 그 어느 누구도 죽음을 피할 수 없으며, 그 후에는 심판 곧 형벌이 있음을 본능적으로 알고 있기 때문이다(18절, 히 9:27). 그 결과 불신자들은 평생 죽음의 종(죄의 종)으로 살아가게 되는데, 불행히도 그 끝은 영원한 멸망이다. 이와는 달리 성도들에게는 두려움이 없다. 사망권세를 이기신 주님께서 지금 사랑으로 우리와 함께하고 계시며, 온전한 사랑이 두려움을 내어쫓기 때문이다. 그러므로 이런 갚을 수 없는 큰 사랑을 받은 성도들은 서로 사랑하는 것이 마땅하다.

> "보는 바 그 형제를 사랑하지 아니하는 자는 보지 못하는 바 하나님을 사랑할 수 없느니라 ~ 하나님을 사랑하는 자는 또한 그 형제를 사랑할지니라"(20, 21절)

요한일서
5장

성도는 하나님 아들 곧 생명이 있는 자

내가 하나님의 아들의 이름을 믿는 너희에게 이것을 쓰는 것은 너희로 하여금 너희에게 영생이 있음을 알게 하려 함이라(5:13)

성도는 하나님께로부터 난 자들(born of God)이다. 원래 죄와 허물로 죽었던 자들이지만, 주님께서 은혜를 주셔서 거듭난 사람들인 것이다(엡 2:1). 그리고 이런 자들은 '예수께서 하나님의 아들이심을 믿는' 믿음으로 세상을 이긴다(4절). 여기서 세상을 이긴다는 뜻은 세상에서 승리자가 된다는 뜻이 아니라, 세상의 유혹에 지지 않고 승리한다는 뜻이다. 왜냐하면 세상에 있는 모든 것들(육체의 정욕, 안목의 정욕, 이생의 자랑)은 아버지 하나님께로부터 온 것이 아니기 때문이다.

예수 그리스도는 하나님의 아들이시다. 이 사실을 성령과 물과 피가 증언하는데, 이 셋은 합하여 하나이다(6, 7절). 먼저 예수께서 세례(물)를 받으실 때 하나님의 사랑하는 아들이심이 선포되었다(마 3:17). 그리고 십자가에 달려 '피 흘리실 때' 로마 백부장에 의해 하나님의 아들로 인정되셨고(막 15:39), 또 진리의 영인 성령의 능력으로 부활하심으로 하나님의 아들로 선포되셨다(롬 1:4). 율법에서는 두세 사람의 증언에 의해 정당화되기에, 하나님의 이런 증거는 더욱 크다(9절).

한편 하나님께서는 아들의 이름을 믿는 자들(성도들)에게 증거를 주셨다. 그 증거는 바로 하나님께서 성도들에게 생명(永生, zoe)을 주셨으며, 그 생명은 그의 아들 안에 있다는 것이다(11절). 한마디로 생명은 오직 예수 그리스도 안에만 있기 때문에, 아들이 없는 자들 즉 하나님의 아들 예수를 믿지 않는 자들에게는 생명이 없다는 뜻이다.

하나님이 주신 유일한 계명은 사랑이다. 그러기에 우리는 형제 사랑을 실천하기 위해 하나님의 뜻대로 기도해야 하는데, 그것은 곧 형제의 구원을 위한 것이다. 그러나 요한은 사망에 이르는 죄의 경우 굳이 기도할 필요가 없다고 말한다(16절). 물론 모든 불의가 다 죄이다. 그렇지만 사망에 이르는 죄와 그렇지 않는 죄가 있는데, 사망에 이르는 죄는 하나님께 대한 지속적인 반역의 태도 그리고 결코 구원을 얻지 못할 회개하지 않는 심령을 말한다. 예수께서 하나님의 아들 그리스도이심을 고의적으로 부인함으로써 거짓 교사들과 그 추종자들은 자기 자신을 기도가 미치지 않는 곳에 놓이게 하는 것이다.

한편 하나님께로부터 난 자들은 때로 죄를 범할 수도 있지만, 동일한 죄를 계속해서 범하지는 않는다(18절). 더 나아가 그리스도께서 지켜주시기 때문에 악한 자(사탄)가 만지지도 못하는데, 그 의미는 사탄이 성도의 구원을 막지 못한다는 뜻이다. 그러므로 우리는 사탄이 주님의 허락하에 믿음의 성숙을 위해 우리를 각종 고난에 처하게 할 수 있음을 알아야 한다(벧전 4:12, 너희를 연단하려고 오는 불 시험을 이상한 일 당하는 것같이 이상히 여기지 말고). 그리고 고난이 왔을 때 우리는 주님께서 허용하신 이런 공격들이 우리를 결코 해할 수 없다는 것과 우리가 하나님이 원하시는 모습이 되는 데 도움이 될 것임을 알고, 더욱 인내해야 한다(약 1:2~4).

> "아들이 있는 자(하나님의 아들 예수 그리스도를 믿는 자)에게는 생명이 있고 하나님의 아들이 없는 자에게는 생명이 없느니라"(12절)

요한이서 1장

적그리스도 = 예수께서 육체로 오심을 부인하는 자

미혹하는 자가 세상에 많이 나왔나니 이는 예수 그리스도께서 육체로 오심을 부인하는 자라 이런 자가 미혹하는 자요 적그리스도니(1:7)

일반적으로 가짜가 진짜보다 사람들의 시선이나 마음을 끌기 쉽다. 가짜들은 세상에 속한 것들인 육체의 정욕, 안목의 정욕, 이생의 자랑을 자극하기 때문이다(요일 2:16).

가짜 복음이 진짜 복음보다 더 사람들에게 끌리는 것도 마찬가지인데, 그들의 주장은 타락한 인간의 수준에서 이해하기 쉽고, 그들의 죄성에 딱 맞아떨어지기 때문이다. 그러기에 거짓 교사(거짓 목사)들이 있는 곳에 사람들이 더 많이 모일 수도 있다.

이와는 달리 참된 복음은 하나님께서 눈과 귀를 열어주시지 않으면 이해할 수 없고, 그래서 사람들에게 외면당하기 쉽다. 그러기에 예수께서 '나는 생명의 떡'이라 선포하셨을 때, 많은 사람들이 '이 말씀은 어렵다' 하며 예수님을 떠났던 것이다(요 6:35절 이하).

초대 교회 때도 성도들에게서 이득을 취하며 이들을 미혹하는 자들이 있었는데, 이들이 곧 적그리스도(antichrist, 그리스도의 敵 또는 원수)들이다. 이들은 예수가 그리스도이심을, 그리고 아버지와 아들을 부인하는 자들(요일 2:18, 22)이거나, 예수께서 육체로 오심을 부인하는 자(7절)들이다. 이들이 구체적으로 누구인지를 특정 지을 수는 없지만, 창조 때부터 예수님의 재림 때까지 하나님 반대편에서 일하는 사람들이나 세력을 가리키는 것이다.

한편 이들은 그들의 아비인 마귀처럼 교묘한 말과 속임수로 성도들을 속이고 유혹해 복음에서 떨어지게 한다. 그러기에 사도 요한은 순회 전도자들이 전하는 메시지와 그들의 방문 목적을 신중하게 점검하라고 명했다. 그리고 그리스도에 대한 진리를 가르치지 않으면, '이런 자들과는 인사도 하지 말고, 집에도 들이지 말라' 고 강하게 경고한다(10 절). 왜냐하면 올바른 그리스도의 교훈에 거하지 못하면, 참된 생명을 잃을 수 있기 때문이다.

예수 그리스도는 진리요 생명이시며(요 14:6), 복음 그 자체이시다. 복음은 곧 예수 그리스도의 삶과 죽으심 그리고 부활과 승천을 말하는 것이기 때문이다. 그런데 적그리스도는 그리스도를 고의로 대적하는 자들이나 그 세력들이다. 그러므로 그리스도가 육체로 오셨음을 부인한다는 것은 복음을 모르는 것이며, 그러기에 그들에게는 생명이 있을 수가 없다. 나아가 이들은 그리스도의 대적들이기에 그리스도가 계신 천국에 들어갈 수가 없으며, 지옥(그리스도가 계시지 않는 곳)에 스스로 들어가게 되는 것이다.

그러므로 우리는 항상 말씀과 기도로 깨어있어야 하며, 서로 사랑해야 한다. 그것이 주님이 주신 계명이며, 계명을 따라 행할 때 악한 자가 우리를 만지지도 못할 것이기 때문이다.

> "부녀여, 내가 이제 네게 구하노니 서로 사랑하자 ~ 또 사랑은 이것이니 우리가 그 계명을 따라 행하는 것이요" (5, 6절)

요한삼서 1장

네 영혼이 잘됨 같이 범사에 잘되고

사랑하는 자여 네 영혼이 잘됨 같이 네가 범사에 잘되고 강건하기를 내가 간구하노라(1:2)

사도 요한은 가이오(Gaius)라는 성도가 '진리를 듣고 받아들여 진리 안에서 행하고 있다'는 소식을 듣고 기뻐하며(3절), 그의 영적 강건함을 기원하고 있다(2절). 진리를 받아들이기 전에는 진리와 전혀 관계없이 자기 자신만을 위해 살았는데, 진리를 받아들인 후에는 가이오가 하나님의 통치를 따라 살고 있다는 소식을 들었던 것이다.

요한은 계속해서 가이오의 범사(凡事)가 잘되고 강건하기를 기원하고 있는데, 이는 그의 모든 삶(凡事)이 자신의 욕심이 아니라 진리 곧 하나님의 통치를 따라 사는 삶이 되기를 바란다는 뜻이다. 그리고 그가 그러한 삶을 살기 위해서는 영적 강건함이 필수적이므로, 요한은 장로로서 가이오의 영적 강건함을 위해 기도해주고 있는 것이다. 한마디로 세상에서의 만사형통을 위해서가 아니라, 사업이 망하거나 병에 걸리는 등 세상의 일들이 좀 뒤틀어지더라도, 가이오(성도들)가 하나님의 진리를 좇아 행하게 되기를 바란다는 기도인 것이다.

가이오는 진리의 말씀을 읽고 묵상할 뿐 아니라 실제로 진리에 입각한 삶을 살았다. 그중의 하나가 참다운 복음을 전하는 순회 전도자들을 잘 대접하고, 그들이 사역을 계속해 나갈 수 있도록 물질적으로 도왔다는 것이다. 왜냐하면 당시 순회 복음 전도자들은 아무것도 받지 않고 이방인들(불신자들)에게 복음을 전했기 때문에, 교회 공동체의 도움이 필요했던 것이다(7절).

한편 가이오 같은 복음의 동역자들과는 달리 디오드레베 같은 복음의 훼방자들이 있었는데, 이들은 교회를 분열시키고 전도자들을 비방하고 받아들이지도 않았다. 이들의 문제는 스스로 으뜸이 되기를 좋아한다는 것과 및 자기와 다른 의견을 가진 사람들을 받아들이지 않고 배척했다는 것이다. 이들은 교회를 주님의 나라가 아닌 자신의 왕국으로 만들려 했던 것이다.

사람의 죄성은 예나 지금이나 똑같기에 오늘날의 교회 안에도 스스로 자신을 높이고 군림하려는 자들이 많다. 이들은 하나님의 영광이 아니라 자기의 영광을 좇으며, 마지막 때에 교회를 분열시키는 자들이기에(9절), 우리는 이런 악에 물들지 않도록 해야 한다.

물론 교회 안에는 스스로를 높이려는 디오드레베와 달리 뭇 사람에게 그리고 진리에게서도 증거를 받은 데메드리오 같은 믿음의 사람들도 있다(12절). 데메드리오는 단순히 사람에게서 인기를 얻으려 한 것이 아니라 우리의 모든 삶의 기준인 진리에게서도 증거를 받은 사람이었는데, 이런 사람들은 믿는 자들에게 큰 위로를 용기를 준다. 이런 선행을 통해 우리는 서로를 돌아보고 사랑과 선행을 격려하게 되기 때문이다(히 10:24).

성경에서의 진리란 세상의 진리가 아니라 예수 그리스도를 말한다(요 14:6, 내가 곧 길이요 진리요 생명이니). 그러므로 모든 성도들은 진리 안에서 행하며, 복음(진리)을 전하며, 또 복음을 전하는 자들을 도와야 한다.

> "사랑하는 자여 악한 것을 본받지 말고 선한 것을 본받으라 선을 행하는 자는 하나님께 속하고 악을 행하는 자는 하나님을 뵈옵지 못하였느니라" (11절)

유다서

JUDE

유다서 1장

단번에 주신 믿음을 위해 힘써 싸우라

성도에게 단번에 주신 믿음의 도를 위하여 힘써 싸우라는 편지로 너희를 권하여야 할 필요를 느꼈노니(1:3)

성도들의 믿음 생활은 싸움의 연속이다. 물론 하나님의 허락하심 하에 이루어지는 일이기는 하지만, 사탄이 엄연히 존재하며, 지금도 할 수만 있으면 성도들까지도 미혹하려 하고 있기 때문이다(막 13:22). 그러기에 유다는 '깨어 있으라, 이들에 대항해 힘써 싸우라' 권하고 있는 것이다.

거짓 그리스도들과 거짓 선지자(목사)들의 특징은 성도들이 눈치 채지 못하도록 가만히 들어온다는 것이다. 이들은 처음에는 정의롭고 겸손한 척 꾸미기도 하고, 교회 일에 열심을 부리기도 한다. 마치 광명한 천사인 것 같은 모습으로 들어오기에, 속기가 쉬운 것이다. 그러나 그들의 정체는 금방 드러나는데, 그들은 은혜를 방탕으로 바꾸고, 특히 우리의 유일한 주이신 예수 그리스도를 부인하기 때문이다(4절).

그러므로 성도들은 이들에게 속거나 물들지 않도록 주의해야 한다. 왜냐하면 공의의 하나님께서는 믿음에서 떠나 죄를 범한 자들을 반드시 심판하시기 때문이다. 먼저 하나님은 애굽에서 나왔으나 믿지 않는 자들을 멸하셨으며(롬 9:6), 타락한 천사들을 흑암에 가두셨고, 소돔과 고모라와 그 주변 성읍들은 음란과 변태적인 행동으로 인해 불의 형벌을 받았다(5~7절), 그리고 이들이 받은 이런 심판은 장차 있을 영원한 불 심판의 샘플이다.

그런데 오늘날에도 이들과 같이 행동하는 자들이 있는데, 이들은 자신의 몸을 더럽히고, 권위를 업신여기며, 영광스런 하늘의 존재들을 욕하고 있다. 이들은 자신이 알지 못하는 것을 욕하며 이성 없는 짐승처럼 본능으로 아는 그것 때문에 멸망하는 것이다. 이런 예는 구약에서도 얼마든지 볼 수 있는데, 가인(Cain)은 시기로 인해 동생 아벨을 죽였으며, 발람은 탐욕 때문에, 고라는 당을 지어 지도자 모세에게 반역하는 패역으로 인해 멸망당했던 것이다(11절).

장차 주님이 다시 오시는 그날 경건하지 않은 자들(the ungodly)은 그들의 경건하지 못한 행위들과 완악한 말들로 인해 무서운 형벌을 받게 될 것이다. 그들의 대표적인 행위들은 원망하며 불만을 토하며 또 자기 정욕대로 행하는 것들인데, 더 나아가 이들은 스스로를 자랑하며 이익을 위해 남에게 아첨한다(15, 16절). 한마디로 이들은 교회에서 분열을 일으키는 자들이며, 육에 속한 자며, 성령이 없는 자들이다.

그러므로 성도들은 거룩한 믿음 위에 자신을 세우며, 성령으로 기도하며, 하나님의 사랑 안에서 자신을 지키며, 영생에 이르도록 예수 그리스도의 긍휼(mercy)을 기다려야 한다. 또한 믿음이 연약한 자들을 긍휼히 여기고, 영적으로 잠들어 있는 자들을 깨워 그들을 지옥 불에서 건져내야 한다. 우리 또한 누군가가 전해준 복음과 성도들의 기도로 구원받았기 때문이다.

> "사랑하는 자들아 너희는 너희의 지극히 거룩한 믿음 위에 자신을 세우며 성령으로 기도하며" (23절)

요한계시록

REVELATION

요한계시록
1장

역사의 주인 예수 그리스도의 계시

나는 처음이요 마지막이니 곧 살아 있는 자라 내가 전에 죽었었노라 볼지어다 이제 세세토록 살아 있어 사망과 음부의 열쇠를 가졌노니(1:17, 18)

많은 사람들이 요한계시록 읽기를 두려워한다. 마치 정감록이나 노스트라다무스가 쓴 예언서를 읽는 것 같은 느낌이 들고, 내용에도 열 뿔이 달린 짐승이 등장하는 등 기괴하고 신비한 것들이 많기 때문이다. 그리고 이렇게 성도들이 읽지 않기에, 계시록은 이단들의 전유물이 되다시피 되고 말았다.

아니다. 계시록은 모든 성경의 결론이요 요약이라 할 수 있다. 66권으로 된 성경의 마지막 책일 뿐 아니라, 내용의 대부분은 다니엘과 에스겔 같은 구약 성경에서 인용한 것이기 때문이다. 그러기에 구약 성경을 잘 아는 사람들이 보면 금방 이해할 수 있는 성경이기도 하다.

또한 계시록의 1차 수신인이 처한 상황을 이해하면 어떤 목적으로 쓰였는지를 잘 알 수 있다. 당시 초대 교회 성도들은 황제 숭배를 강요하는 로마 도미티안 황제의 엄청난 핍박 가운데 있었다. 그러나 유일하신 하나님을 섬기는 기독교인들은 황제를 신으로 섬길 수 없었기에 많은 성도들이 순교를 당하고, 온갖 불이익을 받았던 것이다. 게다가 곧 오신다던 주님은 오실 기미가 없었기에 성도들은 좌절하거나, 과연 자신들이 올바른 길을 가고 있는지 의심할 수밖에 없었던 것이다.

이런 상황에서 하나님 보좌 우편에 계신 예수께서 사도 요한을 통해 예수님이야말로 역사의 주인이시며, 성도들이야말로 진정한 승리자임을 알려주고 계신 것이다.

> "주 하나님이 이르시되 나는 알파와 오메가라 이제도 있고 전에도 있었고 장차 올 자요 전능한 자라" (8절)

그렇다. 역사의 주인은 하나님이시다(history = His + story). 그런 면에서 성도들은, 인생이라는 이미 이긴 게임을 다시 보는 사람들이다. 물론 이 세상에서 믿음생활을 하는 동안 성도들은 사탄(龍, 짐승들의 우두머리)으로부터 온갖 환난을 당하게 된다. 그러나 사탄은 성도들에게 죄가 얼마나 무서운지를 가르쳐 주기 위해 하나님께 잠시 쓰임 받고 있는 한갓 피조물에 지나지 않으며, 때가 되면 불못에 던져질 가련한 존재일 뿐이다(20:10, 그들을 미혹하는 마귀(사탄)가 불과 유황 못에 던져지니).

그러므로 성도들은 환난 가운데서도 사망 권세를 이기고 부활하신 예수님께 더욱더 가까이 나아가서 그분만을 꼬옥 붙잡아야 한다. 우리 성도들의 최후 승리는 이미 보장되어 있고, 성령께서 지금도 우리와 함께하시며, 인생이라는 광야를 잘 지날 수 있도록 힘과 용기 그리고 지혜와 믿음을 주고 계시기 때문이다. 할렐루야!

> "우리를 사랑하사 그의 피로 우리 죄에서 우리를 해방하시고 그의 아버지 하나님을 위하여 우리를 나라와 제사장으로 삼으신 그에게 영광과 능력이 세세토록 있기를 원하노라 아멘 볼지어다 그가 구름을 타고 오시리라" (5~7절)

요한계시록
2장

이겨라 = 내가(예수) 이기게 하겠다

귀 있는 자는 성령이 교회들에게 하시는 말씀을 들을지어다 이기는 그에게는 내가 하나님의 낙원에 있는 생명나무의 열매를 주어 먹게 하리라(2:7)

계시록은 황제 숭배를 거절했던 소아시아 일곱 교회에 보낸 회람 서신이다. 수신인이 각 교회로 되어있지만 모든 내용을 한 두루마리에 적어 일곱 교회 모두가 회람하도록 했던 것이다(11절).

그러므로 각 교회의 문제점이나 특성은 일곱 교회 모두에게 똑같이 있다고 보아야 한다. 더 나아가 '일곱(7)'은 완전수이기에 모든 시대에 존재하는 모든 교회에게 주신 말씀이기도 하다.

한편 예수님께서 일곱 금 촛대로 상징된 교회 사이에 인자(人子) 같은 이의 모습으로 거닐고 계신데, 이는 예수께서 지금도 교회의 주인으로서 모든 것을 주관하고 계심을 보여주는 것이다(1:13~16절).

그리고 각 교회에게 주신 말씀은 구약의 선지적 메시지와 유사하지만, 구약과 달리 칭찬의 메시지가 포함되어 있다. 또한 2, 3장에서 한 약속은 21, 22장에서 이루어지는 형식으로 기록되어 있는데, 이를 통해 모든 약속은 그리스도의 구속 역사(救贖 役事)에 근거해 종말에 완전히 이루어질 것임을 보여주고 있다(생명나무: 2:7 〉 22:2, 새 이름: 2:17 〉 22:4, 새벽별 : 2:28 〉 22:16, 흰옷: 3:5 〉 22:14).

- 약속: "이기는 그에게는 내가 생명나무의 열매를 주어 먹게 하리라" (2:7)
- 성취: "강 좌우에 생명나무가 있어 열두 가지 열매를 맺되 달마다 그 열매를 맺고" (22:2)

더 나아가 계시록 저자의 주된 관심이 교회(ecclesia)에 있음을 알 수 있으며,

성도들(하나님의 백성들)에게 전 우주적 영적 전쟁에 능동적으로 참여할 것을 독려하고 있다. 왜냐하면 이 전쟁의 결과는 이미 예수의 십자가에서 승리로 결정이 났지만, 그리스도의 재림에서 승리의 극치에 이를 때까지 계속될 것이기 때문이다(already not yet).

그렇다. 제2차 세계 대전은 연합군의 총공격일인 D-Day가 확정되었을 때, 이미 끝난 것이나 다름이 없었다. 그러나 실제로 전쟁이 끝난 V-Day까지는 상당한 시간이 걸렸다. 이와 마찬가지로 사탄과의 전 우주적 전쟁은 이미 십자가에서 끝난 것이다. 왜냐하면 이때 사탄의 머리가 박살이 났기 때문이다. 그러나 하나님께서 창세전에 택하신 백성이 모두 구원받기까지 즉 예수님의 재림까지는 아직도 해야 할 싸움이 남아 있는 것이다.

이처럼 성도들은 지금 이 땅에서 이미 승리가 확정된 싸움(전쟁)을 하고 있는 것이다. 그러므로 환난과 핍박이 닥치더라도 결코 낙심할 필요가 없으며, 우리 대장 되신 예수님의 말씀에 순종하며 이 싸움에 적극적으로 참예하면 된다.

더 나아가 진정한 승리는 내 안에 있는 죄와의 싸움에서의 승리이다. 그러므로 우리는 그리스도께서 책망하고 경고한 것을 회개하고 받아들이며, 내 삶을 주님이 원하시는 대로 바꾸어 나가야 한다.

> "너희가 십 일 동안 환난을 받으리라 네가 죽도록 충성하라 그리하면 내가 생명의 관을 네게 주리라 ~ 이기는 자는 둘째 사망의 해를 받지 아니하리라" (10, 11절)

요한계시록
3장

사람의 평가와 하나님의 평가

네가 말하기를 나는 부자라 부요하여 부족한 것이 없다 하나 네 곤고한 것과 가련한 것과 가난한 것과 눈 먼 것과 벌거벗은 것을 알지 못하는도다(3:17)

부활하신 예수님은 지금 하나님 우편에 계시기에 우리의 육신의 눈으로는 볼 수 없다. 그러기에 우리는 주님이 안 계신 것 같고, 또 너무 멀리 떨어져 계셔서 아무것도 모르실 것으로 생각한다.

그러나 소아시아의 일곱 교회에 대해 말씀하시는 것을 보면, 주님은 그들의 겉모습은 물론 속마음까지 속속들이 알고 계심을 알 수 있다. 그러기에 우리는 주님께서 지금도 모든 교회는 물론 성도들 한 사람 한 사람의 모든 상황을 누구보다도 잘 알고 계시며, 또 주관하고 계심을 믿어야 한다.

먼저 사데 교회에 대해 '네가 살았다 하는 이름은 가졌으나 죽은 자로다' 말씀하신다. 겉으로 보면 그들에게는 주님에 대한 고백도 있었고 나름대로 좋은 평판도 받았다. 그러나 주님이 보시기에 그들은 죽은 자들이라는 것이다. 왜냐하면 그들은 경제적인 불이익이 두려워 세상 앞에서 주님에 대한 믿음을 증거하지 못했기 때문이다. 그러기에 만약 그들이 회개하지 않으면 사데(Sardis)라는 도시가 한밤중의 기습에 의해 세 번씩 멸망당했던 것처럼, 사데 교회 또한 도둑같이 오시는 주님께 심판을 받게 될 것이다.

이와는 반대로 빌라델피아 교회는 작은 능력밖에 없었다. 세상적으로는 보잘것없이 보였다는 뜻이다. 그러나 주님께서는 그들이 말씀을 지키며 증인의 삶을 살았다고 말씀하신다. 예수를 믿는다는 이유로 인해 여러 환난과 불이익을 당했음에도 불구하고 그들은 결코 예수의 이름을 배반하지 않았던 것이다(8, 10절). 그러기에 주님은 '그들을 핍박했던 불신 유대인들이 그들 앞에 와서 절하게 하며, 그들을 하나님 성전의 기둥이 되게 하고, 그들 위에 주님의 새 이름을 기록하겠다' 약속하신다.

마지막으로 라오디게아 교회에게 미지근하지 말고 '열심을 내라' 말씀하신다. 겉으로 보기에 그들은 아무것도 부족함이 없었으며, 스스로 '나는 부자라 부요하여 부족한 것이 없다'고 평가했다. 경제적으로 부유했기에 예배당도 크게 짓고, 구제와 봉사도 열심히 했을 수도 있다. 그러나 예수님이 보시기에 그들은 영적으로 가난하고 헐벗고 눈이 먼 상태였다(17절).

그러기에 주님은 '불로 연단한 금을 사서 부요하게 하고 흰 옷을 사서 입어 벌거벗은 수치를 보이지 않게 하고 안약을 사서 눈에 발라 보게 하라' 말씀하신다(18절). 죄를 제거함으로써 생활을 순결하게 하고, 세상이라는 우상을 숭배하는 데서 벗어나야 하며, 영적 분별력을 회복하라는 뜻인 것이다.

사람들은 세상으로부터 부요함을 찾고 얻으려 한다. 그러나 성도인 우리에게 필요한 진짜 부요함은 오직 그리스도 예수 안에서만 발견할 수 있다. 그러기에 우리는 세상의 평가에 연연하지 말고, 주님과 올바른 관계를 유지해야 한다. 그것이 이 땅에서 우리가 생명수를 마시며, 순례자의 길을 끝까지 갈 수 있는 유일한 방법이다.

> "볼지어다 내가 문 밖에 서서 두드리노니 누구든지 내 음성을 듣고 문을 열면 내가 그에게로 들어가 그와 더불어 먹고 그는 나와 더불어 먹으리라" (20절)

요한계시록
4장

이미 완성된 천상(天上) 교회의 예배

그들이 밤낮 쉬지 않고 이르기를 거룩하다 거룩하다 거룩하다 주 하나님 곧 전능하신 이여 전에도 계셨고 이제도 계시고 장차 오실 이시라 하고(4:8)

예수님으로부터 일곱 교회에 대한 말씀을 들은 요한은 성령에 이끌려 하늘로 올려지고, 그곳에서 드려지는 예배의 모습을 보게 된다.

먼저 보좌가 있는데, 그 위에 앉은 분의 모양은 벽옥과 홍보석 같고 또 무지개가 그 보좌를 두르고 있었다. 보좌(throne)는 통치권을 의미하는 것으로 하나님께서 지금도 온 우주 만물을 다스리고 계심을, 그리고 보석들은 하나님의 주권적 위엄과 영광을 나타낸다. 또한 무지개는 노아의 홍수 후에 나타난 것으로 하나님에 의한 새 창조를 가리키는 것이다(창 9:13절 이하).

한편 그 보좌 주위에는 이십사 장로들이 흰 옷을 입고 머리에 금관을 쓰고 보좌에 앉아있었다. 여기서 이들이 입은 흰 옷은 어린양의 피에 빤 깨끗한 세마포 옷을 의미하며(3:5, 19:8), 금관은 이들이 지금 '주님과 함께 통치하고 있음'을 보여준다. 이십사 장로는 구약 성도를 대표하는 이스라엘 12지파의 장로들과 신약 성도들을 대표하는 12사도를 의미한다. 이를 통해 교회(신구약 시대의 모든 성도들)는 비록 세상에서 치열한 싸움을 하고 있는 것처럼 보이지만, 영적으로는 이미 구원을 받았으며, 지금도 하늘에서 하나님을 찬양하고 있음을 보여주는 것이다.

또한 보좌 주위에는 앞뒤에 눈이 가득하고 여섯 날개를 가진 네 생물이 있었는데, 이들은 모든 피조물을 대표하는 존재들이다. 그들은 밤낮 쉬지 않고 하나님께 영광과 존귀와 감사를 드렸는데, 모든 만물들은 이 목적을 위해 창조되었기 때문이다.

"이 백성은 내가 나를 위하여 지었나니 나를 찬송하게 하려 함이니라" (사

43:21)

더 나아가 구원받은 성도들을 대표하는 이십사 장로들이 자기의 관(crown)을 보좌 앞에 드리는 모습을 볼 수 있다. 이는 구원받고 이 자리까지 오는 데 있어 자신들이 한 일은 아무것도 없으며, 오직 주님의 은혜였음을 인정하는 행위이다.

그렇다. 우리의 전(全) 존재는 모두 하나님의 은혜다. 그분 홀로 우리를 지으시고 구속(救贖)하셨으며, 장차 우리를 새 하늘과 새 땅으로 인도하실 것이기 때문이다.

계시록의 첫 수신자였던 초대 교회뿐 아니라 오늘날의 교회도 수많은 환난을 받고 있다. 그러나 오늘날의 환난은 물리적, 신체적 위협이라기보다 '세상과 타협하라'는 유혹이기에, 오히려 더 힘들고 어려운지도 모른다. 그러기에 성경은 끊임없이 우리에게 '이기라(overcome)' 요구하고 있는데, 그 뜻은 환난을 당하는 동안 '인내하라(endure)'는 의미이다.

한편 그렇게 이기는 자들은, 주님께서 인내를 통해 나라를 받고 보좌에 앉으신 것처럼 주님과 함께 나라를 다스릴 권세를 받게 될 것이다.

> "둘째 사망이 그들을 다스리는 권세가 없고 도리어 그들이 하나님과 그리스도의 제사장이 되어 천 년 동안 그리스도와 더불어 왕 노릇 하리라" (20:6)

요한계시록 5장

어린양(the Lamb) 예수를 찬양하라

한 어린양이 서 있는데 일찍이 죽임을 당한 것 같더라 그에게 일곱 뿔과 일곱 눈이 있으니 이 눈들은 온 땅에 보내심을 받은 하나님의 일곱 영이더라(5:6)

역사의 주인은 하나님이시다. 그런데 그 역사는 일곱 인(印, seal)으로 봉해져 있기에 그것을 쓰신 하나님이 아니면 그 내용을 알 수가 없다. 그리고 그 두루마리는 이미 쓰여 있기에, 시간적으로 볼 때는 앞으로 이루어질 일처럼 보이지만 실제로는 하나님 뜻대로 이미 이루어진 것이다.

한편 역사의 청사진인 두루마리는 보좌에 앉으신 이의 오른손에 있었는데, 그것을 펴서 볼 자가 없어서 요한이 크게 운다. 그때 장로 중 한 사람이 '합당한 분이 계시는데, 그분은 유다 지파의 사자(lion)이며, 다윗의 뿌리'라 말한다. 즉 성부 하나님께서 성자 예수를 역사의 주관자로 삼으신 것이다.

여기서 사자는 하나님의 능력을 나타냈던 동물로서, 원수를 정복하고 승리하신 메시아 예수의 강함을 나타내는 것이다. 또 예수님이 다윗의 뿌리(the Root of David)란 뜻은 그분이 비록 다윗의 후손으로 오셨지만 다윗보다 먼저 계셨으며, 다윗을 이 땅에 보내신 창조주시라는 것을 알려주는 것이다(마 22:45, 다윗이 그리스도를 주라 칭하였은즉 어찌 그의 자손이 되겠느냐).

동시에 그분은 죽임당한 어린양(the Lamb)이시다. 그분은 사자처럼 전지전능한 하나님이지만 세상의 힘이 아니라 십자가로 승리하셨던 것이다. 다시 말해 하나님의 본체이신 분께서 육신을 입고 이 땅에 오셔서, 어린양처럼 연약하고 미천한 삶을 사시고, 우리를 위해 죽으셨던 것이다.

> "그가 곤욕을 당하여 괴로울 때에도 그의 입을 열지 아니하였음이여 마치 도수장으로 끌려가는 어린양과 털 깎는 자 앞에 잠잠한 양 같이 그의 입을 열지 아니하였도다" (사 53:7).

한편 그분이 인봉을 떼기에 합당하신 이유는 친히 어린양이 되어 죄인들의 모든 죗값을 치르셨으며, 사망 권세를 이기고 부활하심으로써 구세주가 되시고 모든 만물의 주관자가 되셨기 때문이다.

그렇다. 부활 승천하신 예수님께서는 성부 하나님으로부터 모든 권세를 받고 지금 만왕의 왕으로 온 세상을 다스리고 계시다. 나아가 죄로 말미암아 멸망당해야 할 우리를 피로 사서 하나님께 드리고, 나라와 제사장으로 삼으셨다. 죄로 물든 우리를, 모든 사람들이 서로 상대방을 위해 자신을 희생하는 제사장 역할을 하는 나라의 백성으로 삼아주신 것이다.

그러기에 우리는 인생을 사는 동안 겪는 온갖 환난과 핍박 가운데 결코 낙심하거나 좌절해서는 안 된다. 왜냐하면 그 모든 일들은 우리 안에 있는 죄성을 씻고 도려내기 위해 주님이 허락하시는 것이며, 또 주님께서 이겨낼 힘을 주시기 때문이다.

더 나아가 모든 성도들은 영적으로, 신분적으로 이미 거룩한 제사장이 되어 주님과 함께 왕 노릇을 하고 있다. 남들 위에 군림하는 것이 아니라 남들보다 낮아져서 다른 사람들을 섬기는 왕으로서 말이다. 그러기에 우리는 이미 구원받은 성도로서 매순간 어린양 예수 그리스도를 찬양해야 한다.

> "그 가운데 모든 피조물이 이르되 보좌에 앉으신 이와 어린양에게 찬송과 존귀와 영광과 권능을 세세토록 돌릴지어다" (13절)

누가 능히 서리요

그들의 진노의 큰 날이 이르렀으니 누가 능히 서리요 하더라(6:17)

드디어 두루마리를 봉하고 있던 첫째 인(印)이 어린양(예수님)에 의해 떼어진다. 이것은 예수께서 역사의 주관자이심을 보여주며, 성도들이 당하는 고난까지 포함해 이 세상에서 일어나는 모든 일을 그분이 주관하심을 알게 한다.

한편 첫 네 개의 인을 뗄 때마다 흰 말, 붉은 말, 검은 말, 청황색 말이 차례로 나오는데, 이들은 각각 정복, 전쟁, 기근과 이것들의 총합인 사망을 뜻한다. 어린양의 허락하에 이 세상에 온갖 재앙이 쏟아지고 있는 것이다. 이 땅에 살고 있는 성도들도 당연히 불신자들과 더불어 똑같은 환난을 당하게 된다.

그렇다면 주님께서는 왜 성도들에게도 이런 환난을 허락하시는 것일까? 그 목적은 성도들을 정화(淨化)시키는 데 있다. 이런 재앙은 악인들(=불신자들)에게는 징벌(punishment)이지만, 성도들에게는 회개를 통한 성화의 도구로 쓰이고 있는 것이다. 실제로 911 테러 이후 많은 사람들이 회개하고 교회로 돌아왔는데, 이들은 잠시 세상에 취해 살다가 이런 큰 재앙을 통해 이 땅이 영원하지 않음을 깨닫고 주님께 돌아왔던 것이다. 더 나아가 이런 재앙들은 마지막 심판 때까지 계속 일어날 텐데(나팔 재앙, 대접 재앙), 마지막으로 갈수록 그 강도는 더욱 심해질 것이다(progressive recapitulation).

한편 다섯째 인을 떼실 때에 제단 아래에서 기도하고 있는 하늘 성도들의 모습이 보인다. 그들은 하나님의 말씀과 그들이 가진 증거로 인해 죽임을 당한 영혼들인데, 이들은 순교자들을 포함해 자신들의 믿음 때문에 고난을 당한 모든 성도들을 말한다. 다시 말해 이들은 죄의 유혹을 이기고 또 여러 가지 고난에 직면해서도 세상과 타협하지 않은 성도들을 말하는 것이다(2:26, 이기는 자와 끝까지 내 일을 지키는 그에게는 만국을 다스리는 권세를 주리니).

그들은 주님께 '우리 피를 갚아 주지 아니하시기를 어느 때까지 하시렵니까' 묻는다. 그들은 자신들의 복수를 요청하는 것이 아니라 하나님의 공의, 즉 성도들이 옳고 그들을 박해하는 자들이 잘못되었음을 속히 보여주시길 간구하고 있는 것이다.
그러자 그들에게 흰 두루마기를 입혀주시며(3:4, 5), '그들의 동무 종들과 형제들이 죽임을 당해 그 수가 차기까지 잠시 쉬라' 말씀하신다. 주님이 지금도 역사를 운행하고 계신 이유는 역사 속에서 구원받아야 할 성도들이 아직도 남아있기 때문인데, 이제 곧 그 계획하신 숫자가 차면 그 즉시 12절 이하에 기록된 무서운 최후의 심판을 베푸시겠다는 뜻이다.

그 심판은 너무나 무서워 별들이 떨어지고, 하늘이 두루마리처럼 말리고, 산과 섬이 옮겨질 정도다. 그러기에 불신자들은 두려운 나머지 굴과 바위에 숨어 벌벌 떨며 얼굴을 가리려 한다. 그러나 그럼에도 그들은 그런 재앙 속에서도 결코 회개하고 하나님께 돌아오지 않는다. 이들은 하나님의 은혜를 받지 못했기 때문이다.

지금 우리는 말세(예수님의 초림부터 재림까지의 기간)를 살고 있으며, 여러 가지 상황을 볼 때 마지막 때가 아주 가까이 온 것을 알 수 있다. 그러기에 사탄은 더욱 발악을 할 것이며, 성도들을 향한 공격은 더욱 교묘해지고 치열해질 것이다.

그러나 우리는 결코 두려워할 필요가 없으며, 제단 아래 성도들의 기도에 대한 하나님의 응답을 기다리며 인내하면 된다. 왜냐하면 예수님께서 이미 십자가로 사탄과의 싸움에서 승리하셨으며, 우리의 최후의 승리는 이미 확정된 것이기 때문이다.

> "너희는 두려워하지 말고 가만히 서서 여호와께서 오늘 너희를 위하여 행하시는 구원을 보라 너희가 오늘 본 애굽 사람을 영원히 다시 보지 아니하리라" (출 14:13)

144000 = 구원받은 성도들의 총합(總合)

내가 인침을 받은 자의 수를 들으니 이스라엘 자손의 각 지파 중에서 인침을 받은 자들이 십사만 사천이니(7:4)

계시록의 첫 번째 수신인이었던 초대 교회 성도들은 그때까지 황제 숭배를 강요하는 로마로부터 그리고 유대인들로부터 엄청난 핍박을 받아왔다. 그런데 사도 요한은 인(印, 도장)의 재앙을 통해 또 다른 무서운 재앙을 예고하고 있다. 그러니 어찌 이들이 낙심하고 좌절하지 않을 수 있겠는가?

그러기에 사도 요한은 일곱째 인을 떼기 전에 그들의 영적 신분을 알려줌으로써 그들을 위로하고 있다. 비록 이 땅에서는 불신자들과 함께 환난을 당하게 되지만 성도들은 이미 승리한 자요 '하나님의 인'을 맞은 자로서, 절대로 둘째 사망(지옥)에 떨어지지 않을 것임을 알려주고 있는 것이다.

그렇다. 역사는 하나님의 작정대로 진행되고 있으며, 영적으로는 하나님 나라가 이미 하나님의 계획대로 완성되어 있다. 그러므로 성도들은 지금 이미 완성된 그 나라가 어떻게 완성되었는지를 인생을 통해 경험하고 있을 뿐인 것이다.

이제 여섯 개의 인이 어린양에 의해 떼어졌고, 그 실행만을 남겨두고 있다. 그런데 그 재앙들이 내려지기 전에 먼저 하나님의 종들(성도들)의 이마에 인(seal)이 쳐진다. 이 인(印)은 십자가를 의미하는 것으로, 애굽에서 어린양의 피를 바른 집은 장자 재앙을 피한 것처럼 어린양 예수 그리스도를 믿는 자들은 둘째 사망의 해를 받지 않게 되는 것이다. 즉 이들이야말로 6장에 기록된 하나님의 무서운 진노 앞에 능히 설 수 있는 사람들인 것이다(6:17, 누가 능히 서리요).

"또 내가 보니 보라 어린양이 시온 산에 섰고 그와 함께 십사만 사천이 서 있

는데 그들의 이마에는 어린양의 이름과 그 아버지의 이름을 쓴 것이 있더라" (14:1)

한편 144000(=12×12×1000)은 이스라엘 12지파로 상징되는 구약 성도들과 12사도로 대표되는 신약 성도들에다 완전성과 무한성을 나타내는 숫자 1000을 곱해서 나온 숫자이다. 즉 전 역사에 걸쳐 구원받은 모든 성도들 즉 이미 완성된 천상의 교회를 의미하는 것이다. 이는 '각 나라와 족속과 백성과 방언에서 아무도 능히 셀 수 없는 큰 무리'라는 설명에서도 잘 알 수 있다(9절).

그리고 이들은 큰 환난에서 나오는 자들로서 모두 흰 옷을 입고 있었는데, 그 옷이 희어진 이유는 어린양의 피에 빨았기 때문이다(14절, 1:5). 이들은 온갖 환난을 당하는 가운데서도 세상과 타협하거나 우상을 섬기지 않는 믿음을 보였으며, 이런 믿음을 보시고 하나님께서 이들을 의롭다 칭하시고 천국 잔치에 들어갈 수 있는 예복(흰 옷, 마 22:12, 계 3:5)을 입혀주신 것이다.

그렇다. 성도들도 이 세상에서는 불신자들과 마찬가지로 온갖 환난을 당한다. 이는 마치 출애굽한 이스라엘 백성들이 황량하고 무서운 광야에서 40년간 살았던 것과 같다.

그러나 성도의 최종 목적지는 광야(사막, 이 세상)가 아니라 가나안으로 상징된 하나님 나라다. 그리고 그곳에는 하나님께서 우리 위에 장막을 쳐주시기에 다시는 주리거나 목마르지 않으며, 그 어떤 것들도 우리를 해칠 수 없다. 그러므로 지금 이 세상에서 죄(사탄)와 싸우고 있는 성도들은 비록 인생이 힘들고 괴롭지만, 지금 하늘 보좌 앞에서 찬양하고 있는 성도들처럼 우리를 이기게 하시는 하나님과 어린양 예수를 항상 찬양해야 한다.

"아멘 찬송과 영광과 지혜와 감사와 존귀와 권능과 힘이 우리 하나님께 세세토록 있을지어다 아멘" (12절)

요한계시록
8장

재앙은 성도들의 기도의 응답

향연(香煙)이 성도의 기도와 함께 하나님 앞으로 올라가는지라 천사가 향로를 가지고 제단의 불을 담아다가 땅에 쏟으매 우레와 음성과 번개와 지진이 나더라 (8:4, 5)

계시록에 기록된 재앙들(인, 나팔, 대접 재앙)은 시간적인 순서로 일어나는 것이 아니며, 사도 요한이 본 vision의 순서일 뿐이다. 물론 각 재앙이 떨어질 때마다 강도가 세어지는데, 그 이유는 사람들로 하여금 회개토록 하기 위함이다. 물론 창세전에 선택을 받은 성도 외에는 누구도 참다운 회개를 할 수 없지만 말이다.

일곱째 인(印)을 떼실 때에 하늘이 반 시간쯤 고요했다(1절). 이는 사도 요한이나 성도들로 하여금 이전 환상을 되새겨 보고, 새로운 재앙을 준비케 하는 시간이다. 하나님의 무서운 심판 전후에는 항상 고요함이 있었기 때문이다(출 14:13 너희는 가만히 서서 여호와께서 행하시는 구원을 보라, 출 15:16 그들이 돌같이 침묵하였으니). 동시에 이 고요함은 하나님께서 성도들의 기도를 들으시는 시간이기도 하다. 왜냐하면 천사가 금향로에 모든 성도의 기도와 함께 많은 향을 받아 금 제단에 드린 후 나팔 재앙이 시작되기 때문이다(3~5절).

한편 이스라엘에서 나팔은 군사를 모으거나 진군 명령 및 승리의 개가를 부를 때 그리고 기쁨을 동반한 예배 때 사용되었다. 네 개의 나팔이 불릴 때 재앙이 각각 땅, 바다, 강 그리고 하늘에 내려지며, 그 결과 땅과 바다와 강 그리고 하늘에 있는 해와 달과 별의 삼분의 일이 타격을 받는다. 그리고 이로 인해 자연 환경이 파괴되고 많은 사람이 죽는다. 그러나 아직 완전한 멸망이 이르지 않고 주로 자연을 통해 간접적인 영향만을 받는데, 그 이유는 하나님께서 이들에게 회개할 수 있는 기회를 주시기 때문이다.

그러나 불신자들(땅에 사는 자들 = 땅만 바라보고 사는 사람들)은 하나님의 진노가 너무 무서워 산과 바위에 숨을지언정 절대로 회개하지 않는다(6:16). 그리고 그 결과 그들은 장차 그들의 괴수인 사탄과 함께 영원한 불못에 떨어질 수밖에 없다.

지금도 지구 온난화 현상, 지진과 쓰나미 그리고 코로나 19 같은 질병 등 수많은 재앙이 우리를 덮치고 있다. 그러나 이런 것들로 무서운 재앙이 끝난 것이 아니다. 아직 세 개의 화(禍, woe)가 더 남아있으며, 최후의 심판 때는 하늘이 불에 타서 풀어지고 물질이 뜨거운 불에 녹는 일이 벌어질 것이다(벧후 3:12).

한편 성도라고 해서 이 모든 재앙에서 예외가 될 수는 없다. 우리 안에도 아직 완전히 씻기지 않은 죄의 잔재들이 남아있기에, 그것들을 제거하기 위해서는 반드시 환난을 통과해야 하기 때문이다. 그러나 독수리가 새끼를 보호하듯이 주님께서 그 모든 환난 가운데 우리를 지키고 계시며, 능히 이길 수 있는 힘과 믿음을 주신다.

그러므로 우리는 믿음 위에 굳게 서야 하며, 또한 아직도 믿지 않는 이웃들에게 피난처요 생명 되시는 예수 그리스도를 하루빨리 전해야 한다. 마지막 날이 그 어느 때보다 가까워진 지금 하나님께서 여러 가지 징조(재앙)를 통해 경고의 나팔을 불고 계시기 때문이다.

> "공중에 날아가는 독수리가 큰 소리로 이르되 땅에 사는 자들에게 화, 화, 화가 있으리니 이는 세 천사들이 불어야 할 나팔 소리가 남아 있음이로다 하더라" (13절)

요한계시록 9장

강퍅한 불신자들에게 내리는 재앙

그들에게 이르시되 땅의 풀이나 푸른 것이나 각종 수목은 해하지 말고 오직 이마에 하나님의 인침을 받지 아니한 사람들만 해하라 하시더라(9:4)

다섯째 나팔이 울릴 때 하늘에서 땅에 떨어진 별(사탄, 아블루온)이 무저갱(사탄과 짐승의 거처 또는 감옥)의 열쇠를 받는다. 예수님께서도 '사탄이 하늘로부터 떨어지는 것을 보았노라' 말씀하셨는데(눅 10:18), 사탄이 주님으로부터 무저갱 열쇠를 받았다는 것은 사탄 역시 주님의 통치를 받고 있음을 보여주는 것이다.

이제 그 별에 의해 무저갱이 열리자 무시무시한 황충들이 몰려나와 다섯 달 동안(150일 = 노아의 홍수 기간) 전갈과 같이 쏘는 것으로 사람들을 괴롭힌다. 그리고 그 고통이 얼마나 심한지 사람들이 죽기를 바라지만 죽지 못한다. 여기서 황충은 무서운 재앙의 상징으로서 메뚜기 떼의 위력적인 면을 보여주고 있는 것이다(출 10:12, 요엘 2:4, 5).

한편 이런 무서운 고통은 불신자들에게만 떨어지며, 하나님의 인침을 받은 성도들에게는 임하지 않는다. 인(印)은 하나님의 주권적 권세와 소유권의 표시로서, 하나님께서 성도들의 믿음을 지켜주시기 때문이다. 한편 여기서 불신자들이 받는 극심한 고통은 영적 해로움으로, 그들이 하나님 대신 세상을 사랑함으로써 받게 되는 것이다.

> "돈을 사랑함이 일만 악의 뿌리가 되나니 이것을 탐내는 자들은 미혹을 받아 믿음에서 떠나 많은 근심으로써 자기를 찔렀도다" (딤전 6:10)

그러나 아직 두 개의 화(禍)가 더 남았는데, 그중 하나가 여섯째 나팔 재앙이다. 이 재앙은 금제단의 네 뿔에서 음성이 난 후 내려지는데(13절), 이를 통해 그 재앙이 성도들의 기도에 대한 응답으로 주어지는 것임을 알 수 있다. 그리고 그 재앙은 마치 이만 만의 마병대가 달려오는 것 같았는데, 이는 하나님의 심판이 얼마나 극렬한가를 보여주는 것이다.

한편 이 재앙의 결과 하나님의 인침을 받지 않은 자들의 삼분의 일(전부가 아니라)만 하나님이 정하신 때에 죽임을 당하는데, 이를 통해 끝까지 참으시는 하나님의 은혜와 회개를 촉구하심을 알 수 있다.

그러나 불행히도 살아남은 자들(2/3) 또한 회개하지 않는다. 왜냐하면 이들은 하나님보다 세상 것들에 더 연연하는 우상숭배자들로서, 창세전에 선택받은 자들 외에는 결코 스스로 회개하거나 구원받을 수 없음을 보여주는 것이다.

우리 성도들은 심판받는 자들과 결코 다를 것이 없는 자들임에도 하나님의 값없는 은혜로 심판을 받지 않게 되었다. 그러기에 우리는 그 은혜에 감사하며, 세상(자기 자신을 포함)을 사랑하는 우상숭배에서 벗어나, 오직 삼위일체 하나님만을 사랑해야 한다.

> "너는 마음을 다하고 뜻을 다하고 힘을 다하여 네 하나님 여호와를 사랑하라" (신 6:5)

요한계시록 10장

다시 예언하여야 하리라

그가 내게 말하기를 네가 많은 백성과 나라와 방언과 임금에게 다시 예언하여야 하리라 하더라(10:11)

여섯 가지 재앙이 무섭게 쏟아지고 이마에 하나님의 인침을 받지 아니한 사람들의 삼분의 일이 죽임을 당하는데도 불구하고, 사람들은 회개하지 않는다(9:21). 이를 통해 우리는 심판(재앙)을 통해서는 사람들이 결코 회개하고 하나님께 돌아올 수 없음을 알 수 있다.

그렇다면 전 인류가 전멸당해야만 하는가? 아니다. 하나님께서 해결책을 미리 준비하셨다. 그것은 하나님께서 그의 종 선지자들에게 전하신 복음 곧 하나님의 비밀로서, 어린양 예수의 사역에 의한 것이다.

사실 모든 인간은 죄인으로 태어나기에 모두 멸망당해야 마땅하다. 그러나 사랑 그 자체이신 하나님께서 모든 사람을 죽일 수는 없기에 해결책을 찾으셨는데, 그 방법은 천사들도 알지 못하던 것이었다(벧전 1:12). 그 방법은 바로 십자가였는데, 어린양 예수께서 십자가에 달려 돌아가심으로 죗값을 치르시고, 그를 믿는 자마다 구원해 주신 것이다. 할렐루야!

> "하나님이 세상을 이처럼 사랑하사 독생자를 주셨으니 이는 그를 믿는 자마다 멸망하지 않고 영생을 얻게 하려 하심이라" (요 3:16)

그러나 믿음은 그냥 생기는 것이 아니라 복음을 들음에서 오는 것이다(롬 10:17, 믿음은 들음에서 나며). 그러기에 복음을 통해 구원받은 성도들에게는 그 복음을 다시 전해야 할 의무가 있다. 성도들은 사도 바울의 고백처럼 '복음에 생명을 빚진 자들'이기 때문이다.

그러나 복음을 전한다는 것은 결코 쉬운 일이 아니다. 물론 복음(하나님 말씀)을 맨 처음 받아들일 때는 꿀처럼 달다(시 119:103). 그러나 그 복음을 실제로 전하는 일은 매우 힘들다. 왜냐하면 참된 복음은 마치 먹은 음식이 몸의 일부가 되는 것처럼 십자가의 삶을 실제로 살아내야 하며, 죄에 대한 무서운 심판과 지옥을 선포해야 하기 때문이다. 모든 것이 하나님의 은혜로 이루어지지만, 자신이 죽을 자리에 있다는 사실을 알지 못하면 인간은 절대로 구세주를 찾지 않기 때문이다.

> "내가 천사의 손에서 작은 두루마리(복음, 예수의 십자가 사역으로 열린 책)를 갖다 먹어 버리니 내 입에는 꿀 같이 다나 먹은 후에 내 배에서는 쓰게 되더라" (10절)

모든 성도들은 예수님의 십자가 사역을 통해 구원받은 죄인들이며, 동시에 사도 요한이 '다시 예언하라'는 명령을 받은 것처럼 하나님 나라를 땅끝까지 선포하도록 부름받은 자들이다. 오늘날 교회 공동체는 이 일을 하도록 부름받았으며, 이 일을 위해 주님께서 지금도 우리와 동행하고 계시다. 그리고 그 복음 선포를 통해 하나님이 창세전에 계획하신 144000 중의 마지막 성도가 돌아올 때, 주님이 다시 오실 것이다. 아멘 주 예수여 오시옵소서!

> "오직 성령이 너희에게 임하시면 너희가 권능을 받고 예루살렘과 온 유대와 사마리아와 땅 끝까지 이르러 내 증인이 되리라 하시니라" (행 1:8)

요한계시록
11장

두 증인의 삶을 살아야 하는 교회(성도들)

내가 나의 두 증인에게 권세를 주리니 그들이 굵은 베옷을 입고 천이백육십 일을 예언하리라(11:3)

하나님께서 재앙을 내리시는 이유는 죄에 대한 심판임과 동시에 회개를 촉구하는 것이다. 그러나 우리가 본 바와 같이 죄인들은 재앙을 통해서는 절대로 회개하고 하나님께 돌아오지 않는다. 그러기에 주님께서는 사도 요한으로 대표되는 교회에게 참된 회개와 구원을 위해 복음(작은 두루마리)을 주시고, '이를 증거하라' 명하신다. 복음을 입으로, 삶으로 전하라는 말씀인 것이다.

그러나 복음 자체는 꿀처럼 달지만 복음을 복음대로 전하는 삶은 매우 쓰다. 마치 성전 바깥마당이 이방인들에게 마흔두 달 동안 무참하게 짓밟히는 것과 같은 것이다(2절).

한편 성경은 우리 몸을 성령이 거하시는 성전이라 말씀한다(고전 3:16). 그리고 성전과 성전 안마당은 구원받은 우리 속사람 즉 영적 신분을 말하는데, 하나님께서 철저히 보호하고 계신다. 이와는 달리 성전 바깥마당은 우리의 겉사람 즉 죄로 물든 세상에서 살고 있는 우리의 인생(마흔두 달, 천이백육십 일)을 말하며, 그 마흔두 달 동안 이방인(불신자들)에게 짓밟히게 된다. 성도들은 이 세상에서 불신자들보다 더 힘든 삶을 살게 된다는 뜻이다. 왜냐하면 지금 이 세상은 하나님의 허락하에 불신자들의 아비인 사탄이 다스리고 있으며, 그 세력들은 하나님의 자녀인 우리를 계속해서 핍박하기 때문이다.

그러나 성도들은 하나님으로부터 성령의 검(5절 입에서 나오는 불, 말씀, 복음) 및 엘리야와 모세 같은 권세를 받았기에(6절), 주어진 사명을 마칠 때까지 아무도 건드리지 못한다.

그러나 두 증인(성도들)이 이 세상에서 보여주는 승리의 삶은 사랑과 섬김과 희생 등이기에 패배처럼 보인다. 그리고 그런 연약한 십자가의 삶을 살아갈 때, 세상은 힘을 합해 이들을 죽여 없애려 한다. 왜냐하면 불신자들은 자신들의 죄악에 참여하지 않는 성도들로 인해 괴로워하며, 또 죄책감을 느끼기 때문이다. 그러기에 이들은 성도들을 죽이고는 즐거워하고 기뻐하는 것이다(10절).

그러나 이렇게 세상에서 죽임을 당한 성도들은 예수님처럼 부활하게 된다. 그리고 이로 인해 사람들이 두려워하게 되고(11, 12절), 동시에 무서운 지진이 나서 칠천(하나님을 반역한 자들에 대한 완벽한 심판)이 죽임을 당한다.

한편 그 무서운 재앙에도 회개하지 않았던 무리 중에 드디어 하나님께 영광을 돌리는 사람들이 나타났으니, 이는 두 증인의 사역의 결과인 것이다.

그렇다. 복음을 전파하는 일은 미련해 보이고, 죽임을 당하는 것처럼 힘든 일이다. 그러나 그런 전도의 삶을 사는 동안에 우리의 믿음이 성숙되며, 또한 주님의 은혜로 사람들이 회개하고 주님께 돌아오는 역사가 일어나게 된다. 그러므로 참된 성도들은 환난 가운데도 용기를 잃지 말고 인내하며, 두 증인의 삶을 살아내야 한다.

> "또 우리 형제들이 어린양의 피와 자기들이 증언하는 말씀으로써 그(사탄)를 이겼으니 그들은 죽기까지 자기들의 생명을 아끼지 아니하였도다" (12:11)

요한계시록
12장

아들(예수)을 낳은 교회의 삶

여자가 아들을 낳으니 이는 장차 철장으로 만국을 다스릴 남자라 그 아이를 하나님 앞과 그 보좌 앞으로 올려가더라(12:5)

예수님으로 말미암아 이 세상에 교회가 생겨났다. 그런데 성경은 '교회(여자)가 아들(예수 그리스도)을 낳았다' 고도 말한다. 왜냐하면 예수님은 창세 전에 택함 받은 백성들(교회)을 구원하시기 위해 이 땅에 육신을 입고 오셔야 했기 때문이다.

한편 여자가 아이를 낳으려 할 때 큰 힘을 가진 붉은 용(사탄)이 그 아이를 삼키려 한다. 이제 철장으로 만국을 다스릴 아이(예수님)가 태어나면(시 2:9), 사탄은 결박되어 무저갱에 던져질 것이기 때문이다.

그러나 온 천하 만물의 창조자이시며 주관자이신 하나님을 대적할 수 있는 존재는 없다. 그러기에 비록 죽임을 당하셨지만 예수님은 부활, 승천하셨으며, 지금은 하늘 보좌에 앉아 온 세상을 다스리고 계시다(5절).

한편 한때 하늘에서 천사장이었던 용(옛 뱀 곧 마귀, 사탄)은 미가엘에게 패배한 후 땅으로 내쫓긴다(9절). 그리고 그 분풀이로 남자(예수)를 낳은 여자(교회, 성도들)를 박해하는데, 이런 일은 가인이 동생 아벨을 돌로 쳐 죽일 때부터 이 땅에 항상 있는 현상이다.

> "그러나 땅과 바다는 화 있을진저 이는 마귀가 자기의 때가 얼마 남지 않은 줄을 알므로 크게 분 내어 너희에게 내려갔음이라 하더라" (12절)

그러나 용(사탄)은 하나님께서 성도들을 연단하기 위해 잠시 사용하는 도구일 뿐이며, 주님께서 독수리가 새끼를 보호하듯이 성도들을 철저히 지키고 계시기에 절대로 성도들을 해칠 수 없다(14절). 한편 용은 박해라는 방법뿐 아니라 물(거짓 복음)로 공격하기에, 성도들은 기도와 말씀으로 항상 깨어있어야 한다.

그렇다. 성도들의 본향은 천국이며, 하나님 자녀로 양육받기 위해 잠시(한 때와 두 때와 반 때) 이 세상에 보내진 것이다. 그렇지만 사탄이 지금도 하나님의 선하신 계획에 따라 활동하고 있기에, 이 세상에서의 성도들의 삶은 죽음과 같이 힘이 들 수밖에 없다.

그러나 주님께서 우리를 눈동자처럼 지켜주고 계시다. 그러기에 종말의 때를 살고 있는 우리는 이미 승리한 자라는 사실을 기억하며, 말씀과 기도로 죽기까지 싸워나가야 한다. 그럴 때 주님 품에 안길 그날, 즉 생명의 면류관을 받게 될 날이 곧 다가올 것이다.

> "너는 장차 받을 고난을 두려워하지 말라 ~ 너희가 십 일 동안 환난을 받으리라 네가 죽도록 충성하라 그리하면 내가 생명의 관을 네게 주리라" (2:10)

요한계시록 13장

거짓 선지자, 사탄의 졸개

사로잡힐 자는 사로잡혀 갈 것이요 칼에 죽을 자는 마땅히 칼에 죽을 것이니 성도들의 인내와 믿음이 여기 있느니라(13:10)

계시록에는 무시무시한 존재들이 나오기에 많은 사람들이 두려워서 계시록 읽기를 꺼린다. 그러나 이 짐승들은 구약 성경, 특히 다니엘서 7장에서 인용한 것들이다. 그러기에 구약을 잘 아는 어린이들도 계시록을 읽고 기쁨의 눈물을 흘렸는데, 그 내용이 '성도들은 반드시 승리한다'는 것이기 때문이다.

용은 사탄을 상징하는 영적인 실체인데, 그 뒤에는 그를 따르는 엄청난 세력이 있다. 먼저 바다에서 나오는 짐승이 있는데, 이는 당시 로마로 대표되는 통치 세력(바벨론, 바사, 헬라)을 의미한다. 사탄은 하나님께서 일반 은총으로 허락하신 사회제도, 특히 국가(통치 세력)를 성도를 핍박하는 데 사용하고 있는 것이다.

그런데 문제는 하나님께서 이 짐승에게 성도들과 싸워 정복할 권세를 허락하셨다는 것이다(5~8, 롬 13:1). 더 나아가 생명책에 기록되지 않은 모든 족속과 나라들을 다스리고, 땅에 사는 자들(불신자들)로 그를 경배하도록 내버려 두셨다.

그렇다. 하나님은 이 세상에서는 성도들이 사탄에게 패배하도록 허용하신다. 그러기에 성도들에게는 인내와 믿음이 필요한 것이다(10절). 실제로 수많은 유대 백성들이 칼과 재앙으로 죽임을 당했으며, 수없이 많은 믿음의 조상들이 무참히 살해당했다(히 11:37, 돌로 치는 것과 칼로 켜는 것과 ~).

그러나 세상에서의 이런 패배와 죽음은 사실은 성도들의 승리다. 예수께서 사망 권세를 이기고 부활하신 것처럼, 믿음으로 인해 죽임당한 성도들은 주님 안에서 다시 부활하여 영생을 누리게 될 것이기 때문이다.

한편 이 짐승은 거짓 선지자(땅에서 나온 짐승, 각종 시대사조, 거짓 목사 등)를 통해 사탄과 그 짐승의 우상을 섬기게 한다. 문제는 이 짐승은 큰 이적(기적)을 많이 행하는데, 심지어 불이 하늘로부터 내려오게 하기에 그런 것에 넘어가는 자들이 많다는 것이다(13, 14절). 그러므로 성경은 '기적이 있는 곳에는 아예 가지도 말라' 명하시는 것이다.

용과 두 짐승으로 상징되는 사탄의 세력은 그들을 추종하는 자들에게 666이라는 표를 받게 한다. 표(mark)는 소유와 보호를 뜻하는 것으로 666을 받은 자는 사탄의 소유라는 의미이며, 이들은 장차 불못에 들어가게 될 것이다. 그러나 이것은 영적인 표이기에 육안으로는 볼 수 없으며, 바코드나 베리칩 등과는 아무 관계가 없다. 2000년 전에 어떻게 그런 것들이 있었겠는가?

한편 성도들(144000)의 이마에도 어린양의 이름과 그 아버지의 이름을 쓴 것이 있다(14:1). 이는 성도들이 비록 이 땅에서는 온갖 환난을 당하고 죽임을 당해도, 하나님께서 그들을 끝까지 보호하셔서 반드시 천국으로 인도하실 것임을 보여주는 것이다.

그러기에 우리는 어떤 환난과 핍박 가운데서도 결코 절망하지 않고 믿음을 지켜나가야 한다. 성도들은 주님의 은혜로 이미 최후의 승리(영생)를 보장받은 사람들이기 때문이다. 할렐루야!

> "내가 확신하노니 사망이나 생명이나 천사들이나 권세자들이나 현재 일이나 능력이나 ~ 다른 어떤 피조물이라도 우리를 우리 주 그리스도 예수 안에 있는 하나님의 사랑에서 끊을 수 없으리라" (롬 8:38, 39)

요한계시록
14장

무너졌도다 큰 성 바벨론이여

또 다른 천사가 그 뒤를 따라 말하되 무너졌도다 무너졌도다 큰 성 바벨론이여 모든 나라에게 그의 음행으로 말미암아 진노의 포도주를 먹이던 자로다 하더라 (14:8)

바벨론이란 계시록을 기록할 당시는 로마 제국을, 지금은 사탄에 의해 다스려지고 있는 이 세상을 말한다. 이들은 자신들이 온 세상의 주인인 것처럼 거들먹거리며, 성도들을 무섭게 핍박한다.

그러나 이런 상황은, 하나님께서 성도들에게 죄가 얼마나 무서운 것인가를 경험하고 주님께 돌아오게 하기 위해 잠시 허락하신 것일 뿐이다. 그리고 하나님이 정하신 때(여호와의 날)가 되면 최후의 심판이 내려질 것이다. 그리고 그 결과 온갖 핍박 가운데 믿음을 지키기 위해 주 안에서 죽은 자들(성도들)은 천국 곳간에 들어가게 될 것이다(14, 15절).

이와는 반대로 사탄과 더불어 포도주를 마시며 거짓 승리를 즐기던 자들은, 마치 수확한 포도를 포도주 틀에 넣어 짓밟듯 그렇게 짓밟혀져 피를 흘리게 될 터인데, 그 피가 온 세상을 뒤덮으며 흐르게 될 것이다(1600 스다디온 = 4×4×100 = 온 세상). 이 얼마나 무서운 결말이란 말인가? 마침내 하나님께서 속히 공의를 베풀어 달라는 성도들의 신원(기도)을 들어주신 것이다.

그렇다. 성도들은 이 세상에서는 사탄과 그 세력들에게 온갖 핍박을 받으며 살고 있다. 그러나 영적으로 볼 때는 이미 승리하여 하나님 앞에서 속량함을 받은 자들만 부를 수 있는 '새 노래'를 부르고 있는 사람들이다(2, 3절, 144000).

그러므로 비록 죄악된 세상에 살고 있지만 여자(淫女, 사탄의 세력)와 더불어 몸을 더럽히지 말아야 하며, 어린양 예수께서 어디로 인도하든지 따라가야 한다(4절). 비록 그 길은 죽음의 길이라 할지라도 그 끝에는 반드시 영생이라는 상이 주어지기 때문이다.

동시에 우리에게는 사탄의 세력과 싸울 수 있는 무기인 '영원한 복음'이 이미 주어져 있다(6절). 그러기에 이 무기를 가지고 나 자신을 지켜야 함은 물론이요, 나아가 아직도 짐승에게 붙잡혀 있는 자들을 구하는 통로가 되어야 한다.

그렇다. 하나님께서 살아계시기에 심판의 날은 반드시 온다. 그리고 그날에 땅에 사는 자 곧 사탄을 좇던 자들은 멸망당할 것이며, 눈물과 피를 흘리며 하나님의 계명과 예수에 대한 믿음을 지켰던 성도들은 영생이라는 상을 받게 될 것이다. 할렐루야!

> "여호와는 나의 목자시니 내게 부족함이 없으리로다 ~ 내가 사망의 음침한 골짜기로 다닐지라도 해를 두려워하지 않을 것은 주께서 나와 함께 하심이라 주의 지팡이와 막대기가 나를 안위하시나이다" (시 23:1, 4)

요한계시록
15장

유리 바닷가에서 부르는 모세의 노래

하나님의 종 모세의 노래, 어린양의 노래를 불러 이르되 주 하나님 곧 전능하신 이시여 하시는 일이 크고 놀라우시도다 만국의 왕이시여 주의 길이 의롭고 참되시도다(15:3)

계시록에 나오는 세 재앙 시리즈(인, 나팔, 대접 재앙)는 시간적인 순서가 아니며, 사도 요한이 병행적으로 일어나는 환상들을 본 순서대로 기록했을 뿐이다. 한편 이 재앙들은 우리가 살고 있는 종말(예수님의 초림과 재림 사이) 동안 일어나는 일들인데, 그 강도가 시간이 흐를수록 점점 강해짐을 알 수 있다(인 재앙〈나팔 재앙〈대접 재앙).

사도 요한은 지금 '크고 놀라울 만한' 환상을 보는데, 일곱 대접 재앙은 마지막 심판으로서 그 후에는 새 하늘과 새 땅이 완성될 것이기 때문이다. 비록 똑같은 재앙을 당하고 있지만 성도들에게는 구원이 되고, 불신자들에게는 멸망이 되는 것이다.

한편 어린양의 피를 바름으로써 출애굽한 이스라엘 백성들은 홍해 바다 앞에 갇혔었는데, 이때 하나님께서 홍해를 가르시고 마른 땅처럼 건너게 하셨다. 이와 반대로 이들을 따라온 애굽 군대는 하나도 남지 않고 전부 홍해 바다에 수장되고 말았다. 그리고 이스라엘 백성들이 이 놀라운 광경을 보고 하나님을 찬양한 노래가 '모세의 노래'이다.

그런데 지금 짐승과 그의 우상과 그의 이름의 수를 이기고 벗어난 자들(교회를 대적하는 세력을 이긴 성도들)이 유리 바닷가에 서서 그 모세의 노래를 부르고 있는 것이다. 애굽 군대가 홍해에서 전멸된 것처럼, 이제 사탄의 세력들이 마지막 대접 재앙을 통해 완전히 멸망할 것이기 때문이다.

그렇다. 우리가 믿는 여호와 하나님은 전능하시며, 만국의 왕이시요 의롭고 참되신 분이시다(3장). 그분은 전능하기에 할 수 없으신 일이 없으며, 만왕의 왕으로서 오늘도 온 천하 만물을 다스리고 계시다. 그러기에 그런 하나님이 허락하시는 상황이라면, 우리는 그 모든 상황이 우리를 위해 허락하시는 것이라고 믿어야 하지 않겠는가?

이제 하늘에서 증거 장막의 성전이 열린다. 성전에 가득 찬 연기는 하나님의 임재를 의미하는데, 이제 하나님께서 최후의 심판을 내리실 시간이 된 것이다. 네 생물 중의 하나가 일곱 천사에게 금 대접 일곱을 건네주는데, 이 금 대접은 성도들의 기도가 담긴 그릇이다(5:8). 세상에서 하나님을 대적하는 사탄과 그 세력들에게 죽임을 당한 성도들의 신원 즉 곧 공의를 내려주시고 죄를 멸하여 달라는 기도에 대한 응답으로 이제 대접 재앙이 쏟아지고 있는 것이다.

그렇다. 성도들은 이 땅에서 불신자들과 똑같이, 아니 믿음으로 인해 더 심한 고난을 받을 수 있다. 그러나 이 모든 고난은 세상의 죄와 악을 진멸하는 데 뿐만 아니라, 성도들 안에 남아있는 죄의 잔재를 씻어내는 목적으로도 쓰이는 것이다.

> "그리스도께서 이미 육체의 고난을 받으셨으니 너희도 같은 마음으로 갑옷을 삼으라 이는 육체의 고난을 받은 자는 죄를 그쳤음이니" (벧전 4:1)

그러기에 어떤 고난이 닥치더라도 우리는 이미 승리한 자라는 사실을 기억하고, 이스라엘이 홍해 바닷가에 서서 모세의 노래를 불렀던 것처럼, 성도들은 하나님을 찬양하는 새 노래(=구원받은 성도들이 부르는 노래)를 불러야 한다. 또한 성자 예수께서 이 세상에 오셔서 십자가로 하나님을 증거하신 것처럼, 구세주 예수 그리스도를 온 세상에 증거하는 삶을 살아내야 한다.

> "새 노래로 여호와께 찬송하라 그는 기이한 일을 행하사 그의 오른손과 거룩한 팔로 자기를 위하여 구원을 베푸셨음이로다" (시 98:1)

요한계시록 16장

아마겟돈 전쟁은 성도들의 영적 전쟁

보라 내가 도둑같이 오리니 누구든지 깨어 자기 옷을 지켜 벌거벗고 다니지 아니하며 자기의 부끄러움을 보이지 아니하는 자는 복이 있도다 세 영이 히브리어로 아마겟돈이라 하는 곳으로 왕들을 모으더라(16:15, 16)

마지막 대접 재앙이 쏟아지고 있다. 그러나 이 재앙들은 영적인 재앙으로 보는 것이 좋다. 왜냐하면, 일곱째 대접이 공중에 쏟아지고 있으며, 우리 믿음생활은 결국 악한 영들과의 싸움이기 때문이다(13절).

이곳에서 열거되고 있는 재앙들은 애굽에 내렸던 열 가지 재앙과 유사한데, 그 재앙들을 통해 이스라엘을 핍박하던 애굽은 끝장이 났지만, 이스라엘 백성들은 애굽의 종의 자리에서 해방되었다. 이처럼 재앙은 우리 대적들에게는 멸망이지만 성도들에게는 구원의 시작이며, 완성을 향해 가는 데 꼭 필요한 과정이다.

> "생각하건대 현재의 고난은 장차 우리에게 나타날 영광과 비교할 수 없도다" (롬 8:18)

한편 아마겟돈은 므깃도의 산(언덕)이라는 뜻인데, 전쟁에 가장 적합한 지형을 가진 곳으로 유명하다. 하나님께서는 이런 이미지를 사용해 장차 이곳에서 대적들을 일망타진하실 것을 보여주고 계시다. 실제로 엘리야는 이곳에 있는 갈멜 산에서 바알과 아세라 선지자 850명을 몰살시켰다(왕상 18:19, 40).

개구리 같은 세 영은 용과 두 짐승에게서 나오는 것인데, 이들은 하나님을 대적하기 위해 온 천하의 왕들(세상의 세력들)을 모은다. 그러나 만왕의 왕이신 어린양 예수를 누가 당할 수 있겠는가? 그들은 지금 자신들의 멸망을 재촉하고 있을 뿐인 것이다.

> "네가(어린양 예수) 철장으로 그들을 깨뜨림이여 질그릇같이 부수리라 하시도다" (시 2:9)

한편 이 전쟁을 위해 하나님께서는 성도들에게 '깨어 자기 옷을 지켜 벌거벗고 다니지 아니하며 자기의 부끄러움을 보이지 말라'(15절) 말씀하신다. 이 세상에서의 성도들의 전쟁은 대적들과 총칼을 들고 싸우는 것이 아니라, 영적으로 항상 깨어 있어 주님이 입혀주신 거룩한 옷을 지키는 것이기 때문이다(3:3, 4절). 예수님께서도 마태복음 24장에서 똑같이 가르쳐주시고 또 경고하셨다.

이를 위해 주님께서는 우리에게 하나님의 전신갑주를 주셨다. 그러므로 이 세상에 사는 동안 우리는 항상 이 옷을 입고, 우리를 넘어뜨리려는 마귀에게 대적해야 한다. 그러면 마침내 우리는 주님의 은혜로 구원의 면류관을 받게 될 것이다.

> "우리의 씨름은 혈과 육을 상대하는 것이 아니요 통치자들과 권세들과 이 어둠의 세상 주관자들과 하늘에 있는 악의 영들을 상대함이라 그러므로 하나님의 전신 갑주를 취하라 이는 악한 날에 너희가 능히 대적하고 모든 일을 행한 후에 서기 위함이라" (엡 6:12, 13)

요한계시록
17장

큰 음녀(淫女)가 받을 심판

또 내가 보매 이 여자(음녀)가 성도들의 피와 예수의 증인들의 피에 취한지라 내가 그 여자를 보고 놀랍게 여기고 크게 놀랍게 여기니(17:6)

이제 최후의 심판 날이 가까이 왔으며, 그럴수록 사탄은 더욱 발악할 것이다. 그러나 어린양 예수님은 만왕의 왕이시기에 그들과 싸워 이기실 것이며, 그의 택하심을 받은 진실한 자들(성도들) 또한 승리하게 될 것이다(14절).

이 음녀(prostitute)는 붉은 옷과 보석과 진주로 꾸미고, '비밀, 큰 바벨론, 땅의 음녀들과 가증한 것들의 어미'라는 이름이 이마에 쓰여 있다. 그리고 포도주에 잔뜩 취해 있는데, 그 포도주는 성도들과 예수의 증인들이 흘린 피를 말한다(6절). 공의의 하나님은 죄가 없는 사람을 징벌하지 않으신다. 그러므로 이들은 성도들의 피를 흘리게 했기에, 그 대가(代價)를 치를 수밖에 없는 것이다.

한편 그 세력은 너무나 커서 일곱 머리와 열 뿔을 가진 짐승으로 비유되고 있는데, 그 음녀와 그녀가 타고 있는 짐승은 모두 붉은 빛을 하고 있다. 성경에서 붉은빛은 죄(罪)를 의미하는 바, 이 음녀와 짐승은 죄의 세력임을 알 수 있다(사 1:18 ~ 너희의 죄가 주홍 같을지라도 눈과 같이 희어질 것이요).

이 죄의 세력은 유사 이래 계속 존재해 왔다. 그러나 예수님의 십자가로 말미암아 이미 허리가 꺾였기에 지금은 거의 힘을 쓰지 못하고 있다. 그리고 마지막 때가 가까워져 올수록 더욱 기승을 부리겠지만, 마침내 비참한 최후를 맞이하게 될 것이다(10절; 다섯은 이미 망하였고(과거), 하나는 있고(현재), 다른 하나는 아직 이르지 않았으나 이르면 반드시 잠시 동안 머무르리라(미래)). 결국 사탄의 세력들과 및 이들에 의한 고난 역시 하나님께서 성도들의 거룩을 훈련하기 위해 잠시 동안 허락하고 계실 뿐인 것이다.

한편 이 음녀는 많은 물 위에 앉아있는데, 그 물은 '백성과 무리와 열국과 방언들'이라 말한다(15절). 이는 이들 세력이 나라와 민족을 불문하고 엄청나게 많음을 보여준다. 왜냐하면 이들이 인간의 죄의 본성을 자극하고 부추기는 사상이나 풍속 등을 퍼트리기 때문이다. 그러나 이렇게 음녀와 간음하고(세상 풍속을 따르고) 짐승을 따르는 자들은 이제 곧 유황불 못에 던져질 것이다. 그러기에 성도들은 이들 세상 세력들과 부화뇌동하지 않도록 항상 깨어있어야 한다.

> "이 세상이나 세상에 있는 것들을 사랑하지 말라 누구든지 세상을 사랑하면 아버지의 사랑이 그 안에 있지 아니하니" (요일 2:15)

그러나 나중에 이 두 짐승이 음녀의 살을 먹고 불로 사르게 되는데(16절), 서로 싸우다가 결국 함께 망하는 것이 악의 세력의 특징이기 때문이다. 왜냐하면 죄(罪)란 스스로 높아지고 남들 위에 군림하려는 것인데, 그런 세력은 결국 언젠가는 서로 싸우다가 스스로 무너지게 되어있기 때문이다.

그렇다. 성도들은 이 세상에서 피 흘리는 삶을 살고 있다. 그 이유는 내 안에 있는 죄성을 없애고 또 사탄과 그의 세력의 죄악을 고발하기 위한 것이다. 다시 말하면 우리가 당하고 있는 고난은 주님께서 주님의 뜻을 이루기 위해 잠시 허락하고 계신 것일 뿐이며(17절), 이제 곧 끝나게 될 것이다. 그러기에 우리는 신실하신 주님을 믿고 의지하는 가운데 오늘도 피 흘리기까지 죄와 싸워야 하며, 그런 우리의 승리는 이미 보장되어 있는 것이다.

> "그들이 어린양과 더불어 싸우려니와 어린양은 만주의 주시요 만왕의 왕이시므로 그들을 이기실 터이요 또 그와 함께 있는 자들 곧 부르심을 받고 택하심을 받은 진실한 자들도 이기리로다" (14절)

요한계시록
18장

내 백성아, 거기서 나와라

내 백성아, 거기서(바벨론=세상) 나와 그의 죄에 참여하지 말고 그가 받을 재앙들을 받지 말라(18:4)

계시록은 같은 내용을 반복적, 점강적(漸强的)으로 기술하고 있다. 이번 장의 주제인 바벨론의 멸망 또한 14장과 17장에 이미 언급되었던 내용이다(14:8, 무너졌도다 큰 성 바벨론이여).

한편 바벨론은 하나님과 그의 백성인 성도들을 대적하는 악한 세력을 의미하는데, 구약에서는 바벨론, 앗수르, 에돔, 니느웨 등으로 나타나고 있다. 그리고 이스라엘(성도들)을 짓밟았던 이런 세력들의 멸망이 계속해서 선포되었는데, 이 예언대로 이런 세력들은 마침내 비참하게 멸망당하고 말았다(렘 50:39, 사 34:8~15, 습 2:12~15).

> "열국의 영광이요 갈대아 사람의 자랑하는 노리개가 된 바벨론이 하나님께 멸망당한 소돔과 고모라 같이 되리니 그 곳에 거주할 자가 없겠고" (사 13:19, 20)

17장에는 정치, 종교적 세력으로서의 바벨론의 멸망이 기록되었다면, 18장에는 경제적 세력으로서의 바벨론 멸망이 기록되어 있다. 그렇다. 황금만능주의 시대로 불리는 현대에는 돈으로 안 되는 것이 없는 것처럼 인식되고 있으며, 그 결과 돈이 하나님의 자리를 차지하고 있다. 또 그러기에 세상의 모든 세력들이 물건을 사고파는 가운데 엄청난 부를 쌓아가고 있다(3절).

그러나 바벨탑이 한순간에 무너진 것처럼 바벨론(세상) 역시 '한 시간에'(순식간에) 무너질 것이다(10, 19절). 왜냐하면 하나님께서 바벨론 성에서 선지자들과 성도들의 피를 발견하시고, 그 대가를 치르게 하셨기 때문이다(6절, 그의 행위대로 갑절을 갚아 주고).

그러므로 성도들은 세상의 사치와 허영(돈, 권력, 명성 등)을 사랑하는 마음을 버리고, 이것들이 유혹하는 바벨론에서 속히 나와 하나님 품으로 들어가야 한다. 오직 세상에서 마음이 가난한 자들만이 하나님을 찾게 되는데, 하나님께서는 이들을 기쁘게 맞아주시기 때문이다.

> "심령이 가난한 자는 복이 있나니 천국이 그들의 것임이요 애통하는 자는 복이 있나니 그들이 위로를 받을 것임이요" (마 5:3, 4)

아브라함은 '믿음으로' 당시 최고의 문명을 자랑하던 갈대아(바벨론)를 떠남으로써 구원을 받았으며, 믿음의 조상이라는 칭호를 얻게 되었다. 그러므로 그의 후손인 우리 성도들도 온갖 사치와 허영으로 홍청거리는 세상에 휩쓸리지 말고, 그곳에서 손들고 나와 하나님께 나아가야 한다. 만약 그렇게 하지 않는다면, 바벨론이 한 시간에 멸망당할 때 함께 멸망당하게 될 것이다.

> "무너졌도다 무너졌도다 큰 성 바벨론이여 귀신의 처소와 각종 더러운 영이 모이는 곳과 각종 더럽고 가증한 새들이 모이는 곳이 되었도다" (2절)

> "하늘과 성도들과 사도들과 선지자들아, 그로 말미암아 즐거워하라 하나님이 너희를 위하여 그에게 심판을 행하셨음이라 하더라" (20절)

요한계시록
19장

어린양의 혼인 잔치

우리가 즐거워하고 크게 기뻐하며 그에게 영광을 돌리세 어린양의 혼인 기약이 이르렀고 그의 아내가 자신을 준비하였으므로(19:7)

음행으로 세상을 무너뜨리고 성도의 피를 흘리게 하면서도 자신은 절대로 무너지지 않을 것이라 큰소리치던 음녀 바벨론은, 하나님의 심판으로 일순간에 멸망당하게 된다. 그리고 이런 악의 세력의 멸망은 곧 성도들의 기쁨과 소망이며, 하나님을 찬양할 근거가 된다. 여기서 이런 기쁨과 소망의 정황은 어린양 예수의 혼인 잔치에 청함을 받는 것으로 묘사되고 있다.

하나님은 참되고 의로우시기에 반드시 악을 심판하시며, 하나님의 말씀을 따르는 자들을 끝까지 보호하여 승리하게 하신다. 그러므로 우리는 어떤 상황 속에서도 그 주님을 찬양해야 하는 것이다(5절).

한편 어린양의 아내인 성도들은 신부로서의 준비를 해야 하는데, 그것은 깨끗한 세마포 옷을 입는 것, 곧 옳은 행실이다. 이는 먼저 목숨을 내놓고 짐승과 그 우상에게 절하지 않고 그 짐승의 표를 받지 않는 것과 및 두 증인처럼 죽기까지 증거의 삶을 사는 것(11장)을 의미한다. 이 세상에서 성공한 사람들이 아니라 이런 사람들이 '이기는 자들'이며, 이들에게만 생명의 면류관이 주어진다(2, 3장).

그런데 '세마포 옷을 입도록 허락하셨으니'라고 기록되어 있다(Fine linen was given). 즉 세마포 옷은 내가 스스로 입는 것이 아니라 하나님께서 은혜로 입혀주시는 것이다. 물론 성도들은 이 세상에서 사는 동안 의롭게 살기 위해 노력해야 한다. 그러나 스스로 의롭게 될 수 있는 인간은 하나도 없다(롬 3:10). 그러기에 성도들은 예수님께서 나를 위해 피 흘려주셨음을 믿는 '믿음의 옷'을 입어야 한다. 성경은 그런 믿음을 가진 자의 믿음을 '옳은 행실'이라 부르며, 그 옷을 입은 자들만이 어린양의 혼인 잔치에 청함을 받을 수 있다.

> "너희는 그 은혜에 의하여 믿음으로 말미암아 구원을 받았으니 이것은 너희에게서 난 것이 아니요 하나님의 선물이라" (엡 2:8)

그렇다. 성도들 또한 하나님이 누군지도 모른 채 자기 일(세상)에 빠져 살던 죄인들이었다. 그런데 하나님께서 은혜로 우리를 천국 잔치에 강제로 끌고 오시고, 예복까지 입혀주셨다. 그러니 어찌 그런 하나님을 찬양하지 않을 수 있겠는가?

> "네거리 길에 가서 만나는 대로 혼인잔치에 청하여 오라 한대 종들이 길에 나가 악한 자나 선한 자나 만나는 대로 모두 데려오니 혼인 잔치에 손님들이 가득한지라" (마 22:9, 10)

한편 만왕의 왕이신 어린양 예수께서는 예리한 검(말씀)과 철장과 포도주 틀로 만국(萬國)을 치신다. 그 결과, 짐승과 및 기적으로 세상을 미혹하던 거짓 선지자들은 유황불 못에 던져지고, 그들을 따르던 자들은 모두 죽어 새들의 먹잇감이 되고 만다.

한편 이런 죄의 세력들은 몸 밖에만 있는 것이 아니라 내 안에도 있다. 그러기에 우리는 끊임없이 그리고 피 흘리기까지 이 죄와의 싸움을 계속해 나가야 한다.

> "그러므로 나의 사랑하는 자들아 너희가 나 있을 때뿐 아니라 더욱 지금 나 없을 때에도 항상 복종하여 두렵고 떨림으로 너희 구원을 이루라" (빌 2:12)

요한계시록 20장

천 년 동안의 왕 노릇

예수를 증언함과 하나님의 말씀 때문에 목 베임을 당한 자들의 영혼들과 ~ 살아서 그리스도와 더불어 천 년 동안 왕 노릇 하니(20:4)

역사의 주관자는 하나님이시며, 모든 일에는 다 하나님의 때(kairos)가 있다. 모든 일들은 하나님의 계획하에 한 치의 오차도 없이 진행되고 있는 것이다. 그러기에 당연히 용(옛 뱀, 마귀, 사탄)이 멸망당할 날도 이미 창세전에 정해져 있다.

구약 시대에는 사탄이 자기 마음대로 사람들을 미혹했던 것처럼 보였다. 그러나 그런 활동 역시 하나님의 허락하에 잠시 이루어진 것일 뿐이며, 이제 그 사탄은 예수님의 공생애와 죽으심과 부활을 통해 결박당하고 천 년 동안 무저갱에 던져진다. 그리고 그 천 년 동안 예수를 믿는 자들은 그리스도와 함께 왕 노릇을 하게 된다(4~6절).

여기서 성도들이 왕 노릇을 하는 천 년은 상징적인 기간인데, 예수님의 초림부터 재림까지의 기간 곧 교회 시대를 뜻한다. 한편 왕 노릇이라 하면 흔히 사람들 위에 군림하는 것으로 생각한다. 그러나 성도들의 왕 노릇이란 제사장으로서의 왕 노릇 즉 다른 사람을 섬기며, 그들을 위해 희생하는 것을 말한다. 우리가 믿는 만왕의 왕이신 예수께서 이 땅에 오셔서 그런 본(本)을 먼저 보이셨는데, 그렇게 사는 것이 천국에서의 삶의 원리이기 때문이다.

> "인자가 온 것은 섬김을 받으려 함이 아니라 도리어 섬기려 하고 자기 목숨을 많은 사람의 대속물로 주려 함이니라" (막 10:45)

천 년이 차면 사탄은 '잠깐' 옥(獄, 무저갱)에서 놓여진다. 이는 사탄의 활동은 원래부터 성도들의 거룩을 위해 허락되었던 것이며, 마지막 때가 가까워질수록 사탄의 발악이 거세질 것임을 의미하는 것이다. 그리고 이렇게 잠깐

풀려난 사탄이 땅의 백성(불신자들)을 모아 성도들을 공격한다. 그러나 하늘에서 불이 내려 이들을 태워버리고, 마침내 사탄과 그를 따르던 세력들은 모두 불못에 던져진다. 문제는 그곳은 죽지도 못하고(세세토록) 밤낮없이 괴로움을 받는 곳이라는 것이다(10절).

계속해서 최후의 심판이 내려지는데, 죽은 자들(= 불신자들, 생명책에 기록되지 못한 자들)은 그들의 행위대로 심판을 받아 둘째 사망(불못)에 떨어지게 된다. 이와는 달리 생명책에 이름이 기록된 자들 즉 성도들은 이 심판을 받지 않게 된다. 왜냐하면 그들이 이 세상에서 행한 모든 죄악들은 예수님의 십자가로 말미암아 지워지고(골 2:14), 그 대신 예수님의 모든 의로운 행위가 전가되어 기록되어 있기 때문이다. 할렐루야!

그렇다. 모든 인간은 죄와 허물로 영(靈)이 죽은 채 태어난다. 그런데 그런 가운데 창세전에 택함 받은 성도들은 예수님의 십자가 은혜로 구원을 받는다(= 첫째 부활, 엡 2:1, 죄와 허물로 죽었던 너희를 살리셨도다). 그러기에 둘째 사망, 곧 불못에 떨어지지 않게 되는 것이다.

그러므로 성도들은 그 은혜에 감사하며, 비록 사탄이 잠깐 동안 다스리는 이 세상에 살며 고난을 당하는 가운데서도 승리의 그날을 기다리며, 구세주 예수 그리스도를 찬양하는 삶을 살아내야 하는 것이다.

> "하나님의 종들 곧 그를 경외하는 너희들아 작은 자나 큰 자나 다 우리 하나님께 찬송하라 ~ 할렐루야 주 우리 하나님 곧 전능하신 이가 통치하시도다 우리가 즐거워하고 크게 기뻐하며 그에게 영광을 돌리세" (19:5~7)

요한계시록
21장

새 하늘과 새 땅

또 내가 새 하늘과 새 땅을 보니 처음 하늘과 처음 땅이 없어졌고 바다도 다시 있지 않더라(21:1)

지금도 세상은 코로나 19를 비롯한 각종 질병과 오염, 전쟁과 범죄 등으로 가득 차 있다. 그러기에 우리는 모든 만물과 함께 주님이 약속하신 '그 날'이 오기를 고대한다(롬 8:19). 그러나 암울한 현실을 볼 때 과연 그 날이 정말 올 것인가에 대해 의심이 있는 것이 사실이다.

그러나 전지전능하신 하나님의 약속이기에, 그 날은 반드시 온다. 아니 시간적으로는 장차 이루어질 것이지만, 시공간을 초월한 묵시의 세계에서는 이미 이루어져 있다. 하나님께서는 역사와 각 사람의 인생을 통해, 그 영원한 복락의 세계가 어떻게 이루어졌는가를 보여주며 경험케 하고 계실 뿐인 것이다. 그러기에 참된 성도라면 어떤 고난이 닥치더라도 결코 낙망하거나 두려워할 필요가 없는 것이다. 할렐루야!

드디어 새 하늘과 새 땅이 생겼다. 이는 새로운 창조에 의한 것이 아니라 다시는 죄가 틈탈 수 없도록 '질적으로 완전히 변화된 상태(선악과가 완전히 제거된 상태)'를 말한다. 만약 죄 때문에 또 다른 세상을 창조(再창조)해야만 한다면, 그것은 사탄이 하나님을 이긴 꼴이 되기에 그런 일은 있을 수가 없는 것이다. 그리고 그곳에는 악의 상징인 바다가 더 이상 존재하지 않는다(1절). 새 하늘과 새 땅의 주인공은 어린양의 신부이며 대리 통치자인 성도들이다. 그리고 이들이 하나님께로부터 하늘에서 내려오는 것을 볼 수 있는데, 이로서 성도들은 영적으로는 천상에 '이미' 거룩한 신부로 완성되어 있음을 볼 수 있다.

한편 성도들은 신부, 거룩한 성 새 예루살렘, 어린양의 아내로 불리고 있으며, 또한 각종 귀한 보석으로 묘사되고 있다. 새 예루살렘 성이 곧 천국이며,

그곳은 많은 보석으로 지어지고 황금 길이 깔려 있다는 주장이 있는데, 이는 틀린 주장이다. 물론 천국은 말로 형용할 수 없을 정도로 좋은 곳일 것이다. 그러나 여기 열거된 각종 보석들은 천국의 호화로운 광경이 아니라 '성도의 영화로운 모습'을 묘사하는 것이다(계 21:2, 롬 8:30).

구약에 보면, 대제사장은 12지파의 이름이 새겨진 12개의 보석이 달린 흉패(출 28:21)를 달고 지성소에 들어갔다. 왜냐하면 대제사장은 성도들의 대표로서, 장차 모든 성도들이 왕 같은 제사장으로 하나님 앞에 거룩하게 서게 될 것임을 예표했기 때문이다.

더 나아가 성도를 상징하는 새 예루살렘 성은 길이와 넓이와 높이가 각각 만이천 스타디온(12×1000)인 정육면체이다. 이는 하나님의 임재를 나타내는 지성소를 의미하는 것으로, 성도의 몸은 하나님이 거하시는 지성소임을 나타낸다. 또한 '성곽이 백사십사(12×12) 규빗'이라는 것은 성벽의 두께가 엄청나게 두꺼움을 의미하는데, 하나님께서 성도들을 그렇게 철저히 보호하고 계심을 뜻한다.

그렇다. 천국은 어떤 특정한 장소라기보다는, 하나님의 통치가 임하는 곳 즉 하나님 말씀에 전적으로 순종하는 성도들이 사는 곳이다. 그리고 비록 아직은 죄로 인해 술람미 여인처럼 검게 물들어 있지만, 하나님께서는 그런 우리를 보석보다 더 귀한 존재로 여겨주신다(12가지 보석, 진주, 거룩한 신부). 그러기에 성도들은 이런 주님의 기대에 부응해 거룩한 신부가 되기 위해, 오늘도 주어진 삶의 현장에서 죄와의 치열한 전쟁을 치러나가야 한다. 물론 이 싸움은 이미 예수님께서 십자가에서 이기신 싸움이다. 그러나 우리는 그 싸움을 온몸으로 경험하도록 이 땅에 보내졌기 때문에, 우리 신랑이요 대장이신 주님과 함께 그 싸움을 싸워나가야 하는 것이다.

> "내가 생명수 샘물을 목마른 자에게 값없이 주리니 이기는 자는 이것들을 상속으로 받으리라 나는 그의 하나님이 되고 그는 내 아들이 되리라" (6, 7절)

요한계시록
22장

아멘 주 예수여 오시옵소서

이것들을 증언하신 이가 이르시되 내가 진실로 속히 오리라 하시거늘 아멘 주 예수여 오시옵소서(22:20)

주님께서는 왜 사도 요한을 통해 계시록을 우리에게 주셨을까? 그 목적은 세상으로부터 환난을 받고 있는 성도들에게 '믿음으로 인해 환난을 당하는 것은 당연한 것이며(요 16:33), 그럼에도 그런 너희들이야말로 진짜 승리자'라는 것을 알려주시기 위해서이다.

또 예수님께서는 '내가 진실로 속히(soon) 오리라' 말씀하셨다. 그리고 주님께서 오시면 모든 것이 확정되며, 다시는 회개하거나 주님을 믿을 수 있는 기회가 없게 된다(11절). 그러기에 계시록을 읽는 사람은 주님이 오시기 전에 즉 지금(now) 당장 예수를 믿고 구원을 받아야 하는 것이다.

> "내가 은혜 베풀 때에 너에게 듣고 구원의 날에 너를 도왔다 하셨으니 보라 지금은 은혜 받을 만한 때요 보라 지금은 구원의 날이로다" (고후 6:2)

그렇다. 예수님의 십자가로 말미암아 그를 믿는 자들에게 죄 사함의 은혜가 주어졌다. 그리고 아담이 범죄함으로 인해 저주받았던 땅에 생명수가 흐르게 되고, 화염검으로 굳게 막혔던 생명나무로 가는 길이 활짝 열렸다(1, 2절). 그러기에 누구든지 생명의 주인이신 예수님께 나오는 자들은 영생(永生, 神的인 삶)을 선물로 받게 된다.

한편 각 사람은 본인이 죽을 때 그리고 주님이 다시 오실 때, 반드시 그가 살아있는 동안 행한 대로 심판을 받게 된다(12절). 그런데 행위로 의롭다 함을 받을 수 있는 인간은 하나도 없으며(롬 3:10), 오직 믿음으로만 의롭다 함을 받을 수 있을 뿐이다. 다시 말해서 자기 두루마리를 '예수의 피에' 빠는 자만이 영생이라는 복을 받게 되는 것이다(14절).

"이는 큰 환난에서 나오는 자들인데 어린양의 피에 그 옷을 씻어 희게 하였느니라" (7:14)

세상은 지금도 온갖 죄악으로 가득 차 있으며, 날이 갈수록 이런 상황은 더욱 심해질 것이다. 그러기에 우리는 사도 요한처럼 '주 예수여 오시옵소서' 소리칠 수밖에 없다.

그러나 그 날(예수님의 재림)이 언제가 될지는 오직 하나님만 아신다. 그러기에 우리는 주어진 상황 속에서 혼인 잔치를 앞둔 신부처럼 남편을 위하여 자신을 단장하는 삶을 살아야 한다(21:2). 그 단장은 화려한 금은보석으로 치장하는 것이 아니라, 신랑이신 예수께서 우리에게 주신 말씀(복음)대로 살아내는 것이다.

물론 그런 삶을 방해하는 '작은 여우'(사탄)가 있기에 그 삶은 결코 만만치 않으며, 때론 목숨을 잃을 수도 있다. 그러나 예수를 증언함(믿음)과 하나님의 말씀 때문에 목 베임을 받은 자들은 결코 둘째 사망(지옥)에 떨어지지 않으며, 주님과 함께 영생을 누리게 될 것이다(20:4~6).

결론적으로 모든 것이 값없이 주시는 하나님의 은혜다. 그러므로 우리는 이 사실을 주님이 다시 오시는 날까지 그리고 세상 끝까지 전해야 한다. 그러면 우리가 사랑하는 주님께서 속히 오실 것이다. 할렐루야!

"성령과 신부가 말씀하시기를 오라 하시는도다 듣는 자도 오라 할 것이요 목마른 자도 올 것이요 또 원하는 자는 값없이 생명수를 받으라 하시더라" (17절)

그리스도로 보는 **서신서**와 **요한계시록**

내가 진실로 속히 오리라

1판 1쇄 발행 2025년 5월 13일

지은이 김평래
펴낸이 김재선

펴낸곳 예 솔
출판등록 제2002-000080호(2002.3.21)
주 소 서울시 마포구 토정로 222 한국출판콘텐츠센터 422-5호
전 화 02)3142-1663(판매부), 335-1662(편집부)
팩 스 031)912-1643
홈페이지 www.yesolpress.com
ISBN 978-89-5916-078-5 03230